国家高端智库武汉大学国际法研究所

国 际 法 文 库

INTERNATIONAL LAW LIBRARY

黄 进 总主编

肖永平 执行主编

专著系列

黄志雄 主编

美式与欧式跨区域贸易协定比较研究与中国对策研究

A Comparative Study of US and EU Representative Cross Regional Trade Agreements and China's Countermeasures

殷敏 著

法律出版社

LAW PRESS·CHINA

总序一

当今之世界，随着全球投资贸易不断增长，科学技术特别是信息技术飞速进步，通信和交通日益便捷，人文交流蓬勃发展，经济全球化、政治多极化、文化多元化、社会网络化、法律趋同化已成为天下大势。在这种背景下，作为国际社会最为重要的行为规范，国际法在全球治理中发挥着不可替代的作用。

今日之中国，秉持"创新、协调、绿色、开放、共享"五大发展理念，正在全面建设小康社会、全面深化改革、全面推进依法治国、全面从严治党、全面参与全球治理。在这个过程中，国家始终坚持统筹国内国际两个大局，于内，追求实现"两个一百年"奋斗目标，追求实现中华民族伟大复兴的中国梦。于外，坚定不移对外开放，参与全球治理；坚持和平发展、合作共赢；积极构建中国特色大国外交，完善对外战略布局，既"请进来"，又"走出去"，加快推进"一带一路"建设；坚决维护国家主权、安全、发展利益，争取良好国际环境，维护世界和平稳定，促进各国共同发展，打造"人类命运共同体"。毫无疑问，坚持统筹国内国际两个大局，不仅要全面推进依法治国，加强国内法治，而且要在全球治理中高度重视和善于发挥国际法的作用，加强国际法治，推进国内法治与国际法治良性互动，特别是要完善中国自己的涉外法律法规体系，积极参与国际规则的制定，增强中国在国际法律事务中的话语权和影响力，运用法治思维和法治方式依法处理涉外事务，强化涉外法律服务，加强国际法治合作。

当下之中国国际法学界，经过改革开放30多年的建设和发展，可以肯定地说，国际法学科体系不断健全，学术队伍不断壮大，国际学术交流与合作不断拓展，学术水平和创新能力不断提高，培养了一大批国际法专门人才。而且，广大国际法专家学者解放思想、实事求是、求真务实、与时俱进，深入研究和回答中国改革开放面临的国际法理论和实践问题，产出了一大批有分量的学术成果，为国际法学的繁荣发展和国家改革开放及现代化建设做出了重要贡献。但应该指出的是，中国国际法学领域还存在一些亟待解决的问题。比如，国家缺乏整体的国际法学科发展战略规划，国际法学科建设放任自流，各国际法机构各自为阵；国际法人才队伍学术原创能力和解决实际问题的能力不强，活跃在世界国际法舞台的人才不多，总体素质亟待提高；国际法人才培养体系不健全，德行教育与知识传授相分离、理论培养与实践训练相脱离、国内培训与国际培训相隔离；国际法学术研究缺少精品力作，还没有产出具有广泛国际影响的创造性思想成果和理论成果，在国际规则制定和国际法律事务中的话语权和影响力不大。可以这样说，中国国际法学界目前在学术命题、学术思想、学术观点、学术标准、学术评价、学术话语上的能力和水平同中国综合国力和国际地位还不太相称。

综上所述，国际法在国际社会中的重要地位日益凸显，中国全面推进依法治国、对外开放、参与全球治理，亟须掌握和运用国际法，中国国际法学界仍处于有数量缺质量、有专家缺大师以及作用没有充分发挥出来的状态。我们所处的时代表明，这是一个需要国际法的时代，这是一个需要国际法理论创新而且一定能够产生国际法新理论的时代，这是一个需要国际法思想而且一定能够产生国际法新思想的时代。所有这些，正是我们编辑出版《国际法文库》以推动国际法学繁荣发展的初衷。

《国际法文库》将坚持兼容并包、思想自由。主张立足中国、借鉴国外，挖掘历史、把握当代，关怀人类、面向未来，着力推进构建既具有中特色、中国风格、中国气派，又能进入世界学术话语体系的国际法学。

《国际法文库》将坚持问题导向。面对中国改革开放的新常态、国际局势的新变化，世界范围内各种思想文化交流交融交锋的新形势，只有聆听时代的声音，回应时代的呼唤，认真研究国家深化对外开放、全面参与全球治理的重大而紧迫的问题，才能真正把握历史脉络，找到发展规律，推进国际法理论创新和全球治理实现良法善治。

《国际法文库》将坚持跨学科研究。国际法律问题涉及国际社会生活的方方面面,具有跨学科性,需要从多学科视角,运用学科交叉融合的方法,进行跨学科研究。也就是说,对于国际法律问题,不仅要从国际公法、国际私法、国际经济法等国际法学视角进行研究,而且还要从宪法、行政法、民商法、刑法、诉讼法等国内法学视角进行研究;不仅要从法学视角进行研究,而且还要从国际政治、世界历史、全球经济、人类社会变迁、多元文化交融、地球生态文明等视角进行研究。跨学科研究在于坚持用联系的发展的眼光看待问题,增强研究的整体性、系统性、协调性、战略性,促进问题合情、合理、合法的解决。

《国际法文库》将坚持创造创新。创新是一个民族进步的灵魂,也是引领理论发展的动力。创新,就是有所发现、有所发明、有所创造。国际法理论的生命力在于创新 ,只有不断进行探索,才能推进国际法思想创新、知识创新、理论创新、制度创新、方法创新。国际法理论创新要从问题开始,发现问题、筛选问题、分析问题、研究问题、解决问题的过程就是创新的过程。国际法理论创新不必贪大求全,发现新事实、新材料、新现象是创新,阐明一个新原理、提出一种新学说、揭示一条新规律是创新,发明一项新技能、找到一条新路径、创造一种新方法也是创新。

《国际法文库》设专著系列、译著系列、实务系列、文集系列,是法律出版社与武汉大学国际法研究所共同打造的学术品牌。法律出版社在中国出版界特别是法学法律出版领域的龙头地位自不待言。这里有必要对武大国际法所多说几句。武大国际法所是我国著名法学家、教育家、国际私法一代宗师韩德培先生于 1980 年创办的,是我国高校设立的第一个国际法研究所。该所自创立以来,自强不息,追求卓越,先后培养了一大批已在学术和实务方面崭露头角的国际法专门人才,先后产出了一大批具有较高水平的国际法学术成果,先后两次被评为国家级重点学科,2000 年被确定为教育部人文社会科学重点研究基地,2015 年入选首批国家高端智库。可以肯定地说,武大国际法所是当今中国国际法领域的学术重镇,不断推进中国国际法人才培养、科学研究和新型智库建设,不仅是它义不容辞的责任,更是它崇高而神圣的使命。正是基于这种情怀,武大国际法所与法律出版社携手合作,设立了这个《国际法文库》。这是为中国国际法学界开辟一块新的学术园地,建造一个新的学术舞台。《国际法文库》是自由、开放、包容、多元的,海内外的国际法同仁都可以在这块园地里辛勤耕耘,春播夏种、秋收冬藏;也都可以在这座舞台上翩翩起舞,崭露头角、一展锋芒。我真诚希望,所有以国际法为志业、立志为中国国际法事业做出贡献的海内外同仁，都能把《国际法文库》视为我们共同的国际法事业的一部分，关心之、支持之、帮助之、鞭策之，勿忘初心、久久为功，去迎接我们共同期待的中国国际法学界百花齐放、百鸟争鸣的春天。

是为序。

*

2016 年 12 月 1 日于北京

* 黄进，中国政法大学校长，法学教授，中国法学会副会长，中国国际私法研究会会长。

总序二

随着中国日益接近世界舞台的中央,我国迫切需要加强国际法律共同体建设,利用国际法维护世界和平和人类命运共同体以及可持续发展,保障中国的正当利益。因此,不管是国际法制度构建,还是国际法理论创新,抑或是国际法实践引领,中国都需要从“被动适应者”向“主动引领者”转变。

由我国著名法学家、教育家、社会活动家、国际私法一代宗师韩德培先生创办的武汉大学国际法研究所是1980年由原国家教委批准成立的中国高校第一个国际法研究机构;1981年设立博士点;1995年建立博士后流动站;1996年列为“211”工程重点建设单位;2000年被教育部批准为普通高等学校人文社会科学重点研究基地;2004年被批准为“985”工程哲学社会科学创新基地;2015年被中宣部确定为首批国家高端智库试点建设单位。她一贯秉持国际公法、国际私法、国际经济法的全面和综合研究,积极拓展联合国法、欧洲联盟法、国际能源法、电子商务法、国际发展法、国际网络法、国际投资法、国际金融法、国际体育法、世贸组织法、海洋法和海商法等前沿学术领域,形成了学科研究方向齐全、学科发展水平一流、咨政服务能力突出、教学科研成果领先的鲜明特色。

但是,不管是作为教育部的人文社会科学重点研究基地,还是作为国家高端智库,仅仅依靠一个研究所的力量难以实现中国国际法理论的创新，难以实现中国从国际法的“被动适应者”向“主动引领者”的转变。当下，中国面临的问题在全球化进程中愈发凸显其复杂性，许多问题往往需要从不同学科、不同视角、不同谱系进行合理的理论解释、作出正确的政策选择；而不同学者、学术机构、智库在不同领域具有相对优势，或者因所在区域不同而存在区域政策问题的竞争优势。因此，团结、组织中国国际法学者共同攻关、协同创新是获得国际竞争优势、创新中国国际法理论，进而实现中国从国际法的“被动适应者”向“主动引领者”转变的必由之路。正是出于这种考虑，我们与法律出版社合作出版《国际法文库》，希望集中展示中国学者的国际法著述和学术见解，及时传播国外国际法学界的最新研究成果，协同研究中国面临的重大国际法实践问题，不断增强中国国际法理论的国际话语权，不断提升中国国际法制度的国际吸引力，不断提高中国国际法实践的国际影响力。

因此，《国际法文库》将面向中国国际法理论界和实务界广泛征集选题，通过自荐与他荐相结合的方式，由丛书编辑委员会根据其学术性、思想性和创新性决定出版选题。本文库分为专著系列、译著系列、实务系列和文集系列。

专著系列旨在集中呈现中国学者在国际法领域的理论研究成果，引导中国国际法学界关注国际学术动态、设置前沿学术议题、营造良好学术风气，推动中国国际法理论创新。以学术性和创新性为选题标准，主要出版中国学者关于国际法领域具体问题的创新性研究成果。

译著系列旨在全面推介国际社会国际法理论的经典著作和最新成果，促进中外国际法理论的交流与交锋，促使中外国际法实践的互动与创新。以思想性与新颖性为选题标准，主要出版国际社会在 20 世纪 90 年代以后创作或再版的国际法著作的译作。

实务系列旨在中国国际法理论研究和实践运用之间架起桥梁，促使中国国际法研究更加贴近国家和社会的现实需要，在国际法理论的支撑下运用国际法规则分析和解决实践中出现的问题。以对策性与实用性为选题标准，主要出版针对实践中的国际法问题，特别是与中国密切相关的国际法问题的著作，强调贴合国家对外交往实际需要，关注操作层面的问题选择、分析和解决方案。

文集系列旨在及时反映中国国际法学界举办的学术会议成果，提高学术交流的质量，加强学术交流的深度，扩大学术交流的影响。以新颖性与可行性为选题标准，主要出版能够设置学术议题、引领理论前沿的论文集。

我们相信，在中国国际法学界同仁的关心、支持与积极参与下，《国际法文库》一定能够实现上述目的，为中国国际法的理论创新、制度变革和实践引领贡献她应有的智慧、发挥她应有的作用。

*

2017 年元旦于武汉

---

* 肖永平，武汉大学国际法研究所所长，长江学者，法学教授，中国国际私法研究会常务副会长。

序

在全球区域贸易协定蓬勃发展的今天,跨区域贸易协定所占的比重日益增大。据有效数据统计,跨区域贸易协定在目前的区域贸易协定中所占百分比已经过半。同时,全球政治经济的发展已跨入新区域主义时代,这些都为区域贸易协定的发展提出了新的要求和挑战。

2004 年曾令良教授就提出了“跨区域性”这一区域贸易协定发展的趋势;杨丽艳(2009 年)、倪月菊(2013 年)、赵世璐(2013 年)等也提出了“跨区域贸易协定”为区域贸易协定发展的一个趋势;王磊(2013 年)用国际关系的理论分析了跨区域大国协调的现实基础和规范框架。在英文文献中,乔安·克劳福德、山姆·莱尔德(J. A. Crawford 、S. Laird,2001 年),安德鲁·K. 罗斯、埃文·温科普(A. K. Rose、E. Van Wincoop,2001 年),罗伯特·斯克莱、吉尔伯特(R. Scollay、J. P. Gilbert,2001 年),琳达·洛(L. Low,2004 年),理查德·麦克德莫特(R. MacDermott,2007 年)等都提到了“跨区域贸易协定”扩散这一趋势;玛格丽特·P. 卡恩斯、卡伦·明斯特(M. P. Karns、K. A. Mingst,2004 年),约翰·拉文希尔(J. Ravenhill,2005 年),查德·达姆罗(Chad Damro,2010 年)等从国际政治经济的角度分析了国家加入区域贸易协定的考量因素;戴维·甘茨(David A. Gantz,2008 年)从理论基础、法律实践等各方面对区域贸易协定进行了详细分析。这些国内外文献虽然提及了“跨区域性”这一区域贸易协定发展的趋势，并从国际关系、国际政治经济的理论角度分析了"跨区域贸易协定"的考量因素，但从法律规则的角度对跨区域贸易协定进行深入分析和论证的寥寥无几。

美国、欧盟跨区域贸易协定的发展引领全球，代表着跨区域贸易协定发展的一种趋势。但从现有文献来看，大多数研究仅限于对各自签订的跨区域贸易协定的罗列，而专门将美式与欧式跨区域贸易协定作出法律规则层面的比较研究及中国对策研究的微乎其微。虽然对美式与欧式跨区域贸易协定的研究需要极强的跨学科背景、外语语言能力和深厚的理论功底，但是该研究有助于指导中国对外签订跨区域贸易的实践，为相关政府部门提供咨询意见，并指导中国跨区域贸易协定的理论和实践发展，为中国在全球区域贸易发展中更好地争取一席之地。

殷敏老师系2004级华东政法大学国际法博士，读书期间勤奋好学、有较强的科研能力。作为她博士学位论文的答辩老师，我对她的科研能力深表认同和赞赏。她的新著《美式与欧式跨区域贸易协定比较研究与中国对策研究》(系其国家社科基金项目结项报告的修订本)将美式与欧式跨区域贸易协定进行了深入的比较研究，并提出了中国的相应对策。她的写作建立在4个跨区域贸易协定文本(分别为《美国—韩国跨区域贸易协定》《欧盟—韩国跨区域贸易协定》《美国—秘鲁跨区域贸易协定》《欧盟—哥伦比亚和秘鲁跨区域贸易协定》)的全文翻译(英文原文近100万字，翻译完成约74万字，由中国法制出版社出版了编译文本《美式与欧式跨区域贸易协定文本》)基础上，不仅进行了单纯的文本比较研究，而且对美国和欧盟在协定中采取不同策略的原因进行了深层次的探究。这涉及美国和欧盟内部的政治架构、经济部门发展水平、文化策略以及对外开放政策等一系列问题。本书对其逐一进行了分析，对美国和欧盟在跨区域贸易协定中的差异根源进行了论证。

近年来，该领域又出现了一些新的变化和发展动态。典型的有三个：第一，在美国宣布退出《跨太平洋伙伴关系协定》(Trans-Pacific Partnership Agreement，TPP)的1年后，TPP中除美国之外的其他11国又公布了更名为《全面与进步的跨太平洋伙伴关系协定》(Comprehensive and Progressive Agreement for Trans-Pacific Partnership，CPTPP)的最终版本。对"CPTPP下中国跨区域贸易协定的研究"将是我们下一步需要跟进的课题。第二，2018年11月30日随着加拿大在议定时间内的最后一刻妥协，美国、墨西哥、加拿大三国正式签署了《美墨加协定》(United States-Mexico-Canada Agreement，USMCA)，名义上将取代三国之前的《北美自由贸易协定》(North American Free Trade Agreement, NAFTA)。但 USMCA 能否实际取代 NAFTA,还需要美国、墨西哥、加拿大三国经各自的国内批准程序,方能生效。而 USMCA 中充分体现了“美国优先”的立场,因此深入研究 USMCA 中的相关条款可以有效把握今后美式跨区域贸易协定发展的动态。第三,中国“一带一路”的提出到深入推进,事实上就是跨区域贸易协定发展的一种特殊路线。对“一带一路”经贸规则的深入研究亦是对全球跨域贸易协定发展背景下的中国对策研究。这些都是需要我们国际法学同仁不断跟进研究的艰难课题,需要国际法学同仁艰苦卓绝地付出和探索。在此,我衷心祝贺殷敏老师在该领域已经取得的成果,并期待她在学术道路上不断进取,向更高、更绚丽的学术平台攀登。

*

2019 年 2 月 19 日于上海

* 上海政法学院校长,教授、博士研究生导师。

前 言

据世界贸易组织网站有效数据的统计，截至2019年2月20日，已经通知到世界贸易组织的区域贸易协定共685个，生效的有471个。由于近年来区域贸易协定的广泛扩散，世界贸易组织正在失去其国际贸易体系的中心地位。如今，我们不能再把世界贸易组织看作一种规则而把区域贸易协定看作它的例外。中国要想在这种国际形势下游刃有余，就必须“两手抓”，既在全球贸易中获利，又充分利用好区域贸易。

本书为多学科交叉的前沿问题。现有文献集中在跨区域贸易协定的要素研究、现状研究和相关文本研究，而在比较研究基础上，从美式和欧式跨区域贸易协定的推动因素出发，对因素与贸易协定法律规则的互动关系的研究角度尚属空白。综合运用国际法、国际政治经济学和国际关系学来对跨区域贸易协定作比较研究，可以为我国跨区域贸易协定的谈判提供重要的理论依据。

本书也具有非常重要的现实战略意义。对这一课题的研究可为中国跨区域贸易协定战略的制定提供重要参考，为中国跨区域贸易协定的理论和实践发展提供指导。对美、欧跨区域贸易协定考量要素及其与法律规则的互动关系的研究成果，也可在操作层面上，使我国在与美国、欧盟及欧盟成员的贸易协定谈判中，占据信息与智力的主动，以更好地维护我国利益。

Contents

目录

第一章　美式与欧式跨区域贸易协定引论

第一节　全球跨区域贸易协定的蓬勃发展和深层原因

区域贸易协定有其一般和具体含义。一般含义是指区域贸易协定可能是不位于同一关税地区的国家之间缔结的协定;具体含义是指区域贸易协定成员之间通过协定彼此提供给成员方优惠于世界上其他成员的待遇。① 因此,区域贸易协定并不限定于相邻区域成员之间。区域贸易协定依据是否在同一地理区域范围内可以细分为区域贸易协定和跨区域贸易协定(Cross Regional Trade Agreements,CRTAs)。② 比如,欧盟是典型的区域内贸易协定,而《美国—新加坡自由贸易协定》就是典型的跨区域贸易协定。据可查到的有效数据

---

① See Rafael Leal-Arcas, "Proliferation of Regional Trade Agreements: Complementing or Supplanting Multilateralism", *Chicago Journal of International Law* 11, winter 2011, p. 600.

② 世界贸易组织似乎也没有将相邻区域贸易协定和跨区域贸易协定进行分别的数据统计。因此,为了避免混淆,研究报告对区域贸易协定和跨区域贸易协定进行区分,前者用 RTAs 表示,后者用 CRTAs 表示。当指一般意义上地给予成员方优惠待遇的协定时,会在前面加上全球区域贸易协定,这就包含了 RTAs 和 CRTAs 两种。

统计,[①]至2006年12月,跨区域贸易协定在已实施的全球区域贸易协定中约占12%,在正在谈判的协定中约占43%,在拟议的协定中约占52%。世界贸易组织的成员在从事区域贸易的谈判过程中,不断探寻适合自己的跨区域贸易合作伙伴。跨区域贸易协定的迅猛发展使我们坚信各国单纯凭借经验来依据区域限制完成经济一体化的做法显然已经过时,更应当更多地从理论上研究跨区域等因素。[②] 目前,一般的区域贸易协定理论继续强调地理上接近的因素是建立优惠贸易关系的首要因素,这主要是考虑到降低运输和交易成本,促进贸易的融合,更好地共享相互的文化、语言和经济。[③] 但是这一理论研究现状显然与目前跨区域贸易蓬勃发展的现实不相符合。全球政治经济的发展已跨入新区域主义时代,跨区域贸易协定在全球区域贸易协定中的比重日益提高。因此,对跨区域贸易协定的研究可以从理论上弥补中国国际法学界的不足,从实践上指导中国跨区域贸易协定的签订。

有些学者认为,由于区域间的合作逐渐趋于饱和,因此,许多国家和区域组织迫切要求寻找跨区域的合作伙伴。也有些学者认为,跨区域贸易协定的迅猛发展使我们应当更多地从理论上去考虑跨区域等因素。[④] 这些看法不无道理,但并未从根本上揭示跨区域贸易协定蓬勃发展的深层原因。新区域主义时代下跨区域贸易协定发展的深层原因有以下几个方面。

一、美国仍幻想单极世界

美国自“9·11”事件以后,就一直以反恐为名争霸全球,始终幻想构建以美国为主的单极世界。美国在发展区域贸易协定的同时,在亚洲、非洲、拉美、中东等地区努力探寻其跨区域合作的伙伴,将其作为推行全球战略的重要途径之一。

由于多边谈判陷入困境,美国不断通过跨区域贸易协定的签订来弥补这一缺失。2003年5月6日美国与新加坡签署了《美国—新加坡自由贸易协定》。

---

① See Roberto V. Fiorentino et al., “The Changing Landscape of Regional Trade Agreements: 2006 Update”, *WTO Publications*, 2007, p. 9.

② See Saori N. Katada, Mireya Solís, *Cross Regional Trade Agreements: Understanding PermeatedRegionalism in East Asia*, Berlin, Springer, 2008, p. 1.

③ See E. Mansfield and H. Milner, “The New Wave of Regionalism”, *International Organization*53, 1999, pp. 590 – 591.

④ See Saori N. Katada, Mireya Solís, *Cross Regional Trade Agreements: Understanding PermeatedRegionalism in East Asia*, Berlin, Springer, 2008, p. 1.

同年,美国又分别与智利、危地马拉、尼加拉瓜、萨尔瓦多、洪都拉斯等拉美国家签订了双边自由贸易协定。2004 年美国又与澳大利亚、巴林和摩洛哥签署了双边自贸区协定。伊拉克战争后,布什总统宣称美国将利用 2004 ~ 2014 年 10 年时间,分步骤与中东各国谈判,分别与各国签订区域贸易协定,最终构建“美国—中东自由贸易区”。多数评论认为,美国此举的真实目的是要通过自由贸易区的方式在该地区推行美国式民主制度,从制度上消除恐怖主义产生的根源。①

二、世界呈多极化发展趋势

经济全球化决定了当今世界多极化的发展趋势。主要表现在:

1. “金砖国家”(中国、印度、巴西、俄罗斯、南非)在新兴经济体中成为重要经济大国。

它们在政治上有许多利益共同点,彼此间的联系和对话日益紧密;经济上需要扩大出口市场,寻求其他资源的供应渠道,因此需要在全球其他区域寻找合作伙伴。

2. 世界石油供求关系的重大变化。

石油价格在波动中不断上涨,石油的稳定供应是国家经济安全与持续发展的必要保障。目前,世界主要的石油消费大国和国际组织——美国、中国、印度、日本、欧盟都努力加强与产油国的合作。这使得在目前的跨区域合作中,非洲、中亚、中东、拉美等产油国地区成为各大国选择合作对象的首要目标。

3. 世界经济发展日益不平衡。

这表现在发达国家和发展中国家,发展中国家之间差距日益扩大。很多国家为了拓宽合作对象,减少对发达国家特别是对美国的依附,不断寻找跨区域贸易合作的伙伴。

除此之外,金融危机的爆发加快了世界经济重心由大西洋向亚洲转移的速度;在应对全球气候问题上出现了不同利益的国家集团等,这些都在广度和深度上促成了世界多极化的形成和发展,构成了跨区域贸易协定蓬勃发展的深层原因。

第二节 美式与欧式跨区域贸易协定概况

通过对世界贸易组织网站区域贸易协定的统计,制作出以下 3 张表格(见表 1、表 2、表 3),以便更清晰地比对出美国与欧盟现行的跨区域贸易协定。

---

① 参见李向阳:《新区域主义与大国战略》,载《国际经济评论》2003 年第 4 期。

表1 与美国签订跨区域贸易协定的国家及国际组织

范围	国家及国际组织	签署时间	生效时间	名称	类型	大洲	形式
货物与服务贸易协定	危地马拉	2004年8月5日	2006年7月1日	多米尼加共和国—中美洲—美国自由贸易协定	多边	美洲	自由贸易协定和经济一体化协定
	萨尔瓦多		2006年3月1日				
	洪都拉斯		2006年4月1日				
	尼加拉瓜		2006年4月1日				
	哥斯达黎加		2009年1月1日				
	多米尼加共和国		2007年3月1日				
	巴拿马	2007年6月28日	2012年10月31日	美国—巴拿马自由贸易协定	双边		
	哥伦比亚	2006年11月22日	2012年3月15日	美国—哥伦比亚自由贸易协定	双边		
	秘鲁	2006年4月12日	2009年2月1日	美国—秘鲁自由贸易协定	双边		
	智利	2003年6月6日	2004年1月1日	美国—智利自由贸易协定	双边		
	摩洛哥	2004年6月15日	2006年1月1日	美国—摩洛哥自由贸易协定	双边	非洲	
	约旦	2000年10月24日	2001年12月17日	美国—约旦自由贸易协定	双边	亚洲	
	巴林岛	2005年9月14日	2006年8月1日	美国—巴林岛自由贸易协定	双边		
	阿曼	2006年1月19日	2009年1月1日	美国—阿曼自由贸易协定	双边		
	新加坡	2003年5月6日	2004年1月1日	美国—新加坡自由贸易协定	双边		
	韩国	2007年6月30日	2012年3月15日	美国—韩国自由贸易协定	双边		
	澳大利亚	2004年4月18日	2005年1月1日	美国—澳大利亚自由贸易协定	双边	大洋洲	

表2　与欧盟签订跨区域贸易协定的国家及国际组织

范围	国家及国际组织	签署时间	生效时间	名称	类型	大洲	形式
货物与服务贸易协定	加勒比论坛国家	2008年10月15日	2008年11月1日	加勒比论坛—欧盟经济伙伴关系协定	多边	美洲	自由贸易协定和经济一体化协定
	中美洲国家	2012年6月29日	2013年8月1日	欧盟—中美洲国家自由贸易协定	多边		
	智利	2011年11月18日	2003年2月1日	欧盟—智利货物贸易协定	双边		
			2005年3月1日	欧盟—智利服务贸易协定			
	哥伦比亚和秘鲁	2012年1月26日	2013年3月1日	欧盟—哥伦比亚和秘鲁自由贸易协定	多边		
	墨西哥	1997年12月8日	2000年7月1日	欧盟—墨西哥货物贸易协定	双边		
			2000年10月1日	欧盟—墨西哥服务贸易协定			
	韩国	2010年10月6日	2011年7月1日	欧盟—韩国跨区域贸易协定	双边	亚洲	
	格鲁吉亚	2014年6月27日	2014年9月1日	欧盟—格鲁吉亚自由贸易协定	双边		
	乌克兰	2014年6月27日	2014年4月23日	欧盟—乌克兰自由贸易区协定	双边	欧洲	
	摩尔多瓦共和国	2014年6月27日	2014年9月1日	欧盟—摩尔多瓦共和国自由贸易协定	双边		

表3　与美国和欧盟都签署自由贸易协定的国家

国家	大洲	形式	范围	名称	类型	名称	类型
秘鲁	美洲	自由贸易协定和经济一体化协定	货物与服务贸易协定	美国—秘鲁自由贸易协定	双边	欧盟—哥伦比亚和秘鲁自由贸易协定	多边
哥伦比亚				美国—哥伦比亚自由贸易协定			
智利				美国—智利自由贸易协定		欧盟—智利自由贸易协定	双边
多米尼加共和国				多米尼加共和国—中美洲—美国自由贸易协定	多边	加勒比论坛—欧盟经济伙伴关系协定	多边
韩国	亚洲			韩国—美国自由贸易协定	双边	欧盟—韩国自由贸易协定	双边

[对3张表格的备注:(1)以上数据与信息均来源于世界贸易组织网站:www.wto.org;(2)网站上分为三类:①货物与服务贸易协定;②货物贸易协定;③服务贸易协定;本表格仅统计了第一类,并且仅从第一类中选择相关跨区域贸易协定进行比对研究;(3)表格中所列的协定均为生效状态。]

第三节　相关跨区域贸易协定概述

通过比较,我们可以发现在既涉及货物贸易又涉及服务贸易的跨区域贸易协定中,与美国和欧盟都签订区域贸易协定的国家有:哥伦比亚、秘鲁、智利、韩国,其中哥伦比亚、秘鲁、智利均为美洲国家,韩国为亚洲国家。在这些国家中,中国目前已与秘鲁、智利、韩国签署了自由贸易协定。因此,为了探寻美式跨区域贸易协定与欧式跨区域贸易协定的特定,并且比对中国相关区域贸易协定,提出对中国签订区域贸易协定的相关建议,我们选择了4个跨区域贸易协定来进行研究,分别是《美国—韩国跨区域贸易协定》《美国—秘鲁跨区域贸易协定》《欧盟—韩国跨区域贸易协定》《欧盟—哥伦比亚和秘鲁跨区域贸易协定》。

本节将列出4个跨区域贸易协定的相关章节并制作成表格,以便选择一些重要章节供后文进行比较分析。

一、《美国—韩国跨区域贸易协定》框架

《美国—韩国跨区域贸易协定》于2007年6月30日签订，2012年3月15日生效，全文共24章，具体见表4。

表4 《美国—韩国跨区域贸易协定》框架

序言	—
第一章　初始条款及定义	第一节　初始条款
	第二节　总定义
第二章　货物的国民待遇和市场准入	第一节　国民待遇
	第二节　消除关税
	第三节　特别机制
	第四节　非关税措施
	第五节　其他措施
	第六节　机构条款
	第七节　定义
第三章　农业	—
第四章　纺织品和服装	—
第五章　药品以及医疗器械	—
第六章　原产地规则以及原产地程序	第一节　原产地规则
	第二节　原产地程序
第七章　海关程序及贸易便利化	—
第八章　卫生与植物卫生措施	—
第九章　技术性贸易壁垒	—
第十章　贸易救济	第一节　保障措施
	第二节　反倾销和反补贴措施
	第三节　贸易救济委员会

续表

第十一章　投资	第一节　投资
	第二节　投资国争议解决
第十二章　跨境服务贸易	—
第十三章　金融服务	—
第十四章　电信	第一节　访问和使用公共电信网络和服务
	第二节　公共电信服务的供应商
	第三节　主要供应商相关附加义务
	第四节　其他措施
第十五章　电子商务	—
第十六章　竞争相关事宜	—
第十七章　政府采购	—
第十八章　知识产权	—
第十九章　劳工	—
第二十章　环境	—
第二十一章　透明度	—
第二十二章　机构规定和争端解决	第一节　机构规定和管理
	第二节　争端解决程序
	第三节　国内程序和私人商业争端解决
第二十三章　例外	—
第二十四章　最终条款	—

二、《美国—秘鲁跨区域贸易协定》框架

《美国—秘鲁跨区域贸易协定》于 2006 年 4 月 12 日签订，2009 年 2 月 1 日生效，全文共 23 章，具体见表 5。

表 5 《美国—秘鲁跨区域贸易协定》框架

序言	—
第一章　初始条款及总定义	第一节　初始条款
	第二节　总定义
第二章　货物的国民待遇和市场准入	第一节　国民待遇
	第二节　关税减让
	第三节　特别机制
	第四节　非关税措施
	第五节　其他措施
	第六节　机构条款
	第七节　农业
	第八节　定义
第三章　纺织品与服装	—
第四章　原产地与原产地规则程序	—
第五章　海关程序及贸易便利化	—
第六章　卫生与植物卫生措施	—
第七章　技术性贸易壁垒	—
第八章　贸易救济	第一节　保障措施
	第二节　反倾销与反补贴措施
第九章　政府采购	—
第十章　投资	第一节　投资
	第二节　投资国—东道国争议解决机制
	第三节　定义
第十一章　跨境服务贸易	—
第十二章　金融服务	—
第十三章　竞争政策制定、垄断与国有企业	—
第十四章　电信	—

续表

第十五章　电子商务	—
第十六章　知识产权	—
第十七章　劳工	—
第十八章　环境	—
第十九章　透明度	第一节　透明度
	第二节　反腐败
第二十章　协定管理和贸易能力构建	第一节　协定管理
	第二节　贸易能力构建
第二十一章　争端解决	第一节　争端解决
	第二节　国内诉讼程序与私人商业争端的解决
第二十二章　例外	—
第二十三章　最终条款	—

三、《欧盟—韩国跨区域贸易协定》框架

《欧盟—韩国跨区域贸易协定》于2010年10月6日签订,2011年7月1日生效,全文共15章,具体见表6。

表6　《欧盟—韩国跨区域贸易协定》框架

序言	—
第一章　目标及总定义	—
第二章　货物贸易的国民待遇和市场准入	第一节　共同条款
	第二节　关税消除
	第三节　非关税措施
	第四节　关于货物的具体例外

续表

第三章　贸易救济	第一节　双边保障措施
	第二节　农业保障措施
	第三节　全球保障措施
	第四节　反倾销和反补贴税
	第五节　机构条款
第四章　技术性贸易壁垒	—
第五章　卫生和植物卫生措施	—
第六章　海关与贸易便利化	—
第七章　服务贸易、机构和电子商务	第一节　一般规定
	第二节　服务的跨境提供
	第三节　机构
	第四节　商务自然人临时入境
	第五节　监管框架
	第六节　电子商务
	第七节　例外
第八章　支付和资本流动	—
第九章　政府采购	—
第十章　知识产权	第一节　一般规定
	第二节　关于知识产权的标准
	第三节　知识产权的执行
第十一章　竞争政策	第一节　竞争政策
	第二节　补贴
第十二章　透明度	—
第十三章　贸易和可持续发展	—

续表

第十四章　争端解决机制	第一节　目标和范围
	第二节　磋商
	第三节　争端解决程序
第十五章　机构、一般条款和最终条款	—

四、《欧盟—哥伦比亚和秘鲁跨区域贸易协定》框架

《欧盟—哥伦比亚和秘鲁跨区域贸易协定》于 2012 年 1 月 26 日签订,2013 年 3 月 1 日生效,全文共 14 章,具体见表 7。

表 7　《欧盟—哥伦比亚和秘鲁跨区域贸易协定》框架

第一章　初始条款	第一节　基本要素
	第二节　总则
	第三节　一般适用的定义
第二章　机构条款	—
第三章　货物贸易	第一节　货物市场准入
	第二节　贸易救济
	第三节　关税及贸易便利化
	第四节　技术性贸易壁垒
	第五节　卫生及动植物检疫措施
	第六节　货物流动
	第七节　例外情况
第四章　服务贸易、电子商务	第一节　一般规定
	第二节　机构
	第三节　跨境服务提供
	第四节　出于商业目的的自然人临时入境
	第五节　监管框架
	第六节　电子商务
	第七节　例外

续表

第五章　经常性支付与资本流动	—
第六章　政府采购	—
第七章　知识产权	第一节　一般规定
	第二节　关于保护生物多样性和传统知识
	第三节　有关知识产权的规定
	第四节　知识产权强制执行
	第五节　技术转让
	第六节　合作
第八章　竞争	—
第九章　贸易和可持续发展	—
第十章　透明度和行政诉讼	—
第十一章　一般例外	—
第十二章　争议解决	第一节　目的、适用范围和定义
	第二节　磋商
	第三节　争议解决程序
	第四节　一般规定
第十三章　技术援助和贸易能力建设	—
第十四章　最终条款	—

我们选出货物贸易、服务贸易、竞争政策、知识产权、劳工政策、争端解决这几大重要部分来将这些协定进行比对,并针对中国提出相应对策。

第二章　货物贸易

20 世纪 90 年代以来,由于世界贸易组织各成员方利益难以协调,多边谈判进程受阻,世界各国开始转向区域性贸易协定谈判,在实践中通常表现为国家或地区间签订自由贸易协定,降低彼此间货物或服务的关税壁垒,以期刺激本国的贸易发展。区域贸易协定,本质上是为了维护本地区的利益,区域集团成员相互给予优惠,对非成员则维持关税与贸易限制,是自由贸易与保护主义的混合体。① 正因如此,自由贸易协定的出现引发了人们的担忧,他们担心协定会促成一种相对封闭的经济集团,由此刺激域外方为防止自身利益的损失而纷纷组建同类型的其他经济集团与之相抗衡,进而加大国与国之间的贸易摩擦,甚至升级为政治摩擦。但实际上并非如此,无论是区域内还是两国或地区间自由贸易的发展,不仅不会阻碍世界范围内贸易自由化的进步,而且会因与多边贸易自由化的互补性而有助于后者更灵活地得到实现。② 对于大多数国家或地区而言,对外签署区域贸易协定的初衷,便是为了能使本国的货物能够以更低的关税水平进入其他国家,因此,协定中的货物

---

① 参见张荣芳:《经济全球化与国际贸易法专题研究》,中国检察出版社 2008 年版,第 240 页。

② 参见代中现:《中国区域贸易一体化法律制度研究——以北美自由贸易区和东亚自由贸易区为视角》,北京大学出版社 2008 年版,第 4 页。

贸易规则一直以来是各国关注的重点。经过长久的发展，自贸协定中货物贸易部分的规定有不少已被固定并广泛推行适用。但与此同时，各国也会根据与他国的贸易现状、自身的贸易策略、本国的资源禀赋等多方面的情况，在这部分中设置特色条款，以此达到发挥本国货物的贸易优势、预防缔约方优势产品对本国产业冲击、施行本国贸易政策、调节国内经济现状等不同种类的目标。

美国与欧盟作为世界上最大的两个经济体，对外贸易活动频繁，贸易水平高，在贸易规则制定方面有着极大的话语权，也正是因为如此，它们在自由贸易协定货物贸易规则方面积累有丰富的立法经验。前面提到，我们选取了美国、欧盟分别与韩国、秘鲁这两个国家签署的自贸协定作为比较对象。从美国、欧盟分别与秘鲁、韩国签署的协定规则设置差异中，对比分析美国、欧盟的规则制定的技术、立法意图等信息。

以下先对美国、欧盟分别与韩国、秘鲁之间的贸易状况总体分析。此方面的信息既是自由贸易协定中特殊货物贸易规则制定的重要依据之一，同时也能反映出协定中的这些规则对贸易的影响。

第一节　货物贸易现状

一、美国与韩国、欧盟与韩国的货物贸易现状及原因分析

（一）美国与韩国、欧盟与韩国的贸易数据分析

美国与韩国间有紧密的经济贸易联系。根据美国贸易代表办公室（United States Trade Representative，USTR）2013 年数据，韩国是美国第 6 大货物贸易伙伴，同时，也是美国第 10 大货物出口国以及第 6 大货物进口来源国。而另外，2014 年的贸易数据表明，美国是韩国第 2 大货物出口市场以及第 3 大货物进口来源国。

欧盟及其成员国与韩国也存在频繁的贸易往来。欧盟委员会（EU Commission）2015 年的数据报告显示，韩国是欧盟第 8 大货物贸易伙伴，同时，也是欧盟第 9 大货物出口目的地以及第 8 大货物进口来源地。相反，欧盟是韩国除中国、美国、日本以外的第 4 大出口市场。美国与韩国、欧盟与韩国的具体贸易数据如表 8 所示。

表 8　2010～2014 年美国、欧盟与韩国货物贸易数据

单位：十亿美元

年份	美国			欧盟		
	进口	出口	总额	进口	出口	总额
2010	48.8	38.8	87.6	39.5	27.9	67.4
2011	56.6	43.4	100.0	36.3	32.5	68.8
2012	58.8	42.2	101.0	38.0	37.8	75.8
2013	62.4	41.6	104.0	35.8	39.9	75.7
2014	69.5	44.4	113.9	38.7	43.1	81.9

注：以上数据来源于美国国际贸易司、①欧盟委员会。②

从表 8 中近几年的贸易数据可看出，《美国—韩国跨区域贸易协定》(2012 年生效)与《欧盟—韩国自由贸易协定》(2011 年生效)对美国、欧盟与韩国的货物贸易均起到了一定的拉动作用，贸易额总体呈增长趋势。但相比而言，美国与欧盟的贸易数据变化并不完全相同，仍存在一些差异。美国方面，在与韩国的货物贸易中，不管进口贸易还是出口贸易均保持上升势头。其中，出口贸易增长较为缓慢，甚至部分年份出现了出口减少的情况，而与之相反，美国从韩国进口货物的价值总额则飞速上涨，这就导致美国对韩国的贸易逆差进一步扩大。就欧盟而言，出口至韩国市场的货物贸易额逐年增长，而每年进口额则呈波动起伏状，增长与下降的年份交替出现，总体水平与协定生效前持平。在两方面的综合作用下，欧盟逐渐扭转了之前在与韩国贸易过程中的不利逆差地位，并转变为顺差地位。

这些数据从侧面表明，美国市场对韩国的开放程度较高，极大地刺激了韩国出口市场的发展，而欧盟市场对韩国的开放程度相较而言则更低。美国更侧重于扩宽本国的进口市场渠道，从韩国获取本国所需的原材料或产品，而欧盟则更侧重于打开韩国的国内市场，解决本地区货物产品的销售问题。

(二)美国与韩国、欧盟与韩国的贸易货物种类分析

在主要进出口货物方面，根据美国国际贸易司的数据，2014 年美国从韩国

---

① See U. S. International Trade Administration, Accessed March 11, 2016, http://tse.export.gov/tse/TSEReports.aspx? DATA = NTD.

② See European Commission, "European Union, Trade in goods with South Korea", Accessed March 11, 2016, http://trade.ec.europa.eu/doclib/docs/2006/september/tradoc_113448.pdf.

进口价值最大的 4 类货物为交通工具及其部件、电子机械及声音电视设备、核能反应堆锅炉及其部件、钢铁制品、矿物石油燃料，其各自的进口总额中所占比例分别是 27.9%、22.3%、16.6%、4.8%、4.4%，合计共占总进口的 76%；另外，美国在与韩国的贸易中出口额最大的前 5 类货物分别为核能反应堆锅炉及其部件、电了机械及声音电视设备、飞机航空器及其部件、光学摄影媒体及外科设备、有机化学制品，在出口总额中所占比例分别是 17.2%、13.3%、6.5%、6.4%、4.2%，合计共占总进口的 47.6%。①

欧盟委员会就与韩国的贸易报告中指出，2014 年欧盟从韩国进口最多的 5 类产品为机器及设备、交通工具、塑料橡胶制品、基础金属及其制品、光学摄影设备，在其进口总额中所占比例分别是 35.5%、25.4%、8.7%、7.4%、6.3%，合计共占总进口的 83.3%；相反，欧盟向韩国出口最多的前 5 类货物分别为机器及设备、交通工具、化工及相关产业产品、矿产品、基础金属及其制品，在出口总额中所占比例分别是 31.5%、18.2%、12.1%、6.9%、6.3%，合计共占总进口的 75%。②

上述数据表明，美国、欧盟与韩国的贸易中很大一部分为制成品贸易，与初级产品有关的贸易较为稀少。从产品部门来看，工业产品占美韩、欧韩贸易中的绝大多数，农业产品及渔产品则相对较少。值得注意的是，交通工具的相关贸易在美韩与欧韩贸易中均占有较大比重，这主要是由于美国、欧盟的德国以及韩国均是汽车生产大国，拥有不少世界级的知名汽车品牌，如美国的福特、别克、雪弗兰，德国的大众、奔驰、宝马，韩国的现代、起亚等。此外，美国的苹果公司，韩国的三星、LG 公司等全球性电子设备企业的存在，也使机器设备、电子器械的相关贸易成为美韩与欧韩贸易中不可或缺的一部分。

在美韩、欧韩贸易中，有关初级产品及原材料的贸易比较鲜见，此种情况由多方面原因共同造成。就韩国而言，受限于其领土范围狭小，纬度相对高等因素，国内自然资源及农产品并不丰富，所以初级产品出口可能性小。而美国与欧盟方面，发达的科技的发展带动其生产效率提高，对原材料的需求也随之相应增加，因此本地区的原材料更多用于满足该地区企业加工生产的需要，这也限制美国与欧盟的原材料出口。总体而言，美韩与欧韩的货物贸易主要集中在

---

① See U. S. International Trade Administration, Accessed March 11, 2016, http://tse.export.gov/tse/TSEReports.aspx? DATA = NTD.

② See European Commission, "European Union, Trade in goods with South Korea", Accessed March 11, 2016, http://trade.ec.europa.eu/doclib/docs/2006/september/tradoc_113448.pdf.

技术密集型产品之上,满足了三方对工业制成品的内部需求,同时,也加快了彼此间的技术流动,并侧面促进科技水平提升,达到互利双赢目的。

二、美国与秘鲁、欧盟与秘鲁的货物贸易现状及原因分析

(一)美国与秘鲁、欧盟与秘鲁的贸易数据分析

从地缘上看,美国与秘鲁同处于美洲地区,地理位置相近,这使两国之间一直保持着良好的贸易伙伴关系。根据美国贸易代表办公室(USTR)2015 年数据,秘鲁是美国第 35 大货物贸易伙伴,同时,也是美国第 30 大货物出口市场以及第 41 大货物进口来源国。另外,根据秘鲁外贸协会(Sociedad de Comercio de Exterior de Perú,COMEX)2014 年发布的数据,美国是除中国外秘鲁第 2 大贸易伙伴,同时也是第 2 大进口来源国和第 2 大出口国。

秘鲁也是欧盟在拉美地区的重要伙伴之一。欧盟委员会 2015 年的数据报告显示,秘鲁是欧盟第 48 大货物贸易伙伴,同时,也是欧盟第 55 大货物出口目的地以及第 45 大货物进口来源地。与此同时,欧盟是秘鲁以及其他安第斯国家的第 2 或第 3 大双边贸易伙伴。在出口方面,欧盟的德国、西班牙、意大利是秘鲁产品的主要出口目的地;在进口方面,德国、西班牙、意大利以及瑞典是秘鲁在欧盟的主要进口来源国。美国、欧盟与秘鲁间的具体贸易数据如表 9 所示。

表 9 2010~2014 年美国、欧盟与秘鲁货物贸易数据

单位:十亿美元

年份	美国			欧盟		
	进口	出口	总额	进口	出口	总额
2010	5.24	6.74	11.98	5.19	2.31	7.50
2011	6.60	8.34	14.94	6.39	2.79	9.18
2012	6.41	9.34	15.75	6.25	3.48	9.73
2013	8.12	10.11	18.23	5.27	3.48	8.75
2014	6.07	10.05	16.12	4.93	3.23	8.16

注:以上数据来源于美国国际贸易司、①欧盟委员会。②

① See U. S. International Trade Administration, Accessed March 11, 2016. http://tse.export.gov/tse/TSEReports.aspx? DATA = NTD.

② See European Commission, "European Union, Trade in goods with Peru", Accessed March 11, 2016. http://trade.ec.europa.eu/doclib/docs/2006/september/tradoc_113435.pdf.

根据表9中的数据,美国与秘鲁进出口总额呈逐年攀升态势,表明2009年生效的《美国—秘鲁跨区域贸易协定》对美国与秘鲁间的货物贸易有着巨大推动作用,特别是在美国对秘鲁的货物出口方面,贸易额增长迅速。相比而言,欧盟与秘鲁间的货物贸易发展更为缓慢,甚至处于停滞不前或倒退的状态。但是,此状态不能仅归结于《欧盟—哥伦比亚和秘鲁跨区域贸易协定》本身。近观2013年至今的全球经济态势,我们可以发现,国际商品价格总体呈下跌趋势,这就导致多国间虽然贸易量有所提升,但是贸易总额较之以往却增长缓慢,甚至有所下降。美国与秘鲁2013年、2014年的贸易数据也反映出了这一因素。除此之外,欧盟内部整体需求的缩减也是造成欧秘间贸易额下降的原因之一。2008年金融危机的后续影响,导致欧盟大部分成员国的国内经济发展仍显疲软,而《欧盟—哥伦比亚和秘鲁跨区域贸易协定》的签署生效正是欧盟为其自身寻求新的经济增长点的有力举措之一,也为欧盟整体经济的复苏提供了强大助力。

(二)美国与秘鲁、欧盟与秘鲁的贸易货物种类分析

再从美国、欧盟与秘鲁主要进出口货物种类进行观察、分析。根据美国国际贸易司的数据,2014年美国从秘鲁进口的主要货物有矿物石油燃料、珍珠宝石贵金属、服装及衣着附件、可食用水果、可食用蔬菜,这5类产品分别占美国从秘鲁进口总额的21.1%、17.4%、9.7%、7.7%、5.9%,合计占总进口额的61.8%;而美国向秘鲁出口的主要货物有矿物石油燃料、核能反应堆锅炉及其部件、电子机械及声音电视设备、谷物、塑料及其制品,分别占总出口的26.8%、19.4%、7.9%、6.4%、5%,合计共占美国向秘鲁总出口额的65.5%。①

就欧盟而言,欧盟委员会报告指出,2014年欧盟从秘鲁进口的主要货物有矿物产品、蔬菜产品、食物饮料烟草、基础金属及其制品、活禽畜及其产品,进口份额分别为34.3%、24.8%、11.9%、11.7%、4.9%,这5类产品共占欧盟从秘鲁总进口的87.6%;在出口方面,欧盟出口的主要货物有机器及设备、化学及相关产业产品、交通工具、基础金属及其制品、塑料橡胶及其制品,在出口中所占额度分别是40.0%、13.7%、9.9%、6.4%、4.6%,合计占欧盟向秘鲁总出口的

---

① See U. S. International Trade Administration, Accessed March 11, 2016. http://tse.export.gov/tse/TSEReports.aspx? DATA = NTD.

74.6%。①

从上述主要贸易货物的种类可以看出，美国、欧盟从秘鲁进口的货物基本上都是初级产品以及原材料，另外，出口至秘鲁的货物多为机械、化工等制成品，这反映出美国、欧盟与秘鲁之间的货物贸易具有极为契合的互补性。

秘鲁拥有多种类的丰富自然资源。在地理位置上，秘鲁靠近赤道地区，纬度较低，多数地区主要是热带雨林气候，加上平原较多，灌溉便利，这些条件使得秘鲁的水果、蔬菜等作物成熟周期短，产量也非常大。与此同时，秘鲁还是矿产大国之一，盛产铜、铅、锌、银、铁和石油等矿产及燃料。美国以及欧盟各成员方与秘鲁相比，纬度较高，几乎没有热带地区，因此对秘鲁的热带作物需求极大。同时，美欧作为两大技术发达地区，生产效率高，对各种加工原材料的消耗也相对大，秘鲁正好可以满足此方面的需求。此外，美国与欧盟作为世界上汽车生产与消费相对较大的两个地区，对燃料的需求也非常大，而秘鲁拥有储量丰富的石油资源，这也是美秘、欧秘货物贸易中的重要项目。另外，秘鲁由于发展程度以及科技水平低，所以国内对于美国、欧盟的机械、化工、电子设备等技术密集型产品需求极大，秘鲁也随之成为美国、欧盟这些货物的主要销售市场之一。总而言之，美秘以及欧秘之间的货物贸易，体现出了“各取所需、优劣互补”的特点，为《美国—秘鲁跨区域贸易协定》《欧盟—哥伦比亚和秘鲁跨区域贸易协定》的出台创造了良好条件，也提供了一定导向根据。

从上述贸易状况可以发现，韩国与美欧的贸易中，在机械、电子产品等制成品的出口方面比较有优势，而受限于气候、国土面积等因素，其原材料贸易较为贫弱，大多仰赖进口；秘鲁正好相反，在原材料方面的出口贸易较为发达，在制定品方面则以进口为主。韩国与秘鲁两国的经济发展水平、综合国力也有较大差别，韩国可以作为“准发达国家”，而秘鲁仅为发展中国家。这些差别使得美国、欧盟在与这两个国家的协定中，各自确立了符合需求的货物贸易规则。

从自由贸易协定文本看，4 个自由贸易协定货物贸易部分共同包含的章节有“货物贸易的国民待遇与市场准入”、“原产地规则以及原产地程序”（或为“海关程序与贸易便利化”）、“技术性贸易壁垒”、“卫生与植物卫生措施”、“贸易救济”这 5 章。由于美国与欧盟在农业规则、原产地规则、贸易救济规则中有较大差异，而中国在这些部分也多为原则性的规定，缺陷较多，因此，下文将重

① See European Commission, “European Union, Trade in goods with Peru”, Accessed March 11, 2016. http://trade.ec.europa.eu/doclib/docs/2006/september/tradoc_113435.pdf.

点对这3部分进行分析,从中归纳总结出可适用于中国的经验。

第二节　美式与欧式跨区域贸易协定中对农业规则的不同定位及原因分析

一、美式跨区域贸易协定对农业规则的定位及原因分析

众所周知,美国是世界上有名的农业大国,拥有极为丰富的粮食储备。2012年美国的谷物总产量为3.63亿吨,人均占有达1160公斤,谷物结转库存占世界第一,其数量更是逼近世界库存总量1/3。与以劳动密集型为特点的传统农业国家相比,美国的农业人口比例并不算大,2012年其农业人口比例仅为2%。但是,美国却拥有众多其他方面的农业发展优势,以下这些因素共同成就了其农业大国地位。

第一,美国开发有广阔的耕地用于农业种植。美国领土面积约为937万平方公里,耕地面积约占其中的20%,达到18,817万公顷,人均耕地面积约为0.6公顷。

第二,美国农业生产专业化程度高。早在1914年,美国农业已经在很大程度上实现了种植专业化,利用不同地区的资源禀赋,通过科学分化,使本国农业作物得到更为合理的培育,形成了一些著名的生产带,如玉米带、小麦带、棉花带等,这些格局沿用至今。专业化的区域化生产,给美国农业带来的是农业成本的大幅降低,以及生产效率的大大提高。

第三,美国农业生产具有高度机械化的特点。相较于世界其他国家而言,美国最早于20世纪40年代就初步实现了粮食生产机械化。到了60年代后期,美国的粮食生产机械化水平有了进一步的提高,已经达到了农业生产全过程的机械化。再到70年代初,全面机械化进程不再局限于粮食生产领域,而是逐渐扩展至棉花、甜菜等经济作物。可以预见的是,在不久的将来,美国的机械化农业生产会更多地利用到先进的高精尖技术,如遥感技术、卫星通信、电子计算机等,以此提高机械化农业种植生产的效率与产量。

第四,各类高科技在美国农业生产中得到广泛运用。先进的科学技术是美国高生产率的有力保障,基因工程、细胞工程、酶工程和发酵工程等农业生物新技术在农业生产中应用频繁。

第五,完善的农业法规和配套体系为美国农业提供了坚实的制度保障。早在1862年成立之初,美国农业部就明确定位“农业是制造业和商业的基础”。

到了20世纪30年代罗斯福新政时期，美国开始实行农业全面支持政策，在其后的几十年中，通过制定和出台一系列的举措与规则，逐渐形成了一套以农业补贴为核心的严密农业政策体系，该套体系同时也调整农业税收、农业信贷、技术变革、农产品对外贸易、保护资源等方面。①

美国在农业方面的高度发达，使其在对外贸易谈判中，极度重视农业方面相关规则的制定与实施，以确保本国农业生产者的利益不会受到不合理的损害。在美式跨区域贸易协定文本中往往专门设立“农业”章节，单独对农产品的关税减免、关税配额（Tariff-Rate Quota，TRQs）、农业保障等内容进行规定。

（一）美国与韩国自由贸易协定对农业规则的定位及原因

1.韩国的农业发展状况

与美国相比，韩国农业方面的发展则较为薄弱，受限于耕地的稀少，韩国的粮食供给方面极度依赖进口，其比例高达85%，只有少数几种粮食作物，如大米、薯类能维持自给自足。除此之外，韩国民众所消费的其他农产品也有极大一部分是从其他国家进口的，如牛肉、鱼贝类等肉制品的进口比例一直居于60%以上，水果、奶制品的进口比例则高达20%，真正勉强实现自给自足的只有砂糖、蛋等少数几类农产品。

耕地方面，2011年韩国农业用地面积为169.8万公顷，占韩国国土面积的17%，其中2/3的耕地为水田，主要是种植水稻。随着城市化和工业化的发展，韩国的耕地面积持续减少，粮食自给率不断下降。此外，韩国还是世界上人均耕地面积最少的国家之一，人均耕地面积仅为0.04公顷，远低于欧美发达国家。气候方面，韩国处于中纬度地区，北部属温带季风气候，南部属亚热带气候，海洋性特征显著，冬季漫长寒冷，夏季炎热潮湿，春秋两季相当短。这些气候特点不适合多类主要农作物的播种、生长以及收获，侧面影响了其农作物的产量。除此之外，随着韩国城市化步伐的不断加快，农村的大多数青壮年持续流向城市，去寻求新的发展机会，再加上日益严重的老龄化问题，使得韩国农村劳动力的结构竞争力大幅下降。

为了保护国内发展缓慢的农业，韩国政府实施了多种鼓励与保护政策，其中就包括维持高水准的农业补贴，该部分支出甚至占韩国国民生产总值的

---

① 参见《美国农业发展现状》，载中华人民共和国财政部网：http://www.mof.gov.cn/mofhome/guojisi/pindaoliebiao/cjgj/201407/t20140708_1109872.html，最后访问日期：2016年4月30日。

4.7%。此外,在对外贸易中,韩国倾向于实施严格的贸易政策,如对特定农产品贸易实施许可制,或者提高进口农产品的关税等,因此其农产品价格通常比国际农产品价格平均高2.85倍,这使得韩国农产品的国际竞争力极弱。面对美国这样一个超级农业大国,如何避免本国农业部门受到价廉质高的美国农产品的强烈冲击,对韩国政府而言是个重大考验,也对韩国的对外贸易谈判能力提出了更高的要求。

2.美国与韩国自由贸易协定农业章节组成

《美国—韩国跨区域贸易协定》中,有关农业方面的规定主要见于第三章"农业",及其附件3-A"农业保障措施"。[①] 第三章"农业"由第3.1~3.5条5个条款组成。第3.1条为该章的适用范围。第3.2条涉及关税配额的管理及实施,主要依据为附件2-B中的附录2-B-1,同时规定了管理者的磋商权利与公开义务。第3.3条涉及农业保障措施方面,具体实施条件主要规定在附件3-A之中,实施方必须在保障措施实施后的60天内履行书面通知义务。第3.4条规定了农业贸易委员会的组成时间与职责义务。第3.5条为"农业协定"与"农业产品"的定义。美国与韩国为农业部门单独设立专章,虽然仅有5个条款,但从内容上依然体现出农业作为国家的基础部门与经济命脉,两国对其重视程度非常之高。在附件3-A"农业保障措施"中,主要包含货物主体、触发水平以及最高关税责任3部分内容。

(1)有关农产品关税的设置

美国与韩国在农产品关税方面,除了正常的关税减免外,还设置有不同程度的过渡期作为保障。对于少部分敏感产品,其关税将在过渡期内逐步递减,并最终降至零关税。《美国—韩国跨区域贸易协定》中的关税减让过渡期最长可达20年,主要针对富士苹果、亚洲梨等高度敏感产品。关税减让过渡期的设置,给予了两国国内相关农产品生产商们一个适应期间,来提升自身竞争力,并逐步适应关税减免所带来的影响,此举极大地减缓了国外农产品对国内产业的冲击。

(2)有关农业保障措施的设置

农业保障措施方面,值得一提的是,附件3-A中仅包含韩国对牛肉、洋葱、大蒜、苹果、各类淀粉等30类农产品实施保障措施的规定,却没有美国制定的

---

① See United States Trade Representative, "U. S. -Korea Free Trade Agreement", Accessed March 11, 2016. https://ustr.gov/trade-agreements/free-trade-agreements/korus-fta/final-text.

类似规定。也就是说,在符合条件时,韩国能够对部分农产品实施农业保障措施,征收额外的保护性关税,而美国却不能对任何产品实施农业保障措施。可见在此次的《美国—韩国跨区域贸易协定》中,美国在农业方面作出了巨大让步,表现了其对自身农业实力的绝对自信。这也从侧面反映出,韩国农业较之美国而言更为羸弱,需要一系列的措施来保护国内农业部门。同时,这一细节也体现出韩国有着高超的谈判能力,为本国农业部门争取到这些保障措施。在《美国—韩国跨区域贸易协定》中,农业保障措施的实施条件主要以保障触发水平值(safeguard trigger level)机制为主。该机制的运行原理是,在协定生效后的一定年份内,为特定农产品设置特定的触发水平值,一旦该产品的进口量超过事先设定的触发水平值,进口国有权对超出部分的产品征收额外的关税,额外征收的关税率也必须预先规定。随着协定生效年份的增加,触发水平值将不断增加,相反,额外关税率则不断降低,并最终降为零。此举与关税减让过渡期极为相似,均采取逐步降低关税率的方式,以此缓冲国外产品对国内市场的冲击。两者也有着类似的效果,征收的额外关税将提高货物的成本和销售价格,从而变相降低其竞争力,给予国内相关产品更多的市场机会。

(3)有关中间保障触发水平值的设置

在此次的农业保障措施中,美韩引入了一种极具特色的新机制——中间保障触发水平值(intermediate safeguard trigger level)机制。该机制适用范围不大,其对象仅包括豆类、甜土豆、爆米花、玉米、荞麦、谷物燕麦、酒 7 类农产品。这 7 类货物进口的数量若低于或等于中间保障触发水平值,则实施零关税;若高于中间保障触发水平值且低于或等于一般保障触发水平值,韩国有权征收中间保障关税;若高于一般保障触发水平值,则有权征收完全保障关税。中间触发水平值机制只在协定生效后的前 4 年适用,在这期间,中间触发水平值逐渐提高,中间保障关税也逐步降低,至第 5 年则不再适用该机制。

中间保障关税率分为 4 个档次,分别为 55%、40%、25%、15%,与最低 100% ~200%,动辄 700% ~800% 的完全保障关税相比,中间保障关税更类似于一种警示性关税,而不是惩罚性关税。从这一点看,中间保障触发水平值机制更像是对一般保障触发水平值机制的一种补充。观察该机制适用的对象如土豆、玉米、麦类谷物等不难发现,它们的特点均是可以采用高度机械化方式进行种植,并且产量极其巨大。巨大的产量同时也意味着,在满足国内需求之后,其用于出口的数量也必定相当巨大,这就使得这些作物的贸易量很容易就达到一般触发水平值,进而被征收高额的完全保障关税。而引入中间触发机制、征收中间触发关税恰恰对此类农作物的贸易商们起到了一个很好的警示作用,提示他们该类作物的贸易量已经达到一般触发值的一半,或是接近一般触发值,进入了一个相对危险的阶段,从而方便他们调整下一步的贸易策略,适度减少货物进出口数量,规避完全保障关税。

(二)美国与秘鲁自由贸易协定对农业规则的定位及原因

1. 秘鲁的农业发展状况

秘鲁现有的农业格局呈现出二元化的特点,这与大多数拉美国家的农业现状类似,传统农业以及现代出口农业是秘鲁的两大主流农业生产类型。秘鲁的传统农作物主要供其国内民众消费,代表性作物为大小麦、水稻等;另外,其现代出口农业用于出口贸易,因此以经济作物为主,例如咖啡、烟草、甘蔗等。[①] 传统农作物的种植地区主要集中于山地丘陵地形,崎岖的地形决定了其种植方式只能是较落后的人力耕种,无法使用机械进行生产,产量也因此不高,即使全部用于供应国内市场,也无法满足民众的生活需要,所以还有很大一部分需要通过进口来弥补;经济作物则主要在沿海地区种植,由于采用较完善的灌溉技术,实行集约化经营,因此生产率较高,产量较大,很大一部分可用于出口贸易。

地理条件对秘鲁农业生产影响颇深。秘鲁东部、中部、西部由于不同的地理与气候条件,因此进行了专业化的农业生产,相应种植或豢养了适合本地区的农作物与牲畜。其中,东部地区农业发展最为落后,受山林地形的限制,只栽种有少量的水果、粮食。中部地区同样为丘陵地形,但由于土壤较为肥沃,因此种植了马铃薯、玉米、小麦等粮食作物,在海拔较高的地方还发展了以牛羊为主的畜牧养殖业,该区域为秘鲁的传统农业区域。西部地区由于包含秘鲁全国1/3的耕地,以及世界闻名的渔场,因此成为了秘鲁最为主要的农产品产出地区。西部由于气候干燥,无法利用雨水灌溉,所以只能依赖中部安第斯山脉的河水进行农业种植,种植作物以咖啡、甘蔗等经济作物为主。此外,由于秘鲁有部分区域位于热带地区,所以本国也盛产多种热带水果,如芒果、香蕉等,其他如番荔枝、鳄梨、西番莲等,也是该地区的特产水果。

秘鲁国内的农业发展现状决定了秘鲁农产品的对外贸易状况。由于国土面积有限,机械化程度低,秘鲁的农产品产量较小,除去供应本国民众的部分以后,可用于贸易部分不多,贸易规模小。但是,秘鲁少数几种出口产品具有极强

---

① 参见《秘鲁农牧业简况》,载中华人民共和国商业部网:http://www.mofcom.gov.cn/aarticle/i/dxfw/nbgz/201108/20110807714298.html,最后访问日期:2016年5月2日。

的国际竞争力,这使得秘鲁的国际贸易结构呈现高度集中的特点。秘鲁主要出口饲料用鱼粉、未焙炒的咖啡、鱼油和芦笋4种产品,占秘鲁农产品出口总额的50%。[①]

2. 美国与秘鲁自由贸易协定农业章节组成

《美国—秘鲁跨区域贸易协定》中对于农业方面并未设立专章,而是将相关内容规定在协定第二章“货物的国民待遇与市场准入”的第七节“农业”中。[②]第七节主要是第2.14～2.21条共8个条款,除了适用范围、关税配额管理、农业贸易委员会等与《美国—韩国跨区域贸易协定》大致相同的概括性规定外,还涉及以下特有内容。

(1)有关农业补贴的规定

该协定第2.16条规定了农业出口补贴的相关内容,主要包括禁止双方对出口至缔约方境内的农产品实施补贴措施,以磋商方式解决补贴问题等。

(2)有关国营贸易企业的规定

该协定第2.17条涉及出口国营贸易企业,缔约双方应尽快就该类企业达成协定,协定必须包括消除出口权利限制、消除对该类企业的特殊资金援助、保证企业运营透明度等内容。

(3)有关糖类、鸡肉类产品贸易的规定

该协定第2.19条规定了对糖类产品的补偿机制,美国有权选择适用该糖类补偿机制,以代替关税减让表中的关税减免待遇。同时,该补偿必须在美国决定适用该机制的30天内提供,且美国至少应在决定适用该机制的90天前书面通知秘鲁。该条仅为美国一方的权力,并不适用于秘鲁,主要原因是美秘间的糖类产品贸易基本上均为秘鲁出口至美国。秘鲁作为热带气候国家,盛产甘蔗等热带作物,因此,每年秘鲁出口的糖类产品数额巨大。2008年美国从秘鲁进口糖类及含糖制品总价值为1196.04万美元,2009年这一数值上升至1997.60万美元。对于日益增长的糖类贸易,单一的关税减免措施发挥的管理引导作用极其有限,而辅之以补偿机制作为替代性优惠措施,有利于美国合理调控进口糖类产品的贸易量,同时保证秘鲁糖类出口商的利益。

该协定第2.20条为鸡肉产品贸易的磋商,规定协定生效后的第9年,双方应就协定中的鸡肉贸易规定展开磋商,审查鸡肉贸易规定的执行情况。秘鲁的

---

① 参见曲春红等:《秘鲁农牧业发展概况》,载《世界农业》2012年第9期。

② 参见《美利坚共和国与秘鲁共和国自由贸易协定》第7.1条。

畜牧业发展较为缓慢,且多以牛、羊等家畜为主,鸡类养殖规模较小,非常零散。而快餐主义盛行的美国正好是鸡肉消费大国,在庞大需求的带动下,美国国内的鸡类养殖也异常兴盛,养殖规模较大,且采用现代化机械养殖、屠宰方法,所以鸡肉产出效率高,产量大。以2008年为例,美国从秘鲁进口的活禽畜总价值仅为41.29万美元,而美国出口至秘鲁的活禽畜总价值为526.25万美元,两者相差10余倍,其中鸡鸭类出口额为448.77万美元,占85.3%。可见,第2.20条虽然用词为"双方",但在实际贸易中,无疑对秘鲁发挥着更大的作用。无论是第2.19条还是第2.20条,都是针对非常具体的某类货物所作出的规制,而非概括性的规定,这是《美国—秘鲁跨区域贸易协定》中极具特色的2条农业类规定。与此同时,第2.19条与第2.20条内在联系也颇为紧密,美国与秘鲁两国利用这2个条款实质上完成了一次利益交换,它们各自在本国的优势出口产品——鸡肉与糖类作出了巨大让步,使对方获得了一定的有利条件。

(4)有关农业保障措施的规定

《美国—秘鲁跨区域贸易协定》中,农业保障措施主要规定在附件2.18当中。根据协定,秘鲁可以对美国出口的标准品质牛肉、带骨鸡腿、大米、奶粉、黄油及乳制品、芝士这6类货物实施农业保障措施;美国可以对炼乳和淡奶、芝士这2类货物实施保障措施。在触发水平值的设置上,《美国—秘鲁跨区域贸易协定》与《美国—韩国跨区域贸易协定》有所区别,并未设置独立的触发值,而是与关税配额相关联,除牛肉为150%关税配额外,其他货物均为130%关税配额。至于附加进口关税,也就是保障关税这一方面,由该协定第2.18条第1款所确定的附加关税与附件2.3中的优惠关税之间的差额决定。该协定第2.18条第1款规定,缔约方具有对原产农产品征收附加进口关税的权力,但是附加进口关税不得超过下列四者当中的最低者:附件2.3中的基本关税、协定生效前适用的最惠国(MFN)关税、普遍适用的MFN关税、附件2.3附录1第2项第(c)款秘鲁关税减让表中的关税水平。保障关税从时间上主要分两个阶段,第一阶段从协定生效的第一年开始,到第3年、第4年、第6年、第10年或第12年,保障关税少于或等于100%的差额;第二阶段从第一阶段结束的后一年开始,到第14年或第16年,保障关税少于或等于50%的差额。

3. 美式跨区域贸易协定农业规则设置的总结及借鉴

对比《美国—韩国跨区域贸易协定》与《美国—秘鲁跨区域贸易协定》中的农业保障措施不难发现,两者存在较大差距。从数据上看,韩国通过谈判或其他方面的努力,为本国争取到对30类农产品实施保障措施的权利,同时使美国无法对韩国的任何农产品实施保障措施;而在秘鲁方面,仅能对美国的6类农产品征收保障关税,美国能对秘鲁的2类产品征收保障关税。在保障关税率方面,韩国对产品实施的保障关税动辄百分之一两百,最高甚至可达783%,而秘鲁仅以差额为基准,最高只能征收1倍差额的保障关税,从这一点来看,韩国的保障措施无疑更为严厉。造成这些差距的原因除了双方的谈判能力外,缔约方综合国力、农业实力、出口农产品种类等因素均起到了不小的作用。

此外,从这两个协定的具体内容可看出,美式跨区域贸易协定中的农业规定并非千篇一律,而是针对不同国家特点作出相应安排。例如,《美国—韩国跨区域贸易协定》中有着新颖的中间触发水平值机制,而《美国—秘鲁跨区域贸易协定》则在农业补贴出口国营企业、鸡肉、糖类等具体事项方面有着详细规制。

总体而言,美式跨区域贸易协定的农业规则具有如下3点值得借鉴:(1)在关税减让方面设置过渡期作为第一重保障,在保障措施中引入中间触发水平值作为第二重保障,双重保障减缓协定实施对国内市场的冲击;(2)设置独立的"农业保障措施"附件,以特定的进口数额作为保障措施的触发条件,并设置相对应的保障关税率;(3)利用具体协定条款,在各自的某一类优势农产品方面作出让步,给予对方一定的保护权力。

二、欧式跨区域贸易协定对农业规则的定位及原因分析

农业在欧盟的众多产业部门中占有至关重要的作用。欧盟地区既是农产品生产大国,也是消费大国,欧盟成员国约5亿的人口,为世界各国提供了一个巨大的农产品消费市场。得益于气候、科技、政策等各方面的良好条件,欧盟的农业生产发展极快,现代化程度高,各种农产品的产量极大,以2013年为例,欧盟共生产谷物3.04亿吨,大米260万吨,苹果1200万吨,梨250万吨,糖类150万吨,酒类151.6亿升,牛肉730万吨,牛奶1.53亿吨,其他农产品如烟草、土豆、蛋类、木材等也均有不少的生产量。①

欧盟农业发展的自然条件各不相同,有些国家资源禀赋较强,有着合适的气候,再加上众多的河流冲积平原,为种植和灌溉提供了良好条件,则适宜发展农业;有些国家的条件则相对更差,如纬度较高,气温更低,或者靠近斯堪的纳

① See European Union, "Agriculture in the European Union Markets Statistical Information 2014", Accessed May 6, 2016, http://ec.europa.eu/agriculture/markets-and-prices/market-statistics/pdf/2014/full-report_en.pdf.

维亚山脉、阿尔卑斯山脉等山地丘陵地区，地势不够平坦，则农业发展进程相对缓慢。除了自然条件外，其他方面的因素也能对农业发展起到很大作用。

首先，欧盟的农业政策支持力度大，这一点主要体现在法律法规支持、补贴保障、支持其辅助行业 3 个方面。在法规方面，欧盟共同农业政策（Common Agricultural Policy，CAP）的实施，对农业生产以及贸易等行为的政府干预提出更高要求，虽然政策执行自由度较小，但为农业健康发展提供了重要法律支持。此外，欧盟还有一系列的农产品补贴措施，如给予各农场主一定的休耕补贴，然后要求其挑选 10% 的耕地进行强制休耕；按照一定标准，直接给予生产者相应农业补贴；对重要粮食作物进行价格干预，以及保护价收购等。其次，欧盟的农业机械化水平高。依靠引入高功率机械，欧盟各农业大国顺利解决了劳动少、人力成本高的问题，同时也提高了农业生产效率。另外，欧盟对高科技的广泛应用也是其农业发展的有效助力。近年来，欧盟不断加大农产品科研支出，在转基因动植物育种、生物新技术产品、食品加工等方面均取得了不少技术上的突破。最后，实施高水准的专业化生产也是欧盟发展现代农业的有利条件之一，如在土壤肥沃的地区是以谷物生产为主；地势较高，土壤条件较差的地区则以畜牧业为主。

（一）《欧盟—韩国跨区域贸易协定》对农业规则的定位及原因

1. 欧盟与韩国无独立农业章节的原因

根据上文中的欧盟贸易数据可知，欧盟与韩国之间以技术密集型产品、制成品、矿物产品等相关产品为主要贸易货物，而农产品却并非两大地区间贸易的主流。究其原因主要有两方面：其一，韩国农业资源禀赋较差，产量有限，且国内市场规模不大，存在美国这一强力对手，竞争激烈；其二，欧盟地区虽然农业发达，但农产品更多用于满足本地区的消费，甚至还需从他国进口，因此出口数量有限，且欧盟偏向于利用自身的优势产品去发掘美国、中国等更大的农产品消费市场。因此，《欧盟—韩国跨区域贸易协定》中没有设置单独的农业章节，与农业相关的条款稀少，只有在第三章保障措施章节中涉及农业保障措施。

2. 单方的农业保障措施政策

欧式跨区域贸易协定中有关“农业保障措施”的规定主要见于第三章“贸易救济”第二节“农业保障措施”以及附件 3，正文章节中仅包含一个条款，即该协定第3.6条。第 3.6 条的内容主要为概括性规定，包括实施条件、保障关税的确定等,更为具体的内容需要参照附件3。[①]《欧盟—韩国跨区域贸易协定》的附件3存在与《美国—韩国跨区域贸易协定》类似的状况,即只有韩国的相关规定,而不包含欧盟的相关规定,对农产品实施保障措施成为韩国单方的权力。

附件3主要规定了保障主体、触发水平、最高保障关税3个方面内容,韩国可以对原产于欧盟的牛肉、猪肉、苹果、麦芽和大麦、土豆淀粉、人参、糖、酒、糊精9类货物实施农产品保障措施,只要其进口数量达到触发水平值。保障关税方面,不同产品间征收的税额相差较大,如牛肉、猪肉、苹果征收的保障关税仅在20%~40%,麦芽、酒、土豆淀粉则在200%~500%,而人参征收的保障关税最高,达到了754.3%。无论是触发水平值还是保障关税,《欧盟—韩国跨区域贸易协定》中均单独设置相关数额,并绘入表中,没有与关税配额或其他指标进行关联。

概况而言,《欧盟—韩国跨区域贸易协定》中农业保障措施的相关规定,再次表现出韩国在农业方面的薄弱以及其强大的协定谈判能力。另外,通过可实施保障措施的农产品的数量可以看出,欧盟的优势出口农产品少于美国的农产品,其农业水平与美国也存在一定差距。

(二)《欧盟—哥伦比亚和秘鲁跨区域贸易协定》对农业规则的定位及原因

1. 欧盟与秘鲁农业规则设置背景

上文提到,秘鲁作为热带国家,自然资源丰富,盛产蔬菜水果,而欧盟恰恰拥有一个庞大的农产品消费市场。2014年欧盟从秘鲁进口的前5大主要货物中,蔬菜产品、食物饮料烟草、活禽畜及其产品占据其中三席,而这三者均属于农业部门。可见,农产品贸易对两大地区而言,是不可或缺的。欧盟一方需要这些宝贵的原材料,以此支持本地区的消费以及加工行业;而秘鲁一方,则希望通过这些富余的农产品换取更多的外汇,以及机械、化工等高技术含量制成品,进而促进国内经济、科技、社会等各方面的发展。

2.《欧盟—哥伦比亚和秘鲁跨区域贸易协定》农业章节组成

在此种背景下,欧盟与秘鲁之间制定有一套内容翔实、优惠力度大,同时非常严谨的农业贸易规则。《欧盟—哥伦比亚和秘鲁跨区域贸易协定》中的农业规则主要规定在第三编"货物贸易"第一章"货物市场准入"第四节"农产品"当中,主要包括该协定第28~33条6个条款。其中,该协定第28条、第29条、

---

① 《欧洲联盟及其成员国与大韩民国自由贸易协定》附件3。

第32条、第33条分别涉及适用范围、农产品保障措施、出口补贴规制、关税配额(TRQs)的管理与执行等内容,属于概括性规定,具体内容应参照附件4“农业保障措施”。①

(1)有关准入价格机制与滑准税机制

该协定第30条允许哥伦比亚、秘鲁两国适用滑准税制度。滑准税,又称滑动税,是对进口税则中的同一种商品所征收的一种进口关税,具体税率根据该商品的市场价格标准,分成不同层次。在实务操作中,通常对低档商品价格征收高滑准税,而少征或不征高档商品价格的滑准税。征收这种关税的目的是使该种进口商品,不论其进口价格高低,其税后价格保持在一个预定的价格标准上,以稳定进口国国内该种商品的市场价格,而不受国际市场影响。②

该协定第31条赋予欧盟使用准入价格机制的权力,具体规定参照附件1“关税减让表”附录2“欧盟方的准入价格”。该准入价格机制对低于准入价格的农产品征收额外的进口附加税,作为除过渡期外的第二重保障体系。价格表主要针对产自哥伦比亚、秘鲁两国的葡萄、苹果、梨、桃、柑橘类水果、番茄、黄瓜以及其他蔬菜。以土豆为例,每100千克价格不低于84.6欧元,则适用8.8欧元的常规关税税率;若价格在82.9~84.6欧元区间内,则在原有8.8欧元的税率上,每100千克额外征税1.7欧元关税;若价格在81.2~82.9欧元区间内,则额外征税3.4欧元。依此类推,价格越低于准入价格,额外征税的关税也越多。另外,不同时期的准入价格并非一成不变,而是有所增减。哥伦比亚、秘鲁两国由于气候、经济结构、政策等因素的影响,水果蔬菜的生产成本较之欧盟低廉很多,若不加以规制,即使加上运费成本,其价格依然具有很大优势,欧盟本地生产商无法与之进行公平竞争。所以,准入价格机制的引入意在保护欧盟区内部蔬菜水果市场,减轻来自哥秘两国相关农产品的过度冲击。

(2)单方的农业保障措施政策

农业保障措施方面,附件4中仅给予哥伦比亚与秘鲁实施农业保障措施的权力,欧盟不具有相关权力。哥伦比亚与秘鲁两国可以实施保障措施的货物主要有猪肉、牛奶、奶粉、芝士等。在触发水平值的设置方面,《欧盟—哥伦比亚和

---

① 《欧洲联盟及其成员国与哥伦比亚共和国、秘鲁共和国自由贸易协定》附件4。

② 参见《滑准税制度》,载中国运费网:http://expert.cgfreight.cn/Elist/wordDetail_20038_6.htm,最后访问日期:2016年5月6日。

秘鲁跨区域贸易协定》中哥伦比亚与秘鲁采取了不同的方式，哥伦比亚对每一类货物独立设置了触发水平值，而秘鲁则以关税配额为基准，超过其10%作为可以实施保障措施的条件。较为独特的是，《欧盟—哥伦比亚和秘鲁跨区域贸易协定》中并未设置明确的保障关税额，而是仅仅在第29条中确立其最高值，也就是说，哥秘两国对于保障关税具体数额的确定有着极大的自主权。另外一点值得注意的是，《欧盟—哥伦比亚和秘鲁跨区域贸易协定》中规定，实施保障措施的缔约方必须在措施实施后的10日内履行通知义务，这不同于《欧盟—韩国跨区域贸易协定》中"措施实施后60日内履行通知义务"的规定，对哥秘两国提出了更高的要求。

（三）欧式跨区域贸易协定农业规则设置的总结及借鉴

从前文可看出，《欧盟—韩国跨区域贸易协定》中稀少的农业规则与《欧盟—哥伦比亚和秘鲁跨区域贸易协定》详尽严密性的农业规则形成了强烈对比，这也暗示了欧盟面对不同国家会采取不同的贸易策略与贸易规则。对于农业不发达国家，欧盟偏向于采用概括性的农业规定，而将更多精力放在其他部门规则的制定上；而对于农业发达国家，欧盟则会尽可能地对农业产品实施较大的关税优惠，以刺激相关农产品贸易的发展。另外，在对外农产品贸易中，欧式跨区域贸易协定倾向于不使用农业保障措施，但取而代之的是，将会引入欧盟在其各成员国内部实施的准入价格机制。该机制与保障措施极为相似，同样是利用征收额外关税的方式起到市场调节作用，以保护本国消费市场不受冲击，并且不损害相关农产品生产商的利益。此外，缩短保障措施相关通知义务的期限，争取更为及时的贸易调整时间，以减少货物损失，也是欧盟一方应对自身无法采取保障措施的措施之一。

欧式跨区域贸易协定中，也有以下3点可供我国参考：(1)独立的"农业保障措施"附件，相对清晰的保障措施触发水平值与保障关税率；(2)引入准入价格机制，降低对方优势农产品进口对自身内部市场的影响；(3)引入滑准税制度，保护相关农产品出口商的利益。

三、中国区域贸易协定中农业规则的完善建议

（一）美式与欧式跨区域贸易协定中的农业规则总括

美式跨区域贸易协定与欧式跨区域贸易协定关于农业方面的规则都非常成熟，一般会设立独立章节对农业相关事项进行集中规定。并且，在这些章节

中,已经产生一些可以普遍适用的概括性规定,如适用范围、农业保障措施、关税配额管理与执行等条款。根据缔约国的农业实力,美国与欧盟会适当加入一些针对特定货物所采取的措施条款,与这些概括性规则相辅相成。在美式跨区域贸易协定中,规定有缔约双方就其优势出口产品相互进行权力让步的条款,发挥了极大的互利互惠作用。

制定一份内容详细的农业保障措施附件,是美式跨区域贸易协定与欧式跨区域贸易协定的共同点之一。在保障措施触发水平值的设置方面,存在两种设置方式:一种方式是参考货物以往的贸易状况,并适当考虑本国未来的贸易战略,为特定货物设置一个触发数额,通常以具体进口数量表示;另一种方式则并不设置独立的具体触发值,而是将触发水平值与关税配额相联系,根据超过部分在关税配额中所占百分比确定是否可以实行关税保障措施,此两种方式各有优劣。

综合而言,美式跨区域贸易协定与欧式跨区域贸易协定中的农业规定集中且严谨,均比较贴合各自的对外农产品贸易现状,起到了良好的贸易刺激与管理作用。

(二)中国农业规则规定概况

反观中国现有的自由贸易协定,对于农业方面的规定并没有一个可以套用的模板,不同自由贸易协定中的规定相差较大,不利用执行与管理。中国与韩国、秘鲁两国也均签订有相关自由贸易协定,以《中国—韩国区域贸易协定》与《中国—秘鲁跨区域贸易协定》为例。《中国—韩国区域贸易协定》的第二章“国民待遇与货物市场准入”中,没有设立专门的农产品章节,也没有在用词方面专门针对农产品的规定,有的只是适用于所有类别货物的规定。唯有在附件2－A－1“韩国关税配额”中,才有专门针对农产品实施的规则。[①] 该附件中,韩方的关税配额适用对象全部是中国产的渔产品、大豆、麦芽等农产品。此外,《中国—韩国区域贸易协定》中有关保障措施方面的规定,主要见于第七章“贸易救济”,同时这些措施也并未明确只适用于农产品。除此之外,与美式跨区域贸易协定和欧式跨区域贸易协定不同,《中国—韩国区域贸易协定》没有专门关于保障措施的附件,保障措施触发条件与保障关税方面的规定也相对模糊。关于保障措施的触发条件,《中国—韩国区域贸易协定》第7.1条第1款规定必须

① 参见《中国—韩国自由贸易协定》,载中国自由贸易区服务网:http://fta.mofcom.gov.cn/korea/korea_special.shtml,最后访问日期:2016年5月17日。

同时满足两个条件:一个是“由于按照本协定规定削减或取消关税,而导致原产于另一缔约方产品进口至缔约一方领土内的数量绝对增加或与国内生产相比相对增加”;另一个是“对进口缔约方生产同类产品或直接竞争产品的国内产业造成严重损害或严重损害威胁”。相较于美国自由贸易协定和欧式跨区域贸易协定中的具体触发值而言,该条规定中的“绝对增加”“相对增加”“严重损害”“严重损害威胁”等用词都过于模糊,容易造成实际适用的困难。关于保障关税税率,《中国—韩国区域贸易协定》也未设置明确数额,只是规定不得超过最惠国税率和附件2-A基准税率两者中的较低者,给缔约双方留有很大余地,一旦真正就某产品实施保障措施,容易引起保障关税税率的相关争议。《中国—韩国区域贸易协定》中农业规则贫乏的主要原因,一方面是韩国农业实力不强,未引起中国重视;另一方面是中国现有农产品对外贸易规则还不成熟,没有认清自身的农业优势,也缺少长期的农业对外贸易规划。

《中国—秘鲁跨区域贸易协定》中的农业规则相比《中国—韩国区域贸易协定》要更好一些,主要见于该协定第二章“货物的国民待遇与市场准入”第六节“农业”,包含该协定第15~19条共5条,其内容分别涉及适用范围、农业出口补贴、国营贸易企业、农产品的国内支持措施、滑准税制度这5个方面。[①] 农业保障措施方面,《中国—秘鲁跨区域贸易协定》与《中国—韩国区域贸易协定》相差不大,也采用的是“绝对增加、相对增加”,以及“严重损害(威胁)”等词语,没有设置额外的附件规定触发水平值与保障关税率。不过,《中国—秘鲁跨区域贸易协定》中有关农业方面有一个闪光点,即引入滑准税制度,这是我国第一次在对外贸易协定中适用此规则。《欧盟—哥伦比亚和秘鲁跨区域贸易协定》中也存在类似规则,就目前而言,全球适用滑准税率的国家并不多。

(三)对中国对外签订自由贸易协定中农业规则的建议

1. 设置农业保障措施附件,明确触发水平值和保障关税率的具体数额

前文提到,无论是在美式跨区域贸易协定还是欧式跨区域贸易协定中,均包含有专门的“农业保障措施”附件,而中国却仅仅在协定正文中用少量条款对相同方面进行规定,没有设置相应附件,这显示出我国自由贸易协定在这方面规则的缺失。此外,保障措施实施条件的模糊以及保障关税的不确定,对保障措施在实际贸易过程中的适用带来了极大困难,也不符合协定缔约方各自进出

① 参见《中国—秘鲁自由贸易协定》,载中国自由贸易区服务网:http://fta.mofcom.gov.cn/bilu/bilu_special.shtml,最后访问日期:2016年5月17日。

口商的利益，容易产生相关争议，打击商人的贸易热情。因此，在今后的自由贸易协定中，制定相应的“农业保障措施”附件对我国而言极为重要，这也有利于商人们明晰相关规则将造成的后果，防止过多敏感产品通过贸易途径涌入我国国内市场，损害相关行业生产商与贸易商的利益。

在“农业保障措施”附件中，还必须设置相对确定的数值形式保障措施触发值以及保障关税率，摒弃现有的较为模糊的言语形式触发条件。上文提到，触发水平值的表现方式有两种：特定数值形式、百分比关税配额形式。两种方式各有利弊，前者的优势在于更为贴近货物实际的贸易状态，在适用时更加公平，更能保障进出口贸易商的利益，同时也便于缔约方对特定货物的贸易进行引导，进而高效实行其贸易策略。但同样，其弊端也非常明显，如果为每一类货物设置独立于关税配额的触发值，前期进行信息收集、调查分析所耗费的资源将会非常多，在谈判时缔约双方需要对每一个触发值进行评估合议，也会大大拖长谈判进程。而以关税配额为基准确定触发值这种方式的优劣势则与之正好相反。关税配额的数额必然是两国在大量经济数据分析，以及缔约双方相互妥协的基础上来确定的，以其为基础进一步设置保障措施的触发条件，避免了再次进行数据收集整理并分析的步骤，节省大量时间和人力资源，另外探讨双方也更容易达成一致。而在缺点方面，由于是以关税配额为基础，保障措施所发挥的作用将会与关税配额的作用存在部分重合，因此国家贸易策略的执行效果、引导作用就不能很好地通过保障措施体现出来。就我国目前农业规定缺乏的状况而言，个人倾向于采取百分比关税配额形式，理由是具体数值形式所耗费的资源过大，中国目前缺乏相关经验，贸然适用该形式确定触发水平值容易与现实失衡，产生适得其反的效果。而以关税配额为基础的形式较为简单，适用也更为便利，同时也可以此进行过渡，积累相关经验。

2. 引入准入价格机制

《中国—韩国区域贸易协定》与《中国—秘鲁跨区域贸易协定》均为农产品的关税减免设置有过渡期，这一点与美式跨区域贸易协定、欧式跨区域贸易协定的情况大致相同。过渡期的存在，使国内相关产业得以逐步适应关税变化所带来的影响，并给予国内商人一定的时间来提升自身实力，以面对将来竞争日渐激烈的市场环境。

但是，关税过渡期的设置并不足以完全消解国外少部分农产品对国内市场的冲击，解决倾销或补贴问题。因此，对敏感产品设置两重甚至多重保障措施十分必要。欧盟针对哥伦比亚、秘鲁的蔬菜水果等农产品采取的欧方准入价格机制就对我国有着极大的启示意义。中国虽然地大物博，但其地理位置与气候条件依然有局限性，在少部分农产品的产量、质量与进出口方面容易处于劣势。为了防止某些国家利用本国的这些农产品对中国实施倾销，冲击我国的国内产业，中国可以和欧盟一样，为该类产品设定一定时期的进口准入价格。等到国内市场逐渐消化相关产品所带来的影响之后，再完全实现该产品的自由化，交由市场进行调控。这样，中国既能丰富国内市场的产品种类，也能将相关损害降至最低，真正做到一举两得。我国当前正在进行哥伦比亚自由贸易协定的可行性研究，而哥伦比亚盛产咖啡等热带作物。结合这一实际情况，中国有必要提前做好预防措施，或利用关税配额，或设置准入价格，以保证这些特色作物的贸易量不至于对我国造成损害。在之后与其他农业大国的自由贸易协定谈判中亦是如此，必须准备多套保障方案，维护本国农业利益。

3. 选择适用滑准税机制

《中国—秘鲁跨区域贸易协定》中引入的滑准税机制，开创了我国对外贸易协定中农业规则的先例，体现了我国的大胆革新精神。滑准税制度能够保持进口产品在国内销售的价格与国内产品的价格一致，从而最大限度地保护国内产品的生产企业，避免因国际市场的波动造成国内价格的波动，缓解国际贸易摩擦。滑准税的实行还可避免因国外供应商低价出口而可能导致的反倾销诉讼，从而减少贸易摩擦。另外，通过滑准税还可以调整国内产业结构，使国内进口高等级原料（高价格、低税率）的积极性、生产高等级产品的比重增加，从而避免了出口低成本货物容易带来的反倾销问题，降低产生贸易纠纷的概率。①

但是，滑准税的实施也并非全无弊处。以我国从 2005 年 5 月起对进口棉花实施的滑准税为例，尽管在其实施后，国内棉花市场价格得到了极大稳定，但是在国内棉农利益的保护方面却并不尽如人意，市场价格的稳定并未带来收购价格的稳定。2005 年收购价格有所提升，每 50 斤皮棉收购价格为 653.54 元，比 2004 年增长 19.85%，但是到了 2006 年 11 月底，收购价格却大幅下降，每公斤籽棉的价格仅为 5 元，比 2005 年每公斤减少 0.6 元，减幅为 10.7%，棉花主产品收益比 2005 年减少 36.6 元/亩。② 此外，滑准税制度过分强调农产品市场

---

① 参见《滑准税制度》，载中国运费网：http://expert.cgfreight.cn/Elist/wordDetail_20038_6.htm，最后访问日期：2016 年 5 月 6 日。

② 参见毛树春、王香河：《2006 年全国棉花主产品产值和收益报告》，载《中国棉麻流通经济》2007 年第 1 期。

价格的稳定，也容易抑制价格的正常波动对农产品进口的激励作用，忽略不同品质农产品价格差异的实际，导致农产品进口的无效率，甚至出现个别商人低价高报、偷税漏税的现象。① 就这一点而言，滑准税的使用还需慎之又慎，最好是限定在少数几类价格波动不大、确需适用该制度的农产品当中。

4. 利用本国特色农产品优势，减少对方优势农产品对我国市场的损害

在《美国—秘鲁跨区域贸易协定》中，美国与秘鲁利用该协定第2.19条与第2.20条分别对对方的优势出口产品——糖类与鸡肉作出了一定规制，获得对己方有利的条件或权力，使美秘两国可以更好地管理、引导这两类货物的进口贸易进程，减少其对本国国内产业的威胁。换言之，中国在今后与其他国家制定自由贸易协定的农产品规则时，也可使用此种方法来降低缔约方优势农产品对我国市场及相关产业的冲击。

中国与美国是世界上举足轻重的两个货物贸易大国，世界贸易组织贸易数据表明，2014年美国是世界上第一大货物进口国以及第二大货物出口国，而中国正好相反，是第一大货物出口国以及第二大货物进口国。两国巨大的对外贸易总额，有很大一部分来源于彼此间的贸易。根据美国国际贸易司的数据，2014年中美货物贸易总额为5904.29亿美元，2015年更是高达5980.66亿美元，占美国对外贸易总额的16%，中国超过加拿大成为美国的第一大贸易伙伴。今后，中美之间的贸易联系无疑会更为紧密，一系列降低关税、推动货物贸易发展的协定也势必会在两国贸易过程中签订。而美国在与中国的贸易中，一直处于大幅逆差的不利地位。2014年美国出口至中国的货物价值总额为1236.75亿美元，虽然出口总额巨大，但与4667.54亿美元的中国货物进口额相比，还是相距甚远。2015年这一不利态势进一步扩大，美国至中国的货物出口总额降为1161.86亿美元，而美国从中国进口的货物总额上升至4818.80亿美元。② 可以预想的是，若中美两国间签订相关协定，美国一定会在中国的优势出口产品上提出非常严格的要求，以此遏制本国贸易逆差态势的进一步扩大。此种情况下，一味地进行防御，与美国就相关中国产品进行无止境的谈判并不明智，不仅使双方很难取得实质性成果，也容易拖慢协定的谈判进程，给协定签署增添难

---

① 参见温思美、谭砚文：《滑准税对中国棉花市场的影响分析》，入世五年的中国棉业与全球未来市场——2007中国国际棉花会议论文，乌鲁木齐，2007年6月，第145页。

② See U. S. International Trade Administration, Accessed May 17, 2016, http://tse.export.gov/tse/TSEReports.aspx? DATA = NTD.

以跨域的阻碍。相反,我国可以参考《美国—秘鲁跨区域贸易协定》中秘鲁的做法,采取进攻态度,在美国的优势出口产品方面提出要求以取得特殊规制权力,以此作为美方限制我国优势出口货物的交换。当然,实施此种策略的前提是进行大量行之有效的经济数据分析,以明确本国的核心利益与底线,从而向谈判方提出合理要求。根据美国发布的数据,2015 年美国在与中国的贸易中,出口额最多的农产品是大豆及相关制品,同时也是除民用航空器及其部件外向中国出口第二多的货物,占美国向中国出口总份额的 9.1%,毫无疑问可称之为美国的优势出口货物。因此,我国在与美国进行农业领域的贸易规则谈判时,就应该重点关注大豆类产品的贸易,最好能设置强有力的管控措施,以防止其在我国农业市场的倾销,损害我国大豆产商及豆农的利益。同样的道理可适用于与其他国家签订的自贸协定中,紧守我方大出口量产品的优势,同时争取在对方的优势产品上获得更多调控权力。

第三节 美式与欧式跨区域贸易协定中对原产地规则的不同运用及原因分析

一、原产地规则概述

(一)原产地规则的含义

原产地规则是指各国和地区为了确定贸易中货物的原产地而制定的法律、规章和普遍适用的行政裁决。① 早期的原产地规则并不是一种国际贸易规则,而是各国为了更好地利用海关程序、关税手段以保护本国利益而采用的一种认定标准,同时,还兼有完善货物信息,以便消费者进行选择的功能。

(二)原产地规则的历史沿革

英国 1660 ~ 1825 年实行的《航海法》中,就存在与“原产”有关的规定,其中规定英国船与非英国船享有不同的待遇,满足在英国制造、由英国人所有、船长为英国人且非英国人船员所占比在 3/4 或 2/3 以下这 3 个条件的其中一个即可被认定为英国船,英国船可以享受更简便的海关手续、更轻松的关税负担以及更少的限制。此时的原产地规则还不涉及货物本身,而仅仅是对本地运输工具的认定。直到 1925 年,英国与其他欧洲国家开始签订一系列贸易互惠协定,原

---

① See World Trade Organization, “Agreement on Rules of Origin”, Accessed May 17, 2016, https://www.wto.org/english/docs_e/legal_e/22 – roo_e.htm.

产地规则才逐渐回归到对货物本身原产地的认定上来。[①] 除英国外,美国也是较早适用原产地规则的国家。与英国直接利用法律规定原产地规则不同,美国的原产地规则是通过判例逐步确立的。1886 年美国联邦最高法院的"贝壳制品案"基本确定了货物原产地的判定标准,并开始采取实质性改变标准。1908 年美国联邦最高法院的"安何塞 布斯酿造协会诉美国"(Anhewser-Bush Brewing Association v. The Unite State)中对实质性改变标准作出了进一步的解释,一个产品如果是在两个或两个以上的国家进行生产,那个使它改变为完全不同的新产品并具有新的名字、特征和用途的国家才是该产品的原产地。[②]

到了 20 世纪 70 年代,随着经济全球化的发展,生产全球化进程也越来越快,完全由一国加工制造的产品也逐渐稀少,各国开始关注原产地规则在国际贸易中的运用。1974 年海关合作理事会在日本京都制定了第一个有关原产地规则的国际公约,即《简化海关程序国际公约》(International Convention on the Simplification of Customs Procedures),并在其中确立了 3 种实质性改变标准:税则归类改变(change of tariff classification)、价值成分(value content)、技术要求(technical requirement)。但是,该公约中有关原产地的规定极为宽泛,对各国仅具有建议性,不具有约束力。直至 1994 年,在世界贸易组织乌拉圭回合中,各成员方经过 8 轮谈判磋商,共同制定了第一个有关原产地规则的多边协议——《原产地规则协定》,其中确立了两项原产地认定标准:完全获得(wholly obtained)、实质性改变(substantial transformation)。在协定中,各方就非优惠性原产地规则的原则与目标达成了共识,但美中不足的是,协定没有关于普惠制与优惠性原产地规则的相关规定。[③] 也就是说,各方在此部分仍保有较大的自主权,这也为自由贸易协定中优惠性原产地规则的蓬勃发展提供了有利条件。

(三)原产地规则对国际贸易的影响

原产地规则对现代国际贸易有诸多积极的影响。一旦货物被认定为原产于某缔约国并符合进口国原产地标准,那么,原产地规则就可以作为出口国商

---

① 参见厉力:《自由贸易区的原产地规则问题研究》,复旦大学出版社 2013 年版,第 30 ~ 31 页。

② 参见刘丽娟、徐进亮:《原产地规则——产生、运用与改革》,中国经济出版社 2001 年版,第 1 ~ 2 页。

③ 参见厉力:《自由贸易区的原产地规则问题研究》,复旦大学出版社 2013 年版,第 34 ~ 39 页。

人享受最惠国待遇、国民待遇、关税优惠、关税许可、配额待遇等多方面优惠性待遇的主要依据。除此之外,原产地规则也是普遍优惠制、反倾销、反补贴以及其他保障措施的重要组成部分。它还有防止贸易规避行为,保证自由贸易区正常运行的正面影响。① 尽管存在上述有利作用,但就另一方面而言,原产地规则也有着许多消极作用。如果运用不当,原产地规则很容易成为进口国的贸易保护工具,变成一种新型的非关税壁垒。广泛运用的实质性改变标准,会鼓励生产商们尽量将产品的生产基地设在本国国内,以期使生产的产品取得本国的原产地位,但在大多数时候,本国并非生产该产品最优的国家,这样的举措也不符合经济学上的效益理论。因此,如何在国际贸易进程中合理运用原产地规则,以扩大其积极影响,同时尽量减小其不利作用,是各国当前正在努力研究的一个方面。

上文提到,美国以及英国早在 17 ~ 19 世纪便展开了对国际贸易中原产地规则的探索,长期的实践也为两国积累了大量的立法经验。时至今日,在全球范围内逐渐形成了以美国为主导的北美原产地规则和以欧盟为主导的泛欧原产地规则这两类影响力最大的原产地规则体系。美国和欧盟对外签订的自贸协定中所采用的原产地规则自然也被涵盖在两大规则体系之中。两大规则体系由于实际贸易情况、立法基础等方面的不同,也存在较多显著差别。探究这些差异,分析其形成动因,有利于我们从中总结出符合我国实际的对外贸易原产地规则。另外,当前区域贸易安排重叠比较严重的区域主要是美洲与亚洲地区,因此中国有必要通过分析总结北美原产地规则与泛欧原产地规则,来建立本国、本地区的集中协调制度,即一种可以同时涵盖多个区域贸易安排的共同原产地规则,来改善亚洲现有区域贸易协定原产地规则的"意大利面碗"现象。②

二、美式与欧式跨区域贸易协定中对原产地证明形式的不同选择

在现有原产地规则中,生产商或出口商证明产品原产资格的主要文件可概括为两种形式:"原产地证书"形式与"原产地声明"形式。原产地证书,是由出口国经授权的官方机构或其他机构签发,用以证明货物原产地或制造地的一种证明文件。它是进口国海关确定货物适用税率、实施差别关税和贸易管制措

① 参见罗先云:《原产地规则的法律问题研究》,中国政法大学出版社 2014 年版,第 183 页。

② 参见梁瑞:《区域贸易安排原产地规则研究》,知识产权出版社 2012 年版,第 36 页。

施、进行贸易统计的重要依据，也是国际贸易中办理交接货物、结算货款和索赔理赔等相关业务的有效凭证。① 而原产地声明较之前者则更为宽松，一般由生产商与出口商自行填写，并签字盖章证明。在实践中，各国会根据本国的监管能力、实际贸易状况等信息选择适用这两种证明模式。

（一）美式跨区域贸易协定对原产地证书形式的选择

在北美模式原产地规则中，关于原产地证明的规则与大多数自贸协定中的要求有着巨大的区别，它并不要求专门的海关部门或有权当局签发原产地证书，而是要求企业对货物实行自主认证。也就是说，货物的生产商或者出口商只要按照协定中的要求或样板填写原产地证书或者原产地证明，然后进行签字或盖章认证，就可获得货物的原产地证明，而无须有权当局签字盖章进行额外证明。

1. 企业自主声明的原产地证书

在《美国—韩国跨区域贸易协定》中，关于原产地的规则主要见于第六章，将原产地规则以独立章节形式加入自贸协定中，也是北美模式的特色之一。在第六章“原产地规则以及原产地程序”中，关于企业自主认证的规定见于第二节“原产地程序”第 6.15 条“申报优惠关税待遇”，即“各缔约方应当规定，进口商可根据下列情况主张关税优惠待遇：(a)进口商、出口商或生产者提供的书面或者电子证书；(b)根据进口商的知识确定货物是原产货物，包括合理依赖进口商所掌握的信息确定货物为原产货物”。与此同时，该条文还对证书的形式与内容进行了规定，“证书不必以规定的格式制作，可以是书面或电子两种形式，内容包括但不限于下列因素：(a)证书人的姓名，包括必要的联系方式或者其他证明信息；(b)货物的进口商（如果可知）；(c)货物的出口商（如果与生产者不同）；(d)货物的生产者（如果可知）；(e)在协调系统下的税则分类以及货物的种类；(f)证明货物是原产的信息；(g)证书日期；(h)对于根据第 4 款第(b)项而颁发的综合证书，证书所涵盖的期限”。② 此外，该条款还包括证书的适用范围与有效期等相关内容，其中规定，证书适用于“至该缔约方境内的一次进口的货物”以及“自证书颁发之日起 12 个月之内，在书面或电子证书的指定期限内相同货物的多次海运”两种情况，证书于签发后的 4 年内有效。

《美国—秘鲁跨区域贸易协定》中关于此部分的规定见于第四章“原产地与

---

① 参见姜晓依、厉力：《原产地规则》（第 2 版），中国海关出版社 2014 年版，第 47 页。

② 《美利坚共和国与大韩民国自由贸易协定》第 6.15 条。

原产地规则程序”第B节“原产地程序”第4.15条,其中关于企业享有自主声明权力、证书形式、证书适用范围、证书有效期等部分的相关内容与《美国—韩国跨区域贸易协定》基本一致,只是在证书内容方面,删去了对“货物的进口商、货物的出口商、货物的生产者”这3类信息的要求。① 在《美国—韩国跨区域贸易协定》中,此3类信息特别标注有“如果可知”的字样,表明这3种信息对于证书而言其实并不是必需的,因此《美国—秘鲁跨区域贸易协定》中的删减对证书的影响不大,不会减损证书的可靠性、真实性。

采用企业自主声明模式,给予企业极大的自主权,客观上提高了货物原产地认证的效率,符合贸易商人们的时效利益。但是,这种更为宽松的认证方式也大大增加了伪造证书、虚假证明等情况出现的可能性。所以,唯有辅之以一套较为严谨的审查制度,保证原产地证书的合法性与真实性,才能够降低此类风险,有利于进口国的管理监督。

2. 与企业自主声明证书有关的审查制度

在《美国—韩国跨区域贸易协定》中,对证书的审查规定在第6.18条“审查”,该条规定,“为了确定从另一方进口的货物是否为原产货物,进口方主管机构可以通过下列方式进行审查:(a)书面要求进口商、出口商或者生产者提供信息;(b)对进口商、出口商或生产商的书面问卷;(c)对另一缔约方境内出口商或生产商的生产经营场所的访问,以审查第6.17条所指记录并考察货物生产中使用的设施;(d)对于纺织品和服装,适用第4.3条‘纺织品和服装的海关合作’;(e)进口方和出口方可能同意的其他程序。当进口方通过上述(a)和(b)的方法进行审查时,进口方可以要求进口商安排出口商或者生产者直接向进口方提供信息”。多种类的审查方式有助于有权当局根据实际情况灵活选择适用,防止商人规避相应审查。审查之后,第3款规定“缔约方在以下情况可以拒绝给予货物优惠关税待遇:(a)进口商、出口商或生产者无法提交第1款第(a)项和第(b)项缔约方要求证明货物是原产的信息;(b)在接受依据第1款第(c)项书面通知请求访问之后,出口商或者生产商拒绝提供依据第6.17条的记录或审查其设备;(c)缔约方发现有行为显示进口商、出口商或生产者提供错误或者未经证实的信息来表明进口至其境内的货物是原产的”。与此同时,对于审查不合格的结果,该条文第4款、第5款也给予了贸易商相应的救济机会和知

① 《美利坚共和国与秘鲁共和国自由贸易协定》第6.17条。

情权，"……如果在审查之后，一缔约方发现货物是非原产的，该缔约方应当提供给进口商拟作出的决定和提交额外信息证明货物是原产的机会。各缔约方应规定进口商可以安排出口商或者生产者直接向缔约方提供相关信息。在依据第 4 款提供给进口商提交额外信息的机会之后，进行审查的缔约方应当向进口商提供货物是否为原产的书面形式。缔约方的最终决定包括事实的认定和决定的法律依据。当出口商或者生产者依据第 1 款或第 4 款直接提供给缔约方审查信息后，缔约方应向其提供最终决定的副本"。

除了审查制度之外，该协定第 6. 19 条与第 6. 20 条还分别为进口商、出口商、生产者规定了一系列额外的义务，进一步确保货物原产认定的准确性，防范商人骗税情况的发生。

《美国—秘鲁跨区域贸易协定》中的审查规定与上述条文大致相同，自主认证、审查、额外义务这几类制度共同形成一整套严密的原产地证明程序规范，既赋予了贸易商人足够的便利条件，也有效防止了进口方关税利益受到不合理的损害。

（二）欧式跨区域贸易协定对原产地证书形式的选择

欧盟原产地规则在格式体例方面与北美模式有较大的区别，通常只在正文中作原则性叙述，其具体规则一般规定在附件或者议定书之中。欧盟出口商有两种方式可以证明货物的原产地位：一种是依靠进口方海关颁布的原产地证书进行证明，另一种是企业自主声明制，符合规定条件的出口商自行向出口当局申请，经过行政主管当局审核通过成为"经核准的出口商"，便可通过其发票上的原产地声明，代替原产地证书进行原产地认证。

1.《欧盟—韩国跨区域贸易协定》

《欧盟—韩国跨区域贸易协定》中，原产地规则主要规定在《关于"原产货物"定义和行政合作方式的议定书》之中。其中，关于原产地证明形式的规则在第 B 节"原产地程序"第 5 编"原产地证明"第 15 条"一般规定"，"原产于欧盟进口至韩国，或者原产于韩国进口至欧盟的货物依据'原产地声明'享有本协定中的优惠性关税待遇。'原产地声明'由出口商出具，记载于发票、送货单或者其他能够充分证明货物原产地的商业文件之上。原产地声明的样本规定于附录 3 当中"。①

---

① 《欧洲联盟及成员国与大韩民国自由贸易协定》附录 3。

“原产地声明”的制作条件规定在《关于“原产货物”定义和行政合作方式的议定书》第16条，即“本议定书中第15.1条的‘原产地声明’必须由下列主体出具：第17条规定的经核准出口商；或托运货物中包含的一件或多件原产货物总价值不超过6000欧元的出口商”。同时，“原产地声明必须由出口商打印、印压、印刷在发票、送货单或者其他商业文件之上，适用附件3提供的文本，以及该附件规定语言当中的一种，并符合出口方的法律”。

关于“经核准出口商”的主体资格在第17条中规定，“1. 出口方海关当局可以授权任何出口商，根据出口方各自法律法规中的适当条件，对本协定中的出口产品制作原产地声明，无论相关产品的价值如何。出口商为获得此种授权，必须向海关当局提供用于认定产品原产地位以及完成议定书中其他要求所必需的任何保证，以满足海关当局。2. 海关当局可以根据其认为合适的任何条件，授予经核准出口商相应资格。3. 海关当局应该赋予出口商特许编号，且该编号应该出现在原产地声明之上”。此外，海关当局还有权监督该授权的使用，并且可以在任何时候撤销该授权，只要出口商无法提供第1款所要求的保证，或无法满足第2款的条件，或出现其他不正确使用授权的情形。可见，出口方对于原产地声明并非完全放开，而是保有很大的管理权力。

《欧盟—韩国跨区域贸易协定》中也有关于“原产地证明核查”的相关规则。此类规定主要出现在《关于“原产货物”定义和行政合作方式的议定书》第5编“行政合作安排”中，该协定第27条规定，“(a)为了保证本议定书的合理适用，各缔约方应该通过各自的海关当局协助彼此，检查原产地证明的真实性，以及相同文件中信息的准确性。(b)只要进口方海关当局对文件真实性、相关产品原产资格或对议定书其他要求的完成抱有合理怀疑，则在之后的任何时候其均可对原产地证明进行审查。(c)为了实施第1款的规定，进口方海关当局应该向出口方海关当局返还原产地证明或者这些文件的复印件，且在合适时给出询问的原因。任何已获得的用于表明原产地证明信息不正确的文件或信息应该同时被移送，以支持审查请求。(d)审查由进口方海关当局实行。为了审查，当局有权要求任何证据，并且有权对出口商账户进行检查，或实施其他其认为合适的检查。(e)如果进口方海关当局决定中止相关产品的优惠性关税待遇，同时等待审查结果，则应该向进口商释放相关产品，并作出必要的警告措施。(f)要求审查的海关当局应该被告知此次审查的结果，如果可能的话结果应包括发现与事实。此结果应该清楚地表明文件是否真实、相关产品在缔约方境内是否被认定为原产产品以及是否完成议定书中的其他要求。(g)如果合理怀疑在要求审查之日起10个月内没有得到回复,或者回复没有包含足够的信息决定受质疑文件真实性、产品真实原产地,要求审查的海关当局应该在例外情况之外,拒绝给予优惠关税”。从中可知,在泛欧原产地规则中,对于审查的实施与救济更多地是由缔约方海关当局实行,与北美模式中出口商或进口商可以自行救济、提供相关信息存在巨大差别。

2.《欧盟—哥伦比亚和秘鲁跨区域贸易协定》

《欧盟—哥伦比亚和秘鲁跨区域贸易协定》中除了企业自主原产地声明的模式以外,还包含有《欧盟—韩国跨区域贸易协定》所没有的海关当局颁布原产地证书形式。《欧盟—哥伦比亚和秘鲁跨区域贸易协定》的原产地规则规定在附件2“关于‘原产货物’定义和行政合作方式”之中。在该协定第4节“原产地证明”中,第15条规定:“原产于欧盟进口至安第斯签署国,或者原产于安第斯签署国进口至欧盟的货物应该按照进口方的国内法,提供下列证明以享受协定的优惠性待遇:(a)进出口(Movement Certificate EUR.1)流动证书,样本规定在附录3中;(b)根据第20条第1款,由出口商出具,记载于发票、送货单或者其他能够充分证明货物原产地的商业文件之上的声明(以下简称‘发票声明’)。发票声明的样本规定于附录4中。”①

紧随其后的该协定第16条进一步详细规定了进出口流动证书的颁发程序:“(a)进出口流动证书由出口方有权当局或者海关当局根据出口商或其授权代理人的书面申请颁发。(b)为了实施第1款,出口商或其授权代理人应该填写进出口流动证书和申请表格,样本规定在附录3中。这些表格应当使用本协定第337条规定的语言,并符合出口方的国内法。(c)进出口流动证书颁发之后,如果出口方有权当局或者海关当局提出要求,申请进出口流动证书的出口商应该在任何时候准备好提交用于证明产品原产资格以及完成附件其他要求的所有合适文件。(d)如果相关产品被认定为原产于欧盟或安第斯签署国,并完成了本附件的其他要求,那么欧盟成员国以及安第斯国家的有权当局或者海关当局应当颁发进出口流动证书。(e)颁发进出口流动证书的有权当局或者海关当局应该采取一切必要的步骤,来认定产品原产资格以及对本附件其他要求的完成程度。为此,当局有权要求任何证据,并且有权对出口商账户进行检查,或实施其他其认为合适的检查。当局也应当保证第2款中的表格及时完成。

① 《欧洲联盟及其成员国与哥伦比亚共和国、秘鲁共和国自由贸易协定》附录4。

特别是,有权当局或者海关当局应当检查为产品描述所留空间是否以排除虚假添加的方式填满。”

此种由海关当局进行审查,并颁发原产地证书的形式虽然在效率上逊于企业自主申报、经核准出口商发票声明这两种形式,但是,该种证书的可靠性、真实性无疑是最高的。而且,此种方式也有利于证书颁发后的海关管理工作,降低了相关部门的监管压力。欧盟根据与其签订自贸协定的缔约国的实际情况,适用不同形式的原产地证明形式,或采取经核准出口商发票声明的“单轨制”形式,或采用原产地证书与声明均可的“双轨制”形式,展现了其对原产地规则的成熟运用,对我国而言借鉴意义巨大。

三、美式与欧式跨区域贸易协定中对累计规则的不同适用

累计(cumulation)是认定产品原产地资格的一种规则,适用该规则的前提是确定产品进行生产加工时所经过的国家(地区),产品在这些国家(地区)内因前述生产过程而产生的价值作为原产成分进行累计,从而使产品更容易享受给惠国的优惠,便利其出口。① 同时,在国际贸易过程中,贸易中的产品容易被认定为原产于领土较大的国家或地区,如美国、欧盟,而更难被认定为原产于领土较小的国家或地区,如韩国、秘鲁。这是因为,用于制造产品的原产料或其他部件有更大可能在领土更广阔的国家或地区被发现,因此,自由贸易协定中通常会采用产品原产累计规则,以此促进伙伴国的贸易增长。②

(一)美式跨区域贸易协定对累计规则的适用

北美原产地规则中的累计规则有其自身的特色。第一,大多数产品偏向于实施完全累计规则,即在进行区域价值成分的累计时,生产商、出口商可以将其产品所使用的非原产材料中包含北美地区产值的所有部分列入计算公式;第二,允许缔约方境内的一家或多家生产商参与区域价值成分的累计过程,即凡是区内一个或多个企业在缔约一方或多方境内进行的产品加工制造,均应视为由生产商、出口商在缔约各方境内进行的加工制造,区内多个生产商的加工制

① 参见厉力:《北美自由贸易区的原产地规则问题研究》,载《上海交通大学学报》(哲学社会科学版)2011 年第 6 期。

② See Einhorn, Talia, “Developments in Regional Trade Law: A View from Israel”, *European Journal of Law Reform* 15, 2013, p. 74.

造视为一个生产商的加工制造。[①] 为保持规则的一致性，这两种带有明显美国特色的累计规则也被美国运用于其对外签订的自由贸易协定中。

《美国—韩国跨区域贸易协定》中的累计规则为第六章"原产地规则以及原产地程序"第一节"原产地规则"第6.5条，其具体内容为："1.一缔约方的原产货物或材料在另一缔约方境内构成另一货物的组成部分时，该货物或材料应被视作原产于另一缔约方。2.各缔约方应规定，如果货物是在一缔约方或缔约双方境内由一个或多个生产者生产，只要该货物满足第6.1条'原产货物'和本章所有其他适当要求，该货物应当视为原产货物。"《美国—秘鲁跨区域贸易协定》中类似的规则为第4.5条，其内容、措辞和《美国—韩国跨区域贸易协定》中的规定几乎一模一样。

此类累计规则给予了生产商们极大便利，只要在缔约方境内生产、加工，无论一方或双方境内，或者一个或多个生产商，均可进行相应累计，缔约方间的生产商将更趋向于合作生产加工。与此同时，规定在缔约方境内的生产或原材料才可累计，有利于引导产品加工生产商更多地选择缔约方境内作为生产工厂所在地，带动其境内相关原材料产业的发展，并且减少缔约方境外材料的流入。

特别值得注意的是，美式原产地规则对累计规则还进行了创新性的扩大运用。该特色并不直接体现于累计条款中，而是存在于"完全获得货物"条款中。众所周知，通常意义下的"完全获得货物"限定于完全在一缔约方境内生产或制造的产品，如《中国—韩国区域贸易协定》中第3.4条"完全获得或生产的货物"中关于"完全获得货物"的定义，以列举的方式，规定出生并饲养的活动物、种植并采集的植物或植物产品、天然资源、海产品等10种情况可以视为"完全获得产品"。[②] 从本条文可以看出，普遍意义下的"完全获得产品"极为强调"在一缔约方"这一限定条件，只有符合此类条件才能称为"完全获得产品"。

但是，美式跨区域贸易协定中对于"完全获得产品"却有另外一种与普遍定义差别巨大的定义，以《美国—秘鲁跨区域贸易协定》中相对应的条款为例，第4.23条"定义"一共列明了12种具体情况，其中大部分与我国的规定相一致。但是该条文规定，"完全获得产品"必须"完全在一个或多个缔约方境内取得或

---

① 参见厉力：《自由贸易区的原产地规则问题研究》，复旦大学出版社2013年版，第163～164页。

② 《中国—韩国自由贸易协定》，载中国自由贸易区服务网：http://fta.mofcom.gov.cn/korea/korea_special.shtml，最后访问日期：2016年5月17日。

生产”,这是与我国规则差异最大,也是最具有美国特色的一部分。另外,相同的规定还可见于《美国—韩国跨区域贸易协定》第6.22条。

从上述条文的措辞可看出,美式跨区域贸易协定中的“完全获得产品”与一般意义下的“完全获得产品”最大的不同是,它的原产料或者生产制造过程并没有限定于一缔约方境内,相反,它可能来自一个或多个缔约方境内。这实际上也是一种对累计规则的适用,产自多个缔约方境内的原材料可累计于原产产品之中,使之成为“完全获得产品”。这种规定打破了传统上认为完全获得的货物必须是在缔约一方“土生土长”的概念,对于促进区域内的初级产品产业化有积极意义。[①] 此外,该条款中还有关于从“外层空间”获得产品的规则,体现出美国大力发展太空技术以及航空航天产业的远大目标。

(二)欧式跨区域贸易协定对累计规则的适用

在泛欧原产地规则中,除了普遍适用的累计规则外,最引人注目的当属其特有的对角累计规则。对角累计规则,是指在与欧盟签订自由贸易协定的国家之间,如果适用相同的欧盟原产地规则,则产品中所包含的原产于这些国家的材料或产品的生产加工过程可以相互进行价值成分的累计。也就是说,如果A国和B国均与欧盟签订有区域自由贸易协定,且协定约定适用泛欧原产地规则,那么即使A、B两国并没有签订任何协定,两国也能相互进行产品的原产价值成分累计。协定的效果不再限定于缔约双方之间,而是扩展至不相关的第三方。

《欧盟—韩国跨区域贸易协定》中关于累计规则的内容较少,其议定书第3条规定:“尽管有第2条,如果于一缔约方境内制成、取得的产品使用了原产于另一缔约方的原材料,且该材料在一缔约方境内经过超出第6条规定的加工或处理,则该产品应该被认定为原产于一缔约方境内。”该条是国际上通用的累计规则,无其他特有内容,欧韩之间也没有适用对角累计规则。

《欧盟—哥伦比亚和秘鲁跨区域贸易协定》相较于《欧盟—韩国跨区域贸易协定》而言,在累计规则方面有很大突破,作出了许多富有特色的规定。首先,其附件2的第3条“原产累计规则”规定:(1)原产于欧盟的原材料在加入产自安第斯签署国的产品中后,则该原材料应当被认定为原产于安第斯签署国。如果此类材料在安第斯签署国境内经过了超出该协定第7条规定的加工或处理,

---

① 参见厉力:《自由贸易区的原产地规则问题研究》,复旦大学出版社2013年版,第169页。

则不再要求经过充分的加工或处理。(2)原产于安第斯签署国的原材料在加入产自欧盟或者另一安第斯签署国的产品中后,则该原材料应当被认定为原产于欧盟或者另一安第斯签署国。如果此类材料在欧盟或者另一安第斯签署国境内经过了超出第7条规定的加工或处理,则不再要求经过充分的加工或处理。(3)尽管有第1款、第2款,原产于哥斯达黎加、萨尔瓦多、危地马拉、洪都拉斯、尼加拉瓜、委内瑞拉、或者其他安第斯共同体成员国等非本协定缔约方国家的原材料,在安第斯签署国境内进一步加工处理或加入该地区产品中后,可以被认定为原产于安第斯签署国。(4)为了使第3款提及的产品取得原产资格,原材料不要求经过充分加工或处理,如果:①在安第斯签署国对原材料的加工处理超过第7条的规定;②原产于第3款提及国家之一的原材料,适用相同的原产地规则,如果该材料直接出口至欧盟;③安第斯签署国与第3款提及其他国家间的现有已生效协定允许充分的行政合作程序以保证本款,以及第15条产品原产资格认定和第31条产品原产资格审查的全面实行。(5)从第3款提及国家出口至安第斯签署国用于进一步加工处理的原产料的原产资格,必须通过该材料能直接出口至欧盟的原产地证明取得。(6)第4款中出口至欧盟产品的已取得原产资格必须由根据第4节"原产地证明"规定而颁发的进出口流动证书或者在出口国作出的发票声明证明。其中,该条第1款、第2款为普遍适用的规则,第3~6款欧盟则将累计规则的适用范围进一步扩大至非协定缔约方的其他拉美国家,此举饱含深意。一般而言,自贸协定只规范缔约方之间的权利义务,并不涉及第三方,而像《欧盟—哥伦比亚和秘鲁跨区域贸易协定》中的此种赋予非缔约方权利又不设定相应义务的单边给惠条款更是鲜见。

除了第3条外,《欧盟—哥伦比亚和秘鲁跨区域贸易协定》中还另有专门适用于其他国家的累计规则,也就是之前提到的对角累计规则。相关规定在第4条"其他国家的原产累计规则"中,详细内容为:"1.在安第斯签署国或欧盟的请求下,原产于中美洲、南美洲、加勒比国家(以下简称'非缔约方')的原材料,如果经过在安第斯签署国或欧盟进一步加工或加入安第斯或欧盟的产品中,则应该各自被认定为原产于安第斯签署国或者欧盟。2.第1款提及的请求应该根据本协定第68条第2(f)款递交海关、贸易便利化和原产地规则分委会(以下简称'分委会')。3.为了使第1款提及的产品取得原产资格,原材料不要求经过充分加工或处理,如果:(1)在安第斯签署国或欧盟对原材料的加工处理超过第7条的规定;(2)原产于非缔约方的原材料,适用相同的原产地规则,如果该材料直接出口至安第斯签署国或欧盟;(3)安第斯签署国、欧盟与单个或多个非缔约方间的现有已生效协定允许充分的行政合作程序以保证本款，以及第 15 条产品原产资格认定和第 31 条产品原产资格审查的全面实行。4. 各缔约方应当同意在分委会内部就原材料适用本条款。5. 本条中的累计可以适用，如果：(1)安第斯签署国与相关缔约方之间、或者欧盟与相关缔约方之间符合 1994 年《关税及贸易总协定》第 24 条的优惠关税协定已经生效；(2)第 1 款中的协定包含与本条相等的累计规则，且该累计规则在安第斯签署国、欧盟与单个或多个非缔约方间相互适用；(3)完成适用本条累计规则这一必要要求的通知应该由欧盟、安第斯签署国、相关缔约方根据其各自的程序公布在官方日志、官方出版物上。6. 各缔约方可以在分委会内部同意有关适用本条的附加条件。"该条是对角累计规则的典型体现，其中提到，《欧盟—哥伦比亚和秘鲁跨区域贸易协定》中的缔约方与非缔约方之间的优惠贸易协定中，只要有与本协定中的累计规则相等的条款，则缔约方与非缔约方之间可以适用本协定中的累计规则，进行产品的原产价值累计。

对角累计规则是欧盟将自身"泛欧原产地规则"的影响力进一步延伸到哥秘两国周边地区，以及其他拉美国家的重要举措之一。一旦这些拉美国家从此类规则中受益，就有可能会通过修改国内法等方式去适应、接受这些规则。这实际上是欧盟规则的一种无形同化与扩张，就欧盟而言，即可为其将来与这些国家签订自贸协定或其他合作协议留有余地，创造了良好的环境。同时，还可阻却其他国家的标准进入这些拉美国家。实际上，类似的举措已经取得一定的成果。2014 年年初，之前退出谈判的厄瓜多尔重新与欧盟开展谈判，希望加入《欧盟—哥伦比亚和秘鲁跨区域贸易协定》。2014 年 7 月 17 日欧盟与厄瓜多尔正式结束谈判，欧盟方允许厄瓜多尔加入其与哥秘两国的自贸协定。会后，欧盟贸易委员卡雷尔·德·古赫特表示："该协定将增进缔约方间的贸易与投资，并成为厄瓜多尔发展的重要推动力。与此同时，协定还将为双方的贸易商与投资者构建一个稳固、可预测的框架，并加快区域一体化进程，为拉美国家的欧盟公司提供一个快速发展的市场。之后，我们会采取一系列必要的举措来确保协定的尽快实施。"该协定由欧盟与厄瓜多尔于 2014 年 12 月 12 日进行了草签，正式签署和生效指日可待。实际上，厄瓜多尔的加入，对拉美国家起到了良好的示范作用，可以预料，在不久的将来安第斯共同体中唯一未与欧盟签订自贸协定的成员—玻利维亚有很大可能也将回归与欧盟的谈判，通过磋商，签署和加入此协定。为此，欧盟与安第斯共同体将以该协定为纽带，不断增强彼此间的经济融合，优势互补。另外，协定为欧盟与安第斯共同体 4 国带来巨大利益和好处,也会促使其他拉美国家步其后尘,积极寻求与欧盟的合作,整个拉美市场将逐渐从局部向欧盟开放转变为全面开放。

从另一方面来看,对角累计规则也并非毫无缺点,它在为欧盟及其缔约方带来极大便利的同时,也受到了各方的质疑。部分世界贸易组织成员担忧,此种将区域内贸易规则的效力扩大至区外的做法,不符合《关税及贸易总协定》第24条的规定。如果一个区域贸易协定可以为特定的非缔约方提供优惠性待遇,那它极有可能严重损害最惠国待遇的实行。① 另外,对角累计规则对于没有适用泛欧原产地规则的国家而言,也是一种变相的贸易歧视。因此,是否引入、适用对角累计规则或者与其类似的规则还应当根据本国实际情况作出取舍。

四、中国区域贸易协定原产地证书规则的完善建议

(一)中国对原产地证书形式的选择和建议

1. 中国自由贸易协定中原产地证书形式规定概况

中国原产地证书"单轨制"形式与"双轨制"形式并存。在货物原产地证明方面,《中国—秘鲁跨区域贸易协定》规定只允许使用出口方授权机构颁发的原产地证书。除《中国—秘鲁跨区域贸易协定》外,中国较早的自由贸易协定,如中国—哥斯达黎加、中国—新加坡、中国—智利自贸协定,也均采用的是这种只认可原产地证书作为货物原产地证明的形式。而在中国—冰岛、中国—瑞士、中国—澳大利亚等中国最新签订的几个自贸协定中,原产地实施程序部分均吸纳了"出口商声明"这一制度,与原有的"原产地证书"共同适用,这表明中国对外的原产地规则正在逐步从单一的"原产地证书"模式向"双轨制"模式靠拢。

2. 对中国原产地证书形式选择的建议

中国采用政府出具原产地证书与企业自主原产地声明并用的双轨制模式比较适合现在中国国情。

诚然,单一的"原产地证书"形式具有可靠性高、便于管理监督的优势。但是,这种"单轨制"的形式相较于泛欧原产地规则中"双轨制"而言,在原产地认定的效率方面相距甚远。有权机构的行政审批相对于企业的自主声明而言,其可信度更高,但其所耗时间也会更长,这容易打击进出口商的积极性。在此种情况下,为了保证商品的时效性,获取更多的利润,进出口商将有可能不会选择

---

① Evdokia. Moise, "The Relationship between Regional Trade Agreements and Multilateral Trading System: Rules of Origin", *TD/TC/WP*(2002)33/*Final*, 2002, paragragh 34.

利用自贸协定中的优惠关税,而是选择原有关税,这将使得协定中的规定形同虚设,无法实质惠及缔约方的进出口商人。引入“出口商声明”这一制度,符合现代贸易中货物的时效价值普遍较高的特点,能够真正便利双方进出口商,促进相关产业的繁荣。

当然,“出口商声明”的形式也并非毫无缺点,其适用对协定双方对原产地证明的监督管理能力提出了更高的要求。因此,自贸协定的缔约双方必须综合评估彼此的实际情况,进而采取相对应的模式,才能在削减关税的同时不危及市场秩序。如若缔约方尚不具备相应的监管能力而贸然采用这一形式,将有可能产生进出口商滥用权力、冲击国内相关市场等严重后果。欧盟在其内部逐步推广单一的“出口商声明”模式时,也正是考虑到上述原因,遂给予其成员国一定过渡期,来适应该规制,并建立或加强相关国内监管。对外方面,欧盟亦是根据缔约方的国内发展程度,来决定在协定中具体适用“单轨制”还是“双轨制”模式,以及在“单轨制”模式下采用“原产地证书”还是“出口商声明”。例如,2009 年签订的《欧盟—韩国自贸协定》,它虽然比《欧盟—哥伦比亚和秘鲁跨区域贸易协定》更早出台,但却采用单一的“出口商声明”模式,这比“双轨制”的要求更高,主要原因即韩国的国内发展水平较之哥秘两国要高出不少,有能力承受该模式带来的影响。

中国在两种原产地证明模式上的选择也应该进行事前评估。参考中国签订的自贸协定,可以发现我国在原产地证明模式的选择上,也并非一概适用“双轨制”,而是以“缔约方是否为发达国家”作为判断标准。在中国看来,韩国虽然比较发达,但还不是严格意义上的发达国家,因此适用与秘鲁、哥斯达黎加等发展中国家一样的单一“原产地证书”模式。而实际上,韩国已经超出一般发展中国家太多,这也是欧盟与韩国间敢于率先适用单一“出口商声明”标准的原因。从欧盟与中国在原产地证明方面对待韩国的不同可看出,中国现有的这种“一刀切”判断标准比较片面。发达国家的名号并不能真正反映出一个国家的综合国力,只有从经济发展水平、市场潜力、科技水平、政治制度、国际影响等多方面进行调查研究,才可综合评估一个国家的现有国力。在今后对协定开展可行性研究的过程中,我国应该更为全面地考察对方的详细情况,这样才能为之后选择合适的规则提供相应依据。此外,我国在推广“双轨制”原产地证明标准的同时,还应特别注重积累相关经验教训,为下一步推行单一“出口商声明”标准提前打下基础。

（二）中国对累计规则的适用及其建议

1. 中国自由贸易协定中对累计规则的适用

在我国对外签署的自由贸易协定中，累计规则部分并没有过多的特殊规定，大多数内容以及相应的措辞用语与国际通行的规则相同或类似。我国采用"生产商累计"规则，不采用对角累计规则。

《中国—秘鲁跨区域贸易协定》中的累计规则规定在第28条，其中，较为特殊的是包含与美式跨区域贸易协定累计规则类似的"生产商累计"内容，其余部分则为普遍适用规定。《中国—韩国区域贸易协定》关于累计规则的规定则更为简单，其第3.6条规定："一缔约方的原产货物或材料在另一缔约方用于生产另一货物时，该货物或材料应当视为原产于后一缔约方。"如此单薄的条文内容和简短的篇幅，令人不禁想起上文提到的中韩有关货物原产地证明的规定，仅适用传统"原产地证书"作为单一证明方式。从这些条文的内容可以看出，中国与韩国间的原产地规则存在过于原则和模糊的重大缺陷，使其条文的实际操作性不强，开放力度也不足，这些都给两国间货物的原产地认证带来了极大阻碍与限制，有可能间接打击进出口商适用此类规则的积极性。在累计规则方面，国外有着丰富的立法经验值得我国借鉴与学习，今后我们可以在充分考虑国家实际情况的前提下，积极仿效相关的条文规定与措辞用语，从而不断完善我国今后对外自由贸易协定中的累计规则。

2. 对中国运用累计规则的建议

（1）增加"生产商累计"，逐步引入"完全获得"累计规则

"生产商累计"是美式跨区域贸易协定中极具特色的规则之一，在我国至今对外签署的自贸协定中，只有《中国—秘鲁自由贸易协定》和《中国—哥斯达黎加自由贸易协定》中有类似规定，较早签订的中国—智利、中国—巴基斯坦自由贸易协定，以及最近几年签署的中国—韩国、中国—澳大利亚、中国—瑞士等自由贸易协定中，均未包含此条款。该条款提倡缔约方境内生产商的生产过程进入累计，实际上是在引导境内生产商尽可能选择境内其他生产商作为自身的合作伙伴，完成生产联动、优势互补。此规则有利于区域内相关货物生产形成规模化，同时带动自贸区内原材料产业的发展，阻止过多的原材料采购资本流向缔约方以外的国家。因此，我国完全可以逐步推广该措施，以议定书形式在已有的自由贸易协定文本中新增此类规则，并且，在今后对外的自由贸易协定范本中加入该条款。

另外，关于累计规则在"完全获得"产品中的适用，我国不宜操之过急，应该

逐步推广实施。因为,就目前而言,原有的“完全获得”产品定义已经深入人心,贸然变动容易造成管理秩序混乱。而且,世界上绝大多数国家也还在适用传统的“完全获得”货物规则,如果我国在短时间内全面适用新型规定,可能会阻碍与其他国家间的贸易进程。诚然,将累计规则适用于“完全获得”产品有多种益处,可以扩大了“完全获得”产品的范围,使更多类型的产品可以取得原产资格,享受更优惠的税率。但是,要达到类似的效果还有其他的替代措施,如引入“双轨制”原产地证明模式,放宽对货物原产地的认定等。所以,当前我国最为明智的做法是,先在小部分自贸协定中进行试验,适用美式“完全获得”货物条款,依据其实施效果再决定大力推行或者延缓适用。

(2)在今后自贸协定中纳入对角累计规则及类似规定

前文提到《欧盟—哥伦比亚和秘鲁跨区域贸易协定》中的对角累计规则,对其他拉美国家起到了良好的示范作用,也有利于欧盟贸易规则在全球的扩张。可以说,这种“由点到面”“由局部到整体”的渐进式自贸区战略是富有远见并切实可行的,中国完全可以此作为参照系,结合中国的自贸区发展战略,有条件地加以合理借鉴与仿效。在这之前,我国已经与智利、秘鲁、哥斯达黎加签订自由贸易协定,与拉美国家有着密切的经贸往来和良好的经贸合作基础。未来我国可以这两份协定为契机,在这些协定的某些领域将由原来仅适用缔约方扩及其他拉美国家,如在原产地规则领域中纳入对角累计规则,从而吸引与我国没有自贸协定的国家签署自贸协定,使我国的自贸区战略向拉美国家延伸。拉美地区因其独特的气候条件与地理位置,拥有丰富的原材料,拉美市场的进一步开放也必将为我国的经济发展提供强大动力和物质保障。在此之后,与欧洲、北美洲、大洋洲等其他地区的国家展开自贸协定的磋商谈判,亦可实施该种策略,从而真正实现我国与其他地区间的资源再分配与相互增益。

第四节　美式与欧式跨区域贸易协定中对贸易救济的不同规定及原因分析

贸易救济,一般是指当一国的国内产业受到来自国际贸易的损害或损害威胁时,由该国主管当局对该种损害或损害威胁所采取的预防或补救措施。与此同时,贸易救济存在广义与狭义两种概念。广义的贸易救济,是指一国政府为维护国际贸易秩序,保障国内产业利益,同时保证国际贸易相对方的合法权益免受损害与损害威胁而采取的立法、行政、司法行为在内的一切预防或救济措施。具体的广义贸易救济包括反倾销、反补贴、一般保障措施、特殊保障措施、行政复审制度、司法审查制度等。而狭义的贸易救济，通常为进口货物存在倾销、补贴、数量激增、扰乱市场等给进口国的国内相关产业造成损害或损害威胁时，进口国的有权当局为维护国际贸易秩序，保障国内产业利益，同时保证国际贸易相对方的合法权益免受损害与损害威胁而采取的反倾销、反补贴、一般保障措施、特殊保障措施等行政措施。[①]

区域贸易协定作为国家或地区间的国际贸易规则，调整国家间的货物贸易，因此，贸易救济规则是其或不可缺的一部分。设置贸易救济规则，主要目的是贯彻保障公平贸易的理念，进口国可以根据此类规则获得采取相关补救措施的权利，以此平衡出口国商人享有的关税削减待遇和其他权利，防止商人大量倾销、出口国给予商人补贴等情形给本国国内相关产业带来损害或者损害威胁。[②] 在区域贸易协定中，反倾销、反补贴、保障措施 3 个部分是贸易救济章节的基本内容。除此之外，根据缔约方的具体贸易情况，不同协定中的贸易救济章节还会有一些特殊的规定。

一、美式和欧式跨区域贸易协定中对反倾销与反补贴措施的规定

(一)反倾销、反补贴措施的发展历史

反倾销措施可谓是最早的贸易救济措施，至今已有 200 多年的历史。1791 年美国刚刚独立，就陷入英国货物在其国内大量倾销的不利情形，于是开始寻求解决办法。到 1816 年，美国着手制定《关税法》，主要针对的就是国外产品在国内市场的倾销问题。[③] 自此之后，随着资本主义迈入垄断阶段，倾销情形变得更加常见，当时的主要资本主义国家遂相继推出各自的反倾销国内立法。但是，在国际层面上，类似的反倾销规则仍旧处于缺失状态。

在国际层面上，最早的反倾销规则可追溯到 1902 年，当时英国、荷兰等 10 余个欧洲国家共同签署了一份反倾销联合协定，以预防和解决食糖的倾销问题。不足的是，该协定仅在欧洲国家中签订，调整事项也极为狭小，仅为食糖产品。当时，大多数国家依旧采取反倾销国内立法的方式作为其主要的反倾销手段，这些规则在一定程度上起到了限制国际贸易倾销的作用，但与此同时，它们

---

① 参见吴敏：《贸易救济法》，中国海关出版社 2010 年版，第 3 ~ 4 页。
② 参见褚霞：《贸易救济性质研究》，法律出版社 2015 年版，第 16 页。
③ 参见蔡春林等主编：《贸易救济法》，对外经济贸易大学出版社 2006 年版，第 7 ~ 8 页。

也逐渐衍化为各国的一种贸易保护手段,极大阻碍了国际贸易的发展,也导致了各式各样的国际纠纷。各国迫切需要一个在全球范围内共同适用,调整所有货物贸易的统一反倾销规则,来消除这些贸易壁垒与贸易保护主义。

1947 年的《关税及贸易总协定》在第 6 条中对反倾销作出了一些规定,为各国提供统一的反倾销条款。该条款规定了倾销定义、倾销认定标准、反倾销税等内容,但是,其过于原则、可操作性不强等缺陷也同样明显。例如,第 6 条提出了"实质损害"的概念,但是却没有关于"实质损害"具体认定标准的说明。另外,如果缔约方在之前已经制定有反倾销的相关国内规则,那么它可以排除对第 6 条的适用。为了弥补该条款的不足,各缔约方在 1967 年签订有《关于实施关税和贸易总协定第 6 条的协议》(以下简称 1967 年《反倾销守则》),其中明确了实质损害的认定因素、倾销与损害事实的因果关系、提起反倾销调查的申请主体等讯息,并且新增出口商价格承诺,确立守则优于国内法。直至 1979 年东京回合谈判,该守则被进一步完善,各缔约方签署《关于执行关税和贸易总协定第 6 条的协议》(以下简称 1979 年《反倾销守则》),取代了 1967 年《反倾销守则》。新守则虽然保留了"严重损害"的用词,但放松了损害认定标准,在因果关系方面也不再强调"主要原因"。从这一方面看,新守则无疑是一种历史的倒退。[①] 1994 年的乌拉圭回合谈判,关贸总协定各缔约方再次更新了原守则,并签订《关于实施 1994 年关税和贸易总协定第 6 条的协议》(以下简称《反倾销协议》)。《反倾销协议》是目前通行的世界贸易组织体制下的国际反倾销规则,它在原有 1979 年《反倾销守则》的基础上,强化了程序规则,增强了执法透明度,采用了新的成本计算和价格比较公式,增设了"公共利益"条款,实行轻税原则降低税额,并且在争端解决中引入"评审标准"规则。[②]

反补贴规则的发展与反倾销规则类似,经历了从率先形成国内规则、慢慢延伸至国际层面、产生相应的国际规则这一过程。世界上第一部反补贴法出现在 1892 年的比利时。[③] 在此之后,各国纷纷效仿比利时,制定出本国的反补贴法。第二次世界大战结束后,补贴对国际贸易的危害日益凸显,国际社会迫切需要就反补贴相关的规则达成共识。世界贸易组织规则中,关于反补贴方面的

---

① 参见赵维田:《世界贸易组织(WTO)的法律制度》,吉林人民出版社 2000 年版,第 284 页。

② 参见赵维田:《论 WTO 的反倾销规则》,载《法学研究》1999 年第 2 期。

③ 参见李毅、李晓峰等:《贸易救济措施——反倾销、反补贴、保障措施与特保措施》,对外经济贸易大学出版社 2005 年版,第 288 页。

规则与反倾销规则一样，也是最先规定在1947年《关税及贸易总协定》第6条，该条一共7款，其中第1款、第2款专门规定反倾销事项，第3款仅规定反补贴规则，其余4～7款同时适用于反倾销与反补贴。另外，1947年《关税及贸易总协定》中，还有第16条也特别提及一般补贴，其第1款规定任何缔约国如果给予或维持任何补贴，则必须将有关补贴的各种情况书面通知缔约国全体。如该补贴经判定对另一缔约国的利益造成严重损害或产生严重威胁，则在进行全体讨论后有可能对该补贴进行限制。从该款可看出，各缔约方并没有完全禁止补贴的适用，而是就一些原则性事项达成些许共识。直至1955年，各缔约方对第16条进行修订，才真正明确规定禁止运用补贴。此后，由于反补贴措施种类的增多、范围的扩大，各缔约方在东京回合谈判时，达成了一项新的协定，即《关于适用（关税与贸易总协定）第6条、第16条、第23条的协定》（以下简称《补贴与反补贴守则》）。《补贴与反补贴守则》虽然确定了"重要损害"的标准，但依旧有"补贴"含义模糊、措辞含糊等不足之处。直到乌拉圭回合，各缔约方再次将反补贴规则提上议程，经过多轮磋商谈判，各缔约方最终签署了《补贴与反补贴措施协议》，以此作为国际贸易中的反补贴通行规则。

尽管各成员方在乌拉圭回合签订有一系列协议，但是，非公平贸易救济在贸易规则中究竟扮演怎样的角色，依旧是当前困扰世界贸易组织各成员的一个重大问题。部分成员的看法是，该类措施是为了救济或抵销外国政府或出口商的不公平贸易行为而做出的一种尝试。但是，出口商却认为此类保障措施是带有政治目的的应急保护措施，或者将它们视为"备用保障措施或管理贸易的手段"。[①] 由于世界贸易组织各缔约方在此方面的看法依旧存在较大分歧，导致多边贸易协定谈判进程受阻，各国开始转向签署各式各样的区域贸易协定，以此寻求在国际贸易领域的突破。在现有的大多数区域贸易协定中，各缔约方大多选择遵循世界贸易组织体制下的《反倾销协议》与《补贴与反补贴措施协议》两者，将这些规范文件作为自由贸易协定中反倾销和反补贴规则的主体部分，然后再根据缔约方的具体情况，适当增加一些特色规则。区域协定中纳入的这些特有保障措施规则，为缔约方进入其贸易伙伴的市场提供了安全保障，并促进

① See Rodney de C. Gray, *United States Trade Policy Legislation: A Canadian View*, Institut De Recherche politiques Press, 1982, p. 8.

了其在竞争环境下的经济增长。①

(二)美式跨区域贸易协定对反倾销反补贴措施的规定

总体来说,美国针对不同协定设置的反倾销反补贴规则的繁简不同,主要框架沿用国际通行规则。美式跨区域贸易协定通常将反倾销和反补贴的相关规定放在贸易救济章节的第二节,位于保障措施之后。在《美国—秘鲁跨区域贸易协定》中,关于反倾销和反补贴的相关规则较为简略和原则,没有多余的特色条款,其第八章第二节包含两个条款,“1. 各缔约方维持世界贸易组织协定中有关反倾销和反补贴义务适用的权利和义务。2. 本协议中包括第二十一章中争议解决在内的任何条款都不得解释为增加缔约方与反倾销和反补贴措施有关的权利和义务”。从中可看出,美国与秘鲁两国在双边贸易协定中完全沿用了世界贸易组织的《反倾销协议》以及《补贴与反补贴措施协议》作为双方采取反倾销、反补贴措施的法律根据。

《美国—韩国跨区域贸易协定》相较于《美国—秘鲁跨区域贸易协定》,另有一些特殊的款项。首先,在其第十章“贸易救济”第二节“反倾销与反补贴措施”中,仅包含第10.7条一个条款。该条第1款、第2款两款与上述《美国—秘鲁跨区域贸易协定》中的两个条款基本一致。在此基础上,该条新增第3款“通知与协商”以及第4款“承诺”两方面的内容。该条第3款“通知与协商”条款为发起方的主管机关额外设置了通知义务,履行时间为“收到申请后”至“发起调查前”,同时给予被调查一方回复协商的权利。该条第4款规定:“(a)当一缔约方的主管机关开展一项反倾销或反补贴调查时,该缔约方应当书面发送给另一缔约方的大使馆或主管机关要求其考虑价格或者适当数量的承诺,包括提供和完成此承诺的时限。(b)在反倾销调查中,如果一缔约方主管机关已经对倾销和倾销造成的损害做出初步裁定,根据该缔约方国内法律和程序中规定的相关方式,该缔约方应当为磋商程序给予适当的考虑和充分的机会,另一方出口商如果接受价格承诺,可能导致调查程序暂停而不征收反倾销税。(c)在一项反补贴调查中,如果一缔约方主管机关已经对补贴和补贴造成的损害做出初步裁定,根据该缔约方国内法律和程序中规定的相关方式,该缔约方应当为磋商程序给予适当的考虑和充分的机会,另一方出口商如果接受价格或适当数量上的承诺,则可能导致调查程序暂停而不征收反补贴税。”这一款的内容主要关于

---

① See Gilbert R. Winham, Heather A. Grant, “Antidumping and Countervailing Dutiesin Regional Trade Agreements: Canada-U. S. FTA, NAFTA and Beyond”, *Minn. J. Global Trade*3, 1994, p. 3.

“价格承诺”这一方面，赋予了出口商接受价格承诺的权利，以此暂停反倾销、反补贴调查且不再征收反倾销税、反补贴税。

美式跨区域贸易协定中反倾销和反补贴规则的特点并不明显，没有对现有的国际反倾销、反补贴规则作出太多的创新或改变，仅在细微之处添加了一些规则，甚至部分协定完全沿用了当前通用规则。

（三）欧式跨区域贸易协定对反倾销反补贴措施的规定

在欧式跨区域贸易协定中，反倾销与反补贴规则在章节中的位置并不固定，这与美式跨区域贸易协定有一定区别。具体格式方面，在《欧盟—韩国跨区域贸易协定》中，反倾销与反补贴规则位于第四节，前面依次为双边保障措施、农业保障措施、全球保障措施，也就是依旧放在保障措施之后，与美式的特点一致；而《欧盟—哥伦比亚和秘鲁跨区域贸易协定》则将此部分内容放到了第一节中，与一般格式相异。

内容方面，《欧盟—韩国跨区域贸易协定》与《欧盟—哥伦比亚和秘鲁跨区域贸易协定》的反倾销与反补贴规则除了一般规定外，还包含非常多的特有规定。以《欧盟—韩国跨区域贸易协定》为例，第四节包含第3.8～3.15条8个条文，分别为“一般规定”“通知”“公共利益的考量”“复审终止后的调查”“累积评估”“适用复审的微量标准”“从低征税原则”“争端解决”。《欧盟—哥伦比亚和秘鲁跨区域贸易协定》也设置有相同标题的条款，其第一节含有“一般规定”“透明度”“公共利益的考量”“从低征税原则”“调查机关”“争端解决机制的排除”6个条文。在“一般规定”条款中，欧盟两个协定与美国两个协定一样，重申适用世界贸易组织的《反倾销协议》与《补贴与反补贴措施协议》。在《欧盟—韩国跨区域贸易协定》中，第3.9条“通知”条款与《美国—韩国跨区域贸易协定》的“通知与协商”条款类似，为主管当局施加了通知义务，但其履行期限比《美国—韩国跨区域贸易协定》中的规定更准确，为“收到申请后”至“发起调查前至少15天”，同时该条也给予了被调查方会面协商的权利。在《欧盟—哥伦比亚和秘鲁跨区域贸易协定》中，第38条“透明度”条款则为调查方的有权当局新增披露临时措施相关信息、组织听证会两个义务。关于“公共利益的考量”条款，《欧盟—韩国跨区域贸易协定》仅规定实施“两反”措施必须考虑公共利益，但并未明确具体做法，而《欧盟—哥伦比亚和秘鲁跨区域贸易协定》则更加详细，明确欧盟与哥伦比亚两个协定缔约方必须为受调查一方相关产品的工业用户、进口商和代表性消费团体创造机会，提供与调查相关的信息。《欧盟—韩国跨区域贸易协定》中的“复审终止后的调查”“累积评估”两个条款只是提示缔约方应该审慎对待12个月内复审终止反倾销措施的产品再次反倾销立案、同时进行"两反"措施产品的影响累积评估这两种情况。"从低征税原则"条款是指反倾销税或反补贴税数额不得超过倾销或补贴的幅度,且如果征收更低税率足以消除对国内产业影响,应该征收更低的反倾销税或反补贴税。"争端解决"条款是指本节的反倾销、反补贴问题不得诉诸自贸协定中的争端解决机制。

欧式跨区域贸易协定在原有反倾销、反补贴协定的基础上,进一步细化了其中的程序规则,赋予了调查方与被调查方相应权利与义务,增强其透明度,保证了被调查方合法权益不受不合理的损害,体现了公平理念,也有利于更为妥善地解决反倾销、反补贴问题。

二、美式和欧式跨区域贸易协定中对保障措施的规定

在世界贸易组织体制下,保障措施分为广义与狭义两种。广义的保障措施制度在世界贸易组织协议中包括反倾销、反补贴、国际收支平衡、保护幼稚产业、紧急保护、一般豁免、一般例外、国家安全、关税重新谈判。① 狭义的保障措施制度,主要为《关税及贸易总协定》第19条和《保障措施协议》,这些规则适用与所有成员以及大多数产品,属于一般保障措施范畴。②

世界贸易组织中的保障措施源于美国贸易法中的"逃避条款",最早的保障条款可追溯到美国的《1934年互惠贸易协定法》(The Reciprocal Trade Act of 1934)之中,但它与现在的保障措施条款还存在一定差别。到1942年,美国与墨西哥签署《美墨互惠贸易协定》(The Reciprocal Trade Agreement between the United State of America and Mexico),其中第11条的规定是1947年《关税及贸易总协定》第19条的前身。③ 1947年《关税及贸易总协定》第19条对各成员实施保障措施规定有极为严格的条件,在很大程度上防止了保障措施的不合理滥用。然而,该条款也有许多缺陷,如模糊的损害认定标准、缺少保障措施实施期限的有关规定、补偿报复规定过于严苛等。当时,许多准备实施保障措施的成员方由于害怕对方国家的报复,经常绕开1947年《关税及贸易总协定》第19条,而选择"灰色区措施"进行规制,这使得该条款名存实亡。为了改变这一现

---

① 参见[英]伯纳德·霍克曼、迈克尔·考斯泰基:《世界贸易体制的政治经济学——从关贸总协定到世界贸易组织》,刘平等译,法制出版社1999年版,第159~160页。

② 参见吴敏:《贸易救济法》,中国海关出版社2010年版,第13页。

③ 参见蔡春林等主编:《贸易救济法》,对外经济贸易大学出版社2006年版,第14~15页。

状,各成员方在1994年的乌拉圭回合谈判中,就保障措施的相关事项进行了协商,并最终达成了《保障措施协议》。该协议没有考虑“进口数量增加”的原因,提供了一个相对客观的标准。此外,协议还明确了保障措施的实施期限,以及调查方的通知义务、协商义务,以此防止权利滥用。另外,针对成员方惧怕的补偿与报复规定,协议进行了相应限制,这有利于减少“灰色区措施”的存在。

在区域贸易协定中,保障措施规则通常与“两反”规则同在贸易救济章节,并置于“两反”规则之前,根据其特点可分为双边保障措施、农业保障措施、全球保障措施等不同类型。由于一协定中往往包含多种不同类型的保障措施,因此该部分的内容篇幅、条文数量较之于“两反”而言也更多。

(一)美式跨区域贸易协定对保障措施的规定

美式跨区域贸易协定关于保障措施的规定通常位于贸易救济章节的第一节。以《美国—韩国跨区域贸易协定》为例,第十章“贸易救济”第一节“保障措施”中共有第10.1~10.6条6个条文,条文名称分别为“保障措施的实施”“条件和限制”“临时措施”“补偿”“全球保障措施”“定义”。在这之中,“保障措施的实施”规定有保障措施的实施条件、具体执行形式以及对税率的一些限制。“条件和限制”为调查方设置了通知与协商义务,以及与措施实施期限相关的事项。“临时措施”条款就缔约方实施临时保障措施的条件、期限、通知与协商义务等内容作出了规制。“补偿”涉及调查方与被调查方之间的补偿磋商、贸易减让。在“全球保障措施”条款中,缔约方重申了各自在1994年《关税及贸易总协定》第19条与《保障措施协议》中的权利与义务,并禁止在同一产品上同时实施这些国际规则中的保障措施与本协定中的保障措施。“定义”条款解释了一些与保障措施有关的定义。

《美国—秘鲁跨区域贸易协定》中的保障措施内容与《美国—韩国跨区域贸易协定》大致相同,其中包括“保障措施的实施”“保障措施的标准”“调查程序和透明度要求”“通知和磋商”“补偿”“定义”6个条文,但两者也存在些许差异。例如,在“保障措施的实施”条款中,《美国—秘鲁跨区域贸易协定》比《美国—韩国跨区域贸易协定》增加了一个有关原产货物保障措施的款项,其中第4款规定“缔约方不得针对其他缔约方的原产货物适用保障措施,只要出口方在进口方所进口的原产货物中所占比例不超过3%,且占有少于3%进口额的各缔约方在总量上不超过原产货物总进口量的9%”。该款以进口额和进口量为条件,在某种程度上限制了保障措施在原产货物上的执行。除此之外,《美国—秘鲁跨区域贸易协定》中没有关于“临时措施”的规定,看似新增的“调查程序和透明度要求”条款实际上在《美国—韩国跨区域贸易协定》中也有相同规定，规定在“条件与限制”条款当中。

与“两反”规则不同，美式跨区域贸易协定没有在章节初始重申1994年《关税及贸易总协定》第19条与《保障措施协议》之中的权利义务，而是在章节靠后的“全球保障条款”中提及这两个规则，并且，在区域自贸协定中建立了另一套与国际规则基本相同但又有自身特色的保障措施体系。

(二)欧式跨区域贸易协定对保障措施的规定

欧式跨区域贸易协定中，在保障措施的安排方面，区分了保障措施的类型，为不同类型的保障措施设置单独章节与规定。例如，在《欧盟—韩国跨区域贸易协定》第三章“贸易救济”中，保障措施的相关章节高达3个，分别为第一节“双边保障措施”、第二节“农业保障措施”、第三节“全球保障措施”。首先，在“双边保障措施”中，《欧盟—韩国跨区域贸易协定》与美式跨区域贸易协定中的内容大概一致，分别规定了“双边保障措施的适用”“条件与限制”“临时措施”“补偿”“定义”这几个内容。其次，《欧盟—韩国跨区域贸易协定》将“农业保障措施”单独列为一节，同时在其中规定“双边保障措施”“农业保障措施”“全球保障措施”三者不得同时使用，可见“农业保障措施”的重要性与特殊性，足以使其自成体系。“农业保障措施”与另外两者不同的是，它不适用于所有产品，只针对部分农业原产货物。同时，它的实施也不以损害或损害威胁为标准，而是以超过触发水平值为条件。除此之外，没有临时性措施也是农业保障措施与其他两种保障措施的区别所在。在美式跨区域贸易协定中，并非没有农业保障措施的规定，而是由于有专门的“农业”章和附件，因此将该部分内容放在了此章节或者相关附件中，而没有在“贸易救济”章中进行复述。最后，《欧盟—韩国跨区域贸易协定》中的“全球保障措施”章节与美式跨区域贸易协定中的“全球保障措施”条款内容上基本相同，唯一不同的是，《欧盟—韩国跨区域贸易协定》中的此章节排除了协定中争端解决机制的适用，而美式跨区域贸易协定未进行排除。

《欧盟—哥伦比亚和秘鲁跨区域贸易协定》与《欧盟—韩国跨区域贸易协定》不同的是，它将保障措施分为“多边保障措施”“双边保障措施”。“多边保障措施”节的内容与“全球保障措施”极为相似，重申了缔约方在1994年《关税及贸易总协定》第19条与《保障措施协议》之中的权利义务，并禁止此种保障措施与双边保障措施在同一产品上的同时适用，因此可得出，两者仅是名称不同，但性质相同。同时，《欧盟—哥伦比亚和秘鲁跨区域贸易协定》中的“多边保障措施”也排除了协定中争端解决机制的适用。另外，在“双边保障措施”节之中，包含双边保障措施的应用、通知与协商、措施种类、调查程序、实施条件与期间、临时措施、补偿、保障措施的再申请、欧盟外围地区、主管机关等内容。“保障措施的再申请”与“欧盟外围地区”是协定特有的条款，前者限制了保障措施的实施，规定所有保障措施不得用于已受相同保障措施约束的进口产品，除非同时满足“间隔1年未实施保障措施”和“该措施实施时间为先前措施的一半”两个条件；后者扩大了保障措施实施的地区范围，规定保障措施的实施范围不再限于缔约方之间，而是扩大至欧盟的外围区域，如瓜德罗普岛、马提尼克岛、留尼汪岛、亚速尔群岛、马德拉群岛、加那利群岛等。

欧式跨区域贸易协定的保障措施规则虽然在“贸易救济”一章中小节的划分上与美式跨区域贸易协定有所区别，但两者的主体内容基本相同。在欧式跨区域贸易协定的保障措施规则中，特色内容有农业保障措施、排除争端解决机制条款、保障措施再申请的限制、欧盟外围区域条款等。

三、中国区域贸易协定中贸易救济措施的完善建议

(一)中国自由贸易协定反倾销、反补贴措施规定

我国对外贸易协定中的反倾销、反补贴规则在章节安排方面与一般格式相同，位于保障措施之后。较早签订的《中国—秘鲁跨区域贸易协定》所包含的额外规定较少，只有第77条、第78条两条。其第77条第1款重申了《反倾销协议》与《补贴与反补贴措施协议》中的权利义务，第2款涉及缔约方在反倾销案件中的通知义务、通知语言要求、帮助提交信息义务，第3款规定通知内容，第4款规定缔约方的调查机关。其第78条主要内容为两国间调查机关间的合作机制。最近签署的《中国—韩国区域贸易协定》在内容及篇幅方面又有所增加，包括8个条款，分别为“一般条款”“通知与磋商”“价格承诺”“实地核查”“听证会”“复查终止后的调查”“累积评估”“适用于新出口商复审的微量标准”。从上述条文名称可发现，中国自由贸易协定的反倾销与反补贴规定，大部分内容与欧式跨区域贸易协定中的规定相类似。但是，两者也并非完全一致，例如《中国—韩国区域贸易协定》的“通知与磋商”条款规定，调查机关履行通知义务的期限为“收到申请后”至“发起调查前至少7天”，这个期限长于《欧盟—韩国跨区域贸易协定》的规定，短于《美国—韩国跨区域贸易协定》的规定，介于两者之间。

（二）对中国的建议

《中国—秘鲁跨区域贸易协定》和《中国—韩国区域贸易协定》两者间的差异表明，中国自贸协定中的“两反”规定内容从稀少逐渐变得丰富，程序规则也从原则、模糊变得更为细致。欧式跨区域贸易协定相较于美式跨区域贸易协定，有着更多值得中国借鉴学习的方面。

未来，欧式跨区域贸易协定中值得中国借鉴，最有价值的条款莫过于“从低征税原则”条款以及“争端解决”条款。“从低征税原则”主张应当通过征收尽可能低的反倾销税、反补贴税来消除倾销或补贴给国内产业带来的不利影响，其目的在于降低“两反”措施的辐射影响，防止措施成为各国新的贸易保护工具。同时，该原则也有助于维护被调查方商人的合法权益，不减损其贸易积极性，为本国创造一个更加公平有序的贸易环境。“争端解决”条款则旨在将反倾销与反补贴问题区别于协定中的其他问题，提倡使用专门机制解决此类问题。该做法考虑到了“两反”问题的特殊性，也能够提升此类问题的处理效率，得到更为妥善的结果。纳入这两个条款可以使自贸协定中的“两反”规则更加严谨合理，平衡各方的权利义务关系，提供强有力的法律保障。

（三）中国对保障措施的规定及其建议

1. 中国自由贸易协定中对保障措施的规定

中国不同的自由贸易协定中的格式不统一，缺少特色规则。《中国—秘鲁跨区域贸易协定》的保障措施规则在格式方面与欧式跨区域贸易协定较为相近，将“全球保障措施”独立为一小节，与“双边保障措施”小节并列。内容方面，中秘间的保障措施规定与普遍规则相差无几，并没有太多特殊的规定；《中国—韩国区域贸易协定》在格式方面则更偏向于美国，只有“保障措施”一小节，而将“全球保障措施”作为其中的一个条款。而且，中韩保障措施规定也没有特有规则，从措辞上可判断均为普遍规定。两个协定中的“全球保障措施”条款均为排除协定争端解决机制的适用。

2. 对中国自由贸易协定中保障措施规定的建议

现有的协定文本情况表明，中国对外自贸协定中的保障措施规则还有很大的完善空间，可以纳入更多使我国实施保障措施更加便捷、维护市场秩序更为有利的条款。

（1）统一协定文本格式

在格式方面，美式跨区域贸易协定与欧式跨区域贸易协定有很大不同，中国以往的协定对这两种形式都有用到，实际上中国无论选择何种格式均可，但是必须统一采取一种格式。因为,虽然美式与欧式格式的不同并未改变两者内容大概一致的事实,格式对内容的影响也没有想象中那么大,但统一的格式有助于规则、政策间的一致性,以及我国协定范本的形成,所以应该只选择适用其中一种格式。

(2)纳入"争端解决条款"

内容上,中国缺少本国的特殊规定,在此情况下,我国可以考虑借鉴欧式跨区域贸易协定。例如,在协定中纳入"争端解决机制排除"条款。保障措施所处理的问题涉及国内产业安全,与"两反"问题较为相似,争议方一方为国家机关,另一方为贸易商,而非两方均为商人的普通贸易纠纷,因此该问题具有其特殊性,不宜与其他问题适用一样的争端解决机制。引入该条款,可以确保此类问题得到更高效、更公正的处理。

(3)纳入"农业保障措施条款"

前文在论述农业方面规定时提到,中国对外签订的自贸协定文本中,没有关于农业保障措施触发水平标准的附件,相应的条款用词也比较原则,实际可操作性不强。因此,在"贸易救济"章中详细列明农业保障措施的实施条件、实际期限、通知与协商义务、补偿、是否可以适用临时性措施等方面,不失为一种完善协定中保障措施机制的好办法。

第五节 跨区域贸易协定中的其他规则分析

除了上述农业、原产地规则、贸易救济 3 部分外,美国与欧盟的自由贸易协定中,还有许多特有的规定条款,无法进行美式与欧式之间的比较,但就中国而言,仍然具有很高的借鉴学习价值。

一、纺织品与服装规则

美国对外自贸协定中基本都包含有"纺织品与服装"章节,在这一方面,欧盟与中国都缺乏相应的专门章节和规定。以《美国—韩国跨区域贸易协定》为例,"纺织品与服装"一章共有 5 条,分别是第 4.1 条"双边紧急活动"、第 4.2 条"原产地规则以及相关事项"、第 4.3 条"关于纺织品或者服装的海关合作"、第 4.4 条"纺织品服装委员会"、第 4.5 条"定义"。这一章的主要内容实际上可划分为 4 部分。第一部分为"保障措施"部分,主要为第 4.1 条"双边紧急活动",

规定有适用于纺织品与服装的特殊措施，条款安排上与《美国—韩国跨区域贸易协定》第十章第一节“保障措施”相似，依次为措施的实施条件、考虑因素、通知与磋商、补偿与减让、禁止同时适用其他保障措施。第二部分为“原产地规则”部分，主要为第4.2条“原产地规则以及相关事项”，涉及适用于纺织品与服装的原产地规则、磋商、原产成分最低限额、成套货物待遇等款项。其中，该条提及的附件4－A中采用了特殊的“从纱开始”（yarn forward）原产地规则，即纺织产品使用的纱线、布料等所有原物料必须产自缔约方国内，且其后剪裁、缝合等制作程序，也须于美韩两国国内进行。此种原产地规则非常严苛，极大限制了韩国纺织品服装向美国的出口。根据韩国经济部数据，《美国—韩国跨区域贸易协定》生效后一个月，即2011年11月韩国纺织品服装对美国的出口量与2010年同期，也就是协议未生效前下降了1.1%。[①] 第三部分为“海关合作”部分，主要为第4.3条“关于纺织品或者服装的海关合作”，详细列举了缔约方海关间合作的目的、信息种类，并设置有查证义务、通知义务、公开权利等内容。第四部分为第4.4条和第4.5条两条，分别为机关条款与定义条款。

这一种专门针对某一类别产品的章节规定，给予了我国很大启示。在今后的对外贸易过程中，如果特别需要保护某一类产品不受国际贸易冲击损害，减小贸易逆差，或者相反，需要促进某一类产品的出口贸易，扩大贸易优势时，我国也可设置以这类产品为名称的独立章节，根据目的的不同为这些产品规定严格或宽松的特殊规则。在这种独立章节中，依次规定适用于该类产品的特殊保障措施、原产地规则、缔约方有权机关间的合作等事项。

二、药品与医疗器械规则

同样值得关注的，还有美式跨区域贸易协定中的“药品与医疗器械”一章。这一章只出现在后签订的《美国—韩国跨区域贸易协定》之中，而之前签署的《美国—秘鲁跨区域贸易协定》中没有相关规定，从这个角度反映出，设置有关“药品与医疗器械”的规则是美式跨区域贸易协定的一种新发展趋势。《美国—韩国跨区域贸易协定》将此部分内容规定在第五章，一共有第5.1～5.8条共8个条文。主要内容方面，本章第1条先确定了缔约方设置本章节想要达到的目标，包括增强此方面合作，提高药品和服务质量，降低成本费用等。随后，其第

---

① 参见《产地标准影响韩纺织品输美》，载全球纺织网：http://www.tnc.com.cn/info/c—d－498021.html.，最后访问日期：2016年6月10日。

5.2 条为“创新准入”,涉及药品与医疗器械的报销、补偿程序,允许缔约方在不损害市场竞争的前提下,通过相关项目给予药品创新支持。在其后的第 5.3 条“透明度”条款,主要规定与药品与医疗器械相关规范性文件,在制定与公布过程中必须保持足够的透明度。其第 5.4 条也是信息透明有关的内容,涉及药品生产商对药品信息的公开要求。然后,其第 5.5 条“商业道德规定”主张,缔约方应该采取适当措施,防止药品与医疗器械生产商和供应商做出违反商业道德的行为。最后 3 条分别规定了缔约方间的监管合作、主管机关及其职责、相关定义。

《美国—韩国跨区域贸易协定》的签订,促使两国间的药品贸易发展势头迅猛。以近几年的数据为例,2013 年美国从韩国进口药品总贸易额为 0.36 亿美元;2014 年这一数据有极大增长,为 0.73 亿美元;到了 2015 年,该数据再创新高,高达 2.4 亿美元。出口方面亦是如此,2013 年美国向韩国出口药品总价值为 10.04 亿美元;2014 年为 10.44 亿美元;2015 年虽然有所回落,仅为 9.34 亿美元,但与协定签订前相比,仍有很大增长,因为 2010 年这一贸易数据仅为 6.43亿美元。中国作为人口大国,对药品和相关医疗器械的消费一直呈逐年递增趋势。因此,在未来的自贸协定中,纳入有关“药品和相关医疗器械”的规则势在必行。只有利用相应规则,规范和管理好这一庞大的药品和相关医疗器械消费市场,才能确保药品与医疗器械的质量,进而真正保障本国进口商的利益,也使广大人民实际受益。

美式跨区域贸易协定与欧式跨区域贸易协定中有关货物贸易规则的闪光点还有不少,在此无法一一列举。总而言之,当今的货物贸易规则正随着现实中国际货物贸易的深化与发展不断推陈出新,我国必须保持敏锐的嗅觉,时刻关注国际规则的近期发展动向,及时填补空白规则,修正过时条款,才能使我国的对外自由贸易协定契合实际,发挥其监管与促进效用。

第三章　服务贸易

在《关税及贸易总协定》以及世界贸易组织的历次多边谈判中，乌拉圭回合首次将服务贸易列为多边贸易谈判的重要议题。在此后多哈回合谈判中，虽然农业谈判依然是核心议题，但多哈回合谈判议题的范围是有史以来最为广泛的，不仅包括农业等传统领域，还涉及了服务贸易、知识产权、透明度、外商投资等新兴领域。多哈回合无法达成一致意见的原因之一在于，在服务贸易领域，发达国家和发展中国家具有不同的战略思路。《服务贸易总协定》只建立了服务贸易的多边基础性框架，它遗留有许多问题要解决，因此各方出于国家利益、经济安全的考虑，在服务领域具有绝对优势的发达成员方要求进一步开放服务市场，而数量占多数的发展中成员方对此持保守态度。此外，发展中成员方要求发达成员方开放服务行业劳务市场，解决跨境服务贸易中自然人流动问题，而发达成员方为保护本地区市民就业率不愿对此做出让步。因此，自多哈回合服务贸易谈判正式开启以来，世界贸易组织各成员方都表示将积极参与谈判并期待服务贸易谈判取得实质性成果，但总体进程缓慢甚至被迫中止。发达成员方将国际贸易政策的重点由多边机制转向区域贸易协定，多哈回合谈判启动以后，涵盖服务贸易的自由贸易协定的增速明显高于其他领域。2000 年以前，依据《服务贸易总协定》第 5 条通知世界贸易组织的涵盖服务贸易的自由贸易协定只有

6个。截至目前，在已经生效的387个自由贸易协定中，依据《服务贸易总协定》第5条通知的涵盖服务贸易的有122个，约占总数的32%。[①] 伴随着服务业在国际贸易所占比重的增加，越来越多的自由贸易协定中纳入了服务贸易政策。

美式跨区域贸易协定与欧式跨区域贸易协定中有关服务贸易的不同规定，体现了美国和欧盟对于国际服务贸易的不同立场，通过分析欧式跨区域贸易协定和美式跨区域贸易协定中有关服务贸易部分的协议可以发现：首先，美式跨区域贸易协定中采取了其自《北美自由贸易协定》以来一直使用的"负面清单"的管理模式，而欧式是自由贸易协定中则延续《服务贸易总协定》下"混合清单"的管理模式。其次，美式跨区域贸易协定以投资专章和跨境服务贸易两个专章对服务贸易进行规定，跨境服务贸易专章框架内所涵盖的服务提供方式包括跨境交付、跨境消费、自然人移动，商业存在作为服务提供方式之一却被纳入投资章节，而欧式跨区域贸易协定采取了类似于《服务贸易总协定》的模式，在服务贸易章增加"机构"（establishment）章节对商业存在作出规定。最后，欧式与美式跨区域贸易协定服务贸易章节中所体现的自然人流动制度、国内监管措施、透明度、承认制度都有所不同。因此，分析其产生原因对于我国对外自由贸易协定的签订和服务贸易的开展具有重要的借鉴意义。本章将从美式、欧式跨区域贸易协定中服务贸易的体系和内容两方面展开比较，找寻美式、欧式跨区域贸易协定中有关服务贸易的差异及其国内、国际成因，从而为我国对外自由贸易协定中服务贸易章节提供有效建议。

第一节　中国服务贸易现状

对于大多数国家而言，服务贸易所占国民生产总值比例超过50%，对于发达国家或地区而言，该比例甚至超过75%，服务贸易已成为衡量一个国家国际竞争力的重要因素。[②] 中国改革开放以来，服务贸易领域逐步开放，随着2001年中国加入世界贸易组织和自2003年开始对外签订自由贸易协定，中国的服

① 参见李墨丝：《区域服务贸易自由化的新倾向——基于GATS和NAFTA类型协定的比较》，载《上海对外经贸大学学报》2015年第3期。

② 参见石静霞：《中国自由贸易协定中的服务贸易自由化研究》（英文），载《中国法学》（英文版）2013年第4期。

务贸易进出口额逐年增长。但中国服务贸易的发展较之货物贸易程度还比较低,分析近3年来中国服务贸易进出口额(见表10)可发现,中国服务贸易进出口额逐年增长,且出口额居世界服务贸易第5位,但长期处于贸易逆差状态(见表11)。反观美国、英国、日本等发达国家,一方面其服务贸易出口额高,另一方面其服务贸易进口额明显低于出口额,处于相对优势的贸易顺差状态,对平衡国际收支起了不可低估作用,这也是发达国家或经济体利用双边或多边贸易机制,极力主张各国开放其国内服务市场的主要动因。

表10 2012~2014年中国服务进出口情况金额[①] 单位:亿美元

年份	中国进出口额	中国出口额	中国进口额
2012	4705	1904	2801
2013	5397	2106	3291
2014	6043	2222	3821

表11 2014年世界服务贸易前五位出口和进口的国家和地区

单位:亿美元

排名	出口国家(地区)	金额	比重	增长率	排名	进口国家(地区)	金额	比重	增长率
1	美国	6860	14.1	3	1	美国	4540	9.6	4
2	英国	3290	6.8	4	2	中国	3820	8.1	16
3	德国	2670	5.5	5	3	德国	3270	6.9	1
4	法国	2630	5.4	4	4	法国	2440	5.1	6
5	中国	2222	4.6	8	5	日本	1900	4.0	12
6	日本	1580	3.3	19	6	英国	1890	4.0	-1

另外,从中国服务业的行业发展情况上看(见图1),占服务出口比重较高的服务业包括旅游服务、运输服务、咨询服务和其他商业服务等传统产业部门。而专有权利使用费和特许费、通信服务、金融服务、保险服务、电影音像服务占比非常低,说明目前中国服务贸易结构不合理,以运输、旅游为代表的劳动密集

① 参见《中国服务贸易统计2015》,载中华人民共和国商务部网:http://tradeinservices.mofcom.gov.cn/c/index.shtml,最后访问日期:2016年6月26日。

型和资源密集型服务一直占据着中国服务贸易结构的主体地位，而现代化的技术密集型和资本密集型的金融、保险、通信、专利特许费等部门对中国服务贸易的贡献微弱。[①] 这使得中国服务业在“走出去”战略引导下面临推动产业结构优化升级的困境。

从中国服务业的国际竞争力上看，无论在总体上和具体服务部门中，中国服务业竞争力与发达国家相比还有一定差距。贸易竞争优势指数（Trade Competitive Index）[②]是用来反映一国某一产业的国际竞争力的指数，根据表12中所列TC指数可以发现：一方面，总体上来看近3年中国服务贸易竞争力均显示为负值，且呈现出逐年下降的趋势，说明总体上中国服务贸易竞争力较低，且总体竞争力正在下降。另一方面，占我国服务出口比重较高的旅游服务、运输服务的国际竞争力却非常低，并出现持续降低的趋向，这说明我国传统的资源密集型和劳动密集型服务在国际市场的竞争中正在失去其原有地位。同时，对于新型的金融、保险业务，中国在国际竞争中同样不具优势。但也应注意到的是我国的建筑服务TC指数一直稳定在0.5左右，在国际市场上有较强的竞争力，通信、计算机服务、广告宣传服务在国际市场上有一定的竞争力。由此可以发现，占中国服务出口比重较高的传统劳动、资源密集型服务贸易国际竞争力不断减弱，部分新型资本、技术密集型服务贸易国际竞争力不断提升但占中国服务出口比重较低，说明中国服务贸易正处于由传统服务到新型服务的转型期，并且新型服务有待发展。

---

① 参见李亭亭：《中国服务贸易国际竞争力及影响因素研究》，山东财经大学国际经贸学院2013年硕士学位论文，第21页。

② TC指数即贸易竞争指数又称为比较优势指数（CAI），计算公式为（Xij－Mij）÷（Xij＋Mij），Xij为i国家第j种商品的出口，Mij为i国家第j种商品的进口。TC取值范围为[－1，1]，取值接近于0时，说明比较优势接近于平均水平；取值大于0时，说明比较优势大；越接近于1，行业竞争力越强。反之，则说明比较优势小越接近于－1，行业竞争力越小。

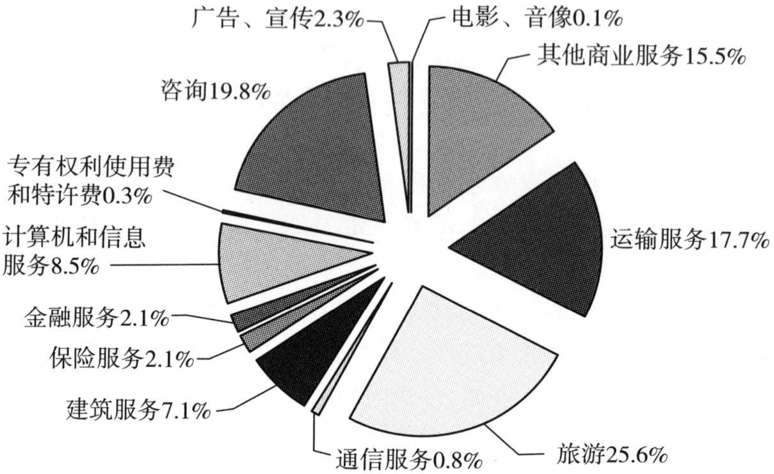

图 1　2014 年中国服务出口类别构成

表 12　中国具体服务的国际贸易竞争指数①

TC	2010 年	2011 年	2012 年	2013 年	2014 年
总计	不详	不详	-0.190	-0.220	-0.265
运输	-0.297	-0.387	-0.376	-0.429	-0.430
旅游	-0.090	-0.199	-0.342	-0.427	-0.487
通信	0.044	0.183	0.041	0.009	-0.122
建筑	0.480	0.596	0.544	0.465	0.517
保险	-0.800	-0.735	-0.722	-0.693	-0.660
金融	-0.037	0.639	-0.010	-0.079	-0.089
计算机信息	0.512	0.520	0.58	0.441	0.368
专利特许费	-0.884	-0.904	-0.889	-0.918	-0.948
咨询	0.203	0.209	0.251	0.265	0.240
广告、宣传	0.163	0.183	0.263	0.221	0.136
电影、音像	-0.400	-0.523	-0.623	-0.677	-0.636
其他商业服务	0.349	0.277	0.185	0.322	0.169

① 参见《中国服务贸易统计2013》《中国服务贸易统计2014》《中国服务贸易统计2015》，载中华人民共和国商务部网：http://tradeinservices.mofcom.gov.cn/c/index.shtml，最后访问日期：2016年6月26日。

服务贸易市场的开放既会给我国服务贸易市场带来机遇又会带来挑战。① 如表12所示,我国的运输业在参与国际竞争的过程中可能会面临严峻挑战和压力,但建筑服务的出口会创造大量海外工作的机会,同时境外的金融、保险、专利特许、电影音像等服务的引入会逐渐带动国内相关产业的发展,推动我国产业结构的不断优化升级。目前我国服务贸易处于转型期,应更加重视并全面推动服务贸易的发展。

自2002年11月4日中国和东盟签署《中国—东盟全面经济合作框架协议》从而开始对外签订自由贸易协定以来,中国已与澳大利亚、韩国、瑞士、冰岛等11个国家或地区签订了自由贸易协定,分析这些协定文本可以发现,中国在对外签订自由贸易协定时对于服务贸易的开放持较为灵活的态度,部分发展中国家处于国家利益和保护国内服务业的考量,在与中国签订自由贸易协定时可能不愿意采取"一揽子"的方式将服务贸易一起纳入协定,因此中国采取了渐进的方式,即在一开始的时候并不将服务贸易纳入自由贸易协定,有关服务贸易的开放或承诺随着缔约国对服务贸易态度的转变而另外签订服务协定。例如,中国—东盟自由贸易区中,2002年中国和东盟就已签署《中国—东盟全面经济合作框架协议》,但服务贸易作为中国—东盟自贸区的重要组成部分,直到2007年我国与东盟10国签署了自贸区《服务贸易总协定》才有了法律文件的支持。但是,无论在协定中采取"分散式"还是"一揽子"的结构,其核心内容都是协议缔约国对服务贸易的承诺,均涉及双边机制下服务贸易自由化的问题。因此,分析美式与欧式跨区域贸易协定中服务贸易章节,对我国对外自由贸易协定的谈判和签订能起到一定的指导意义。

第二节 美式和欧式跨区域贸易协定中对服务和投资的不同定位及原因探究

一、美式和欧式跨区域贸易协定中对服务贸易章节和投资章节的不同定位

根据《服务贸易总协定》对服务贸易提供方式的划分,服务贸易提供方式可以分为4类:(1)跨境提供;(2)境外消费;(3)商业存在;(4)自然人流动。欧盟

① 参见石静霞:《新一轮服务贸易谈判若干问题》,载《法学研究》2006年第3期。

所签署的自由贸易协定中有关服务贸易提供方式的划分采取了《服务贸易总协定》的四分法，虽然表述上存在细微差别，但实质并未对以上划分进行实质性变动。以《欧盟—韩国跨区域贸易协定》为例，在协定服务贸易章节中，跨境提供和境外消费对应"服务的跨境提供"分节中对跨境提供服务的定义：(1)自一缔约方境内向另一缔约方境内提供服务；(2)在一缔约方境内向另一缔约方服务消费者提供服务；"商业存在"对应"机构"分节；"自然人流动"对应"商务自然人临时入境"章节，是指一缔约方的自然人在另一缔约方的领土范围内提供服务。以上对于服务贸易方式的分类与《服务贸易总协定》对国际服务贸易方式的划分十分相似。其中值得一提的是，"机构"是指为了在另一缔约方领土开展经济活动而设立、收购、维持的法人或分支机构或代表处。但由所设机构参与的经济活动并非仅局限于服务贸易，其亦包括货物贸易。同时，"机构"分节在协定文本中作为服务贸易专章下的一部分，主要内容是涉及"商业存在"这一服务贸易提供方式，这是欧式跨区域贸易协定的特点之一。

美国所签署的自由贸易协定中有关服务贸易的规定体现在"投资"和"跨境服务贸易"两个章节，核心在于将《服务贸易总协定》模式3"商业存在"这一服务提供方式纳入"投资"章节，使通过在另一缔约国投资提供服务的相关活动必须符合协定中投资相关条款的要求。例如，在《美国—韩国跨区域贸易协定》中，"跨境服务贸易"的定义表明，通过在一缔约方境内投资而提供的服务不适用跨境服务贸易章节的相关内容，①这明确了跨境服务贸易章节仅规范跨境提供、境外消费和自然人流动，不规范通过"商业存在"方式提供服务的相关活动。通过"商业存在"而提供服务的相关活动被纳入"投资"章节，该章用于规范投资活动，相关条款可以一般性的适用于货物和服务相关的投资活动(包括以商业存在的服务提供方式)，其目的在于实现投资自由化，便利化以及进行投资保护。② 此外，"商业存在"这一服务提供方式是通过在东道国建立商业实体进行经营而实现的，其本身也具有外商投资的性质，因此将其放置于"投资"章节也有合理性。

---

① 参见《美利坚合众国与大韩民国自由贸易协定》第12条第13款。

② 参见周念利：《区域服务贸易自由化安排的"GATS+"特性分析》，载《国际贸易问题》2008年第5期。

二、美式和欧式跨区域贸易协定中对服务贸易章节和投资章节定位不同的原因分析

(一)有利于减少政府干预,创造公平的市场环境

在欧式跨区域贸易协定中,商业存在作为服务提供方式之一,需要承担的原则和义务包括市场准入义务、国民待遇、最惠国待遇,其中市场准入义务体现在附件 7 – A 中,主要强调在做出市场准入承诺的部门,除非另有规定,每一缔约方给予另一缔约方机构和投资者的待遇不得低于该附件的具体承诺中同意和列明的条款、限制和条件。① 欧盟对外签订自由贸易协定中对缔约国有可能采取的某些限制措施作出规定,其规定延续了《服务贸易总协定》中第 16.2 条有关市场准入的规定,②这种做法是对《服务贸易总协定》市场准入条款的继承,但并未针对由投资产生的服务贸易活动建立更高的市场准入标准。

在美式跨区域贸易协定中,"商业存在"作为外商服务业投资在"投资"章节下需满足承担以下原则或义务:国民待遇、最惠国待遇、最低待遇标准、征收与补偿、转移、经营要求、高级管理层和董事会、投资争议解决。相比之下,美式跨区域贸易协定正文中虽没有明确的市场准入条款,但因其采用的是"负面清单"的管理模式,相关市场的准入和缔约方保留的限制措施均体现在附件中,因此实质上美式跨区域贸易协定中并不缺乏市场准入规则。而且,美国和韩国均是世界贸易组织成员方,《服务贸易总协定》及附属协议对其均由法律拘束力,这也意味着美韩需遵守《服务贸易总协定》第 16.2 条有关市场准入的规定,杜绝采取某些限制措施。除此之外,将作为服务提供方式之一的"商业存在"纳入"投资"章节还意味着"商业存在"这一模式需满足额外的、更高标准的要求,包括经营要求、高级管理层和董事会要求,这远远超过了《服务贸易总协定》第 16.2 条对缔约方市场准入义务的要求。例如,协定中包含的经营要求,协议中规定在与缔约另一方或非缔约方投资者在其境内设立、收购、扩大、管理、运营、转让或其他有关投资处置的方面,缔约方不得设置或执行任何承诺和保证要求,包括:(1)出口一定水平或比例的货物或服务;(2)以实现境内含量特定的水平或百分比;(3)购买、使用境内生产的产品或给予境内生产的产品优惠,或从其境内的自然人处购买产品;(4)将进口的数量和价值与出口的数量和价值

---

① 参见《欧洲联盟及其成员国与大韩民国自由贸易协定》第 7 条第 11 款。

② 同上。

或与投资有关的外汇兑换流量联系在一起;(5)以任何一种方式通过将该类销售与进口价值或进口量或外汇兑换相关联,限制销售该方境内投资产出或供给的货物或服务;(6)向该方领土上的个人转移特殊的科学技术,生产流程或其他专利;(7)提供完全来自该方领土内的该投资产出的货物或供给特定区域市场或世界市场的服务。[①] 再如,高级管理层和董事会中规定缔约方不得要求,另一缔约方投资的企业任命特定国籍的自然人担任高级管理层职位。[②] 上述禁止实施的措施相比与《服务贸易总协定》中市场准入义务更加细致和完备,进一步降低了缔约国对所涉投资所提供的服务施加限制的可能性,为外商的投资创造公平的市场环境。

(二)最低标准待遇征收补偿制度和转移制度更利于保护和鼓励外商投资

在美式跨区域贸易协定设定的"投资"章节中对商业存在的投资保护力度更高,集中表现为在投资章节中规定了"最低标准待遇"条款、"征收与补偿"条款、"转移"条款。其中"最低标准待遇"条款要求各缔约方应给予所涉投资包括公平公正待遇和全面的保护和保障在内的符合国际习惯法的待遇,[③]将公平公正待遇与国际法的要求相联系无形中提高了对投资的保护力度。"征收与补偿"条款要求:除非为公共目的、以非歧视的方式在符合正当法律程序和最低待遇标准且给予及时、充分、有效的补偿的条件下,缔约方不得以直接或间接的以等同于征收或国有化的方式征收或国有化所涉及的投资。[④] "转移条款"要求各缔约方应允许在该缔约方境内的所涉投资所涉及的出资、利息、收益等能够自由、及时地进出国境。[⑤] 由于美式跨区域贸易协定并未采用《服务贸易总协定》模式下的"商业存在"概念,与"商业存在"相关的内容被一并纳入"投资"章节,投资章节的内容类似于美国《2012 双边投资协定范本》,对投资者的保护力度较强。因此,当协议一方服务提供者通过在另一缔约方领土内的商业存在提供服务时,该另一缔约方政府必须依协定投资章节的上述规定,对所涉投资加以保护。

相比之下,欧式跨区域贸易协定中仅包含"支付和资本流动"章节,该章节的内容适用于服务贸易、机构和电子商务章节下的投资和其他自由交易,但协

---

① 参见《美利坚合众国与大韩民国自由贸易协定》第 11 条第 8 款。
② 同上。
③ 参见《美利坚合众国与大韩民国自由贸易协定》第 11 条第 5 款。
④ 参见《美利坚合众国与大韩民国自由贸易协定》第 11 条第 6 款。
⑤ 参见《美利坚合众国与大韩民国自由贸易协定》第 11 条第 7 款。

定中未赋予投资者最低标准待遇，也未就征收补偿作出规定。欧式跨区域贸易协定基本上沿用了《服务贸易总协定》对服务贸易提供方式的划分，但是“商业存在”既作为一种服务提供方式又具有外商投资的特性，欧盟在所签订自由贸易协定中侧重于“商业存在”作为服务提供方式的职能，对国民待遇、最惠国待遇、市场准入有较为详细的规定，但对“商业存在”的投资特性规定较少，这使协议一方服务提供者通过在另一缔约方领土内的商业存在提供服务时，可能会面临直接或间接征收的风险。

（三）更加完善的争端解决机制

美式跨区域贸易协定投资章节沿用了《北美自由贸易协定》所设立的“投资者—国家争议解决机制”，该机制特点在于当争端一方认为通过磋商不能解决投资争端的情况下，投资者可以自行向国际投资争端解决中心（International Centre for Settlement of Investment Disputes，ICSID）提起对东道国的仲裁申请，而且该东道国不得以未获得其同意而对此申请作出抗辩。其中投资者可以提出仲裁申请的情况包括：东道国违反了第一小节的约定（包括国民待遇、最惠国待遇、最低待遇标准、征收与补偿、转移、经营要求、高级管理层和董事会）；东道国违反了投资授权要求；东道国违反了投资协定，并且投资者因其违反协定的行为而遭受了损失。首先，采取国际投资争端解决中心解决争端的优点在于，该中心具有独立的仲裁规则和独立的仲裁员，可以最大限度保证仲裁裁决的中立性。其次，该中心所作出的仲裁裁决对争议双方都具有约束力，且不受任何上诉或除公约规定的救济措施以外的任何救济措施的约束，确定性强。最后，该中心所作仲裁裁决具有法律强制力，任何缔约国都应该承认根据仲裁规则做出的裁决，这确保了该投资争端解决机制能够真实有效地解决投资争端。

在欧式跨区域贸易协定中，因一方服务提供者通过在另一缔约方领土内的商业存在提供服务而产生的争端将适用协定争端解决机制，不同于“投资者—国家争端解决机制”中投资者申请国际投资争端解决中心仲裁的模式，协定争端解决机制是以缔约国作为对话主体，通过成立仲裁专家组以解决争端。就服务投资而言，该机制存在的问题主要为投资者无权提起投资仲裁申请，只能依靠母国与东道国的磋商与仲裁解决纠纷，而这一过程受国家政治环境、发展水平、仲裁成本等因素影响，具有相当的不确定性。

三、中国区域贸易协定服务贸易章节完善建议

商业存在具有服务贸易和投资的双重属性，分析欧盟和美国在所签订自由

贸易协定中有关商业存在的规定可以发现,欧式跨区域贸易协定中没有独立投资章节,有关投资事项被归入服务贸易章节"机构"部分,但该部分内容并不包含投资所涉投资者待遇和投资者—国家争端解决机制,也不包含单纯的投资市场准入承诺。而美国将商业存在纳入投资章节,内容上更加健全。因此,欧式和美式跨区域贸易协定服务贸易章节中有关商业存在的不同规定,主要不同体现在投资范围和投资待遇两方面。

目前,中国对外签订的自由贸易协定并无统一的模板,但综合分析中国已签署的 11 个自由贸易协定,按有关商业存在的不同规定,可以将其分为以下 5 类(见表 13)。

表 13 中国对外签订自由贸易协定中对服务贸易和投资章节的相关性的有关规定

类型	内容	具体协定
(1)无"投资"和"服务贸易"章节	协定中无服务贸易章节和投资章节	《中国—智利自由贸易协定》
(2)仅设"服务贸易"章节	服务贸易章节延续《服务贸易总协定》模式;无投资章节	《中国—瑞士自由贸易协定》 《中国—巴基斯坦自由贸易区服务贸易协定》
(3)"投资"和"服务贸易"两个章节并存,但无联系	服务贸易章节延续《服务贸易总协定》模式 投资章节重申双方在已签署的投资促进和保护协定中的承诺	《中国—冰岛自由贸易协定》 《中国—哥斯达黎加自由贸易协定》
(4)"投资"和"服务贸易"两个章节并存,有关模式 3 的投资待遇,准用投资章节部分内容	本协定第 12.5 条"最低标准待遇"、第 12.9 条"征收和补偿"、第 12.10 条"转移"、第 12.11 条"代位"、第 12.12 条"投资者与一缔约方之间的投资争端解决",和附件 12 - A"习惯国际法"、附件 12 - B"征收"和附件 12 - C"转移",经必要调整后,适用于影响一缔约方的服务提供者依据第八章"服务贸易"通过在另一缔约方领土内设立商业存在提供服务的任何措施,但仅限于与涵盖投资有关的情形下	《中国—东盟全面经济合作框架协议》 《中国—韩国区域贸易协定》 《中国—秘鲁跨区域贸易协定》 《中国—新加坡自由贸易协定》 《中国—新西兰自由贸易协定》

续表

类型	内容	具体协定
(5)“投资”和“服务贸易”两个章节并存,但有关模式3的投资待遇是否准用投资章节的部分内容,列入双方未来工作计划	投资章节不适用于一方采取或维持的已为第八章“服务贸易”或第十章“自然人移动”所涵盖的措施; 但在未来工作计划中双方约定:除非双方另有约定,双方应在本协定生效后3年内审议双方之间的投资法律框架,并在本章中纳入补充条款,包括涉及以下方面的条款:将投资保护和投资者国家争端解决机制适用于通过商业存在提供的服务	《中国—澳大利亚自由贸易协定》

由此可见,中国在对外签订自由贸易协定时大多采取服务章节和投资章节并列的结构。其中,服务贸易章节延续《服务贸易总协定》模式,将服务的提供方式划分为4种模式,商业存在也包含在内。投资章节则系统的涵盖了投资者待遇、征收和补偿、投资者与一缔约方之间的投资争端解决等传统内容。中国在其签订的自由贸易协定中既未完全采取欧式跨区域贸易协定的模式,也未采取美式跨区域贸易协定中将商业存在纳入投资章节的做法,而是独辟蹊径将投资章节中的相关内容扩大适用至服务贸易章节,从而弥补服务贸易单纯采取《服务贸易总协定》模式的不足。但中国在与欧盟、美国签订自由贸易时,中国所采取的这种扩大投资章节适用范围的做法可能会与欧盟或美国对外签署自由贸易协定的范本不一致。

中国在与欧盟签订自由贸易协定时可能面临的问题体现在投资待遇和争端解决机制上,如果采取欧式跨区域贸易协定中一贯采用的《服务贸易总协定》模式,会导致服务投资缺乏相应的投资者保护机制。结合近几年中欧双边关系的新进展,此问题可通过中欧双边合作得以解决。①《中欧合作2020战略规划》为中欧2010~2020年10年战略合作定下基调,此规划将签署一份包括投资保

① 参见《中欧合作2020战略规划》,载中华人民共和国商务部欧洲司网:http://ozs.mofcom.gov.cn/article/hzcg/201601/20160101233963.shtml,最后访问日期:2016年6月26日。

护和市场准入的中欧投资协定放在首要位置，在该投资协定签署后，双方将在条件成熟时启动中欧自由贸易协定的谈判。由此可见，在启动中欧自由贸易协定谈判前，中欧会首先签订一个投资协定，该协定将涵盖征收、补偿、转移、投资者待遇和投资者—东道国争端解决机制。因此，中国在与欧盟签订自由贸易协定时可通过重申中欧投资协定双方义务的方式对服务贸易所涉投资进行保护，避免因投资和服务贸易章节产生分歧。

中国在与美国签订自由贸易协定时可能面临的问题主要体现在中美两国对投资与服务贸易的界定方面。如前所述，美国有关服务贸易的规制，一方面体现在正文投资和服务贸易两个章节，另一方面体现在附件 1 现存不符措施和附件 2 缔约国将来有权采取的不符措施中。这一模式有两个特点：特点之一表现为涉及服务的投资被完全归入投资章节并成为其一部分；特点之二表现为附件中不符措施既适用于服务贸易又适用于投资。因此，美式跨区域贸易协定中投资与服务贸易两部分内容紧密相连。

中美有关商业存在在投资和服务贸易定位中的分歧首先存在于协定正文中。中国尚未将商业存在认定为投资章节内容，仅在实践中倾向于将协定中有关投资保护措施的条文准用于商业存在，此模式在一定程度上弥补了对涉及服务投资的保护力度不够的缺点，但由于商业存在在结构上属于服务贸易章节内容，援引投资保护条款对商业存在进行保护这一模式难以涵盖所有投资章节下涉及投资的条款（见表 14）。

表 14 《中国—韩国区域贸易协定》投资章节与服务章节内容比较

投资章节涵盖内容	服务贸易章节
投资促进及保护	无
国民待遇	同投资章节
最惠国待遇	无
最低标准待遇	准用投资章节
国内法救济	无
禁止性业绩要求	无
透明度	同投资章节
征收和补偿	准用投资章节

续表

投资章节涵盖内容	服务贸易章节
转移	准用投资章节
代位	准用投资章节
投资者与一缔约方之间的投资争端解决	准用投资章节
特殊程序及信息要求	无
安全例外	无
拒绝授惠	利益的拒绝给予
环境措施	无
投资委员会	服务贸易委员会

通过将服务贸易章节的内容与投资章节的内容相比可以发现,尽管准用条款将部分投资条款拓展适用至服务贸易商业存在,但还有 7 项内容未完全覆盖,具体包括投资促进及保护、最惠国待遇、国内法救济、禁止性业绩要求、特殊程序及信息要求、安全例外、环境措施。这体现出,仅依靠准用投资条款无法使商业存在正常展现其投资属性。

此外,中美有关商业存在在投资和服务贸易定位中的分歧还可能存在于附件不符措施中。以《中国—韩国区域贸易协定》为例,协定附件分为 3 类:国民待遇和货物市场准入附件、原产地规则和实施程序附件、服务贸易附件。有关投资的市场准入并未在附件中做出任何承诺,但有关服务投资的市场准入(模式 3)在服务贸易附件中有所体现。这与美式跨区域贸易协定有较大不同。以《美国—韩国跨区域贸易协定》为例,协定附件 1 第 1 条解释条款规定:本附件列明了缔约方依据第 11.12 条"投资章节不符措施"和第 12.6 条"服务贸易章节不符措施"现存的不适用于以下部分或全部义务的措施:

(1)第 11.3 条"国民待遇"或第 12.2 条"国民待遇"

(2)第 11.4 条"最惠国待遇"或第 12.3 条"最惠国待遇"

(3)第 12.5 条"当地存在"

(4)第 11.8 条"营业要求"

(5)第 11.9 条"董事或高管要求"

(6)第 12.4 条"市场准入"

由此可知,美式跨区域贸易协定中附件既包括投资章节的不符措施又包括服务贸易章节的不符措施,也就是说,美式跨区域贸易协定中附件既包括有关投资的市场准入又包括服务贸易的市场准入。这与中国对外签订的自由贸易协定有较大不同。中国对外所签订的自由贸易协定通常包含服务贸易的市场准入。有关投资的不符措施中国往往通过投资章节中设置“投资促进条款”,将其转化至国内法层面进行规制。例如,《中国—韩国区域贸易协定》第12.2条投资促进及保护中规定:

1.一缔约方应鼓励另一缔约方投资者在其领土内投资为并为其创造有利的环境;

2.一缔约方应允许另一缔约方投资者进行投资,但有权依据适用包括有关外资所有权和控股权在内的法律法规行使职权。

中国国内涉及外资准入的法律法规主要体现为国务院批准发布的《外商投资产业指导目录》。该目录将国内产业划分为鼓励类外商投资产业、限制类外商投资产业和禁止类外商投资产业。具体产业类型包括:农、林、牧、渔业;采矿业;制造业;电力、热力、燃气及水生产和供应业;交通运输、仓储和邮政业;批发和零售业;金融业;信息传输、软件和信息技术服务业;租赁和商务服务业;科学研究和技术服务业;水利、环境和公共设施管理业;教育;卫生和社会工作;文化、体育和娱乐业;其他行业15大类。从该目录的内容中可知,该目录涵盖所有投资,既包括服务类投资又包括其他类投资。由于中国在对外签订自由贸易协定时,并未在投资章节下做出任何承诺,因此有关投资的市场准入适用该《外商投资产业指导目录》,这就会造成中国对外所签订的自由贸易协定中缺少对外商投资市场准入自由化的承诺。

因此,当中国与美国就自由贸易协定服务章节展开谈判时,应当注意两方面的问题。首先,针对协定正文中有关商业存在的分歧,由于该部分分歧主要体现在服务投资者的保护方面,而保护外国投资者来华投资的合法利益是中国政府的一贯承诺和基本义务,不应因某项投资涉及的是服务产业还是其他产业而在投资者的保护上采取双重标准。而且基于《服务贸易总协定》商业存在模式的服务属性和投资属性,将其纳入投资章节不会产生不利后果。因此,中国展开自由贸易协定谈判时可以接受美国将《服务贸易总协定》商业存在模式纳入投资章节的做法。其次,针对协定附件中中美之间是否就投资自由化进行承诺的分歧,由于中国目前尚无在自由贸易协定中就投资做出自由化承诺的先例,并且中国的外商投资准入主要依据的是国内《外商投资产业指导目录》,虽然近几年在自由贸易区已经开展通过负面清单的外商投资管理模式放开外商投资,但中国在投资市场准入领域经验还不足,在自由贸易协定中就投资领域贸然做出自由化承诺可能会对我国产生不利影响。因此,中国在与美国展开自由贸易协定谈判时可以采取中国的一贯做法,即在自由贸易协定中不对投资做出进一步自由化承诺,如果此做法不能被美国接受,中国可以在《外商投资产业指导目录》的基础上结合国内产业发展现状对其做出一定修改,并将其适用于自由贸易协定。

第三节　美式和欧式跨区域贸易协定中对混合清单和负面清单的不同运用及原因探究

一、美式和欧式跨区域贸易协定中对混合清单和负面清单管理模式的不同运用

(一)欧盟对混合清单管理模式的运用

欧式跨区域贸易协定中有关服务贸易部门的规定由正文和附件两部分构成,正文部分列明缔约国对服务贸易达成的一致意见,附件列明缔约国对服务贸易所作出的具体承诺。在有关服务贸易具体承诺的附件中,欧式跨区域贸易协定采取了类似于《服务贸易总协定》的管理模式。《服务贸易总协定》所实行的不是完全的负面清单,首先,它以正面清单的形式在承诺中列举了对协定缔约国开放的服务部门,各成员方仅对承诺表中所列的这些服务贸易部门承担可附条件的市场准入义务,而且对国民待遇的适用也仅限于承诺表所列部门,[①]尚未列举在承诺表中的服务部门禁止外国服务提供者的进入,更高水平的服务贸易自由化需要通过多轮服务贸易谈判逐渐实现。其次,在需要对列表中服务部门做出具体限制时采取了“负面清单“的管理模式,除了承诺表中列明的限制,不得对外国服务提供者另外施加对其造成不利影响的措施。

以《欧盟—韩国跨区域贸易协定》为例,欧盟在其对外签署的自由贸易协定中,将不符措施分为3部分:第1部分是附件7-A-1中有关协定第7.7条“服务的跨境提供”的不符措施;第2部分是附件7-A-2中有关协定第7.13条“机构”的不符措施;第3部分是附件7-A-2中有关协定第7.18条和第7.19条“主要员工、毕业实习生、商业服务提供商”的不符措施(见表15、表16、表17)。

---

① 参见张庆麟主编:《国际投资法问题专论》,武汉大学出版社2007年版,第45页。

表 15 欧盟在协定附件 7 – A –1 中对跨境提供会计和簿记服务所存在不符措施的说明

1. 商业服务	所作保留
A 专业服务	
(b)1. 会计和簿记服务	对于模式 1 法国、匈牙利、意大利、马耳他、罗马尼亚、斯洛文尼亚:不作承诺 奥地利:在获完全授权之前需具有本国国籍 对于模式 2 无限制

表 16 欧盟在协定附件 7 – A –2 中对跨境设立机构提供会计和簿记服务所存在不符措施的说明

1. 商业服务	所作保留
A 专业服务	
(b)1. 会计和簿记服务	奥地利:非奥地利会计师协会成员的韩国会计师,所向奥地利法律实体所提供的会计服务和分红不得超过 25% 塞浦路斯:服务的准入取决于经济需求测试。主要标准:该服务部门在国内的雇佣情况 丹麦:外国会计师在与丹麦注册会计师建立合伙会计师事务所之前,必须获得丹麦贸易和公司许可

表 17 欧盟在附件 7 – A –3 中就商务自然人临时入境所存在不符措施的说明

1. 商业服务	所作保留
A 专业服务	
(b)1. 会计和簿记服务	法国:会计和簿记服务协议的内容视经济财政和工业部长与外事部部长所作决定而定,并且居留期最长不得超过 5 年

如表 15、表 16、表 17 所示,欧盟在所签订的自由贸易协定中采取了正面清单和负面清单相结合的模式,体现为市场准入部分采用正面清单模式,不符措施部门采用负面清单模式。在整个附件中所具体列明的服务部门是其允许外国服务提供商进入的部门,并且其所开放的服务领域也仅限于所列明的服务部门。此外,欧盟对协定所作的保留仅限于其在附件已作声明,除此之外,欧盟各成员国不得采取其他限制措施。

(二)美国对负面清单管理模式的运用

美式跨区域贸易协定中有关服务贸易的规定也是以正文和附件两部分进行规定,但形式上与欧式跨区域贸易协定有所差距。协定正文部分列明了缔约方对服务贸易所达成的一致意见,在列明具体承诺的附件部分,美式跨区域贸易协定以负面清单的方式,通过3个附件对服务和投资领域的不符措施进行说明。除在附件中以不符措施明确禁止另一缔约方服务提供者进入的服务部门和存在的限制性措施,成员国不得以市场准入和国内监管措施限制另一缔约方服务提供者在该国或地区所进行的服务贸易相关活动。

美式跨区域贸易协定的负面清单一般包括文本末尾的3个附件:其中附件1列明缔约国现存的对于国民待遇、最惠国待遇、当地存在、经营要求、高管和董事会限制和市场准入方面存在的不符措施,是对现有的限制措施的保留;第二类负面清单列明缔约方有权就对于国民待遇、最惠国待遇、当地存在、经营要求、高管和董事会限制和市场准入有权采用新的不符措施,是对未来可能采取措施的声明,最大限度地拓展了缔约方不符措施的范围。以《美国—韩国跨区域贸易协定》为例,如表18、表19所示。

表18　《美国—韩国跨区域贸易协定》附录I韩国承诺表

涉及部门	建筑服务
涉及义务	当地存在(协定第12.5条)
法律依据	《建筑业规范法》第9条、第10条 《关于执行建筑业规范法的总统令》第13条 《建设交通部关于执行建筑业规范法的部门条例》第2条、第3条 《信息和通信建设法》第14条 《消防系统安装法》第4条 《关于执行消防系统安装法的总统令》第2条 《总务和内务部关于执行消防系统安装法的部门条例》第2条
表述说明	跨境服务贸易。 在韩国提供建筑服务的人在签订合同之前必须在韩国建立办事处。 强制分包系统将适用于注册为总承包商的承包商。此系统将于2008年1月1日废除

表 19 《美国—韩国跨区域贸易协定》附录Ⅱ韩国承诺表

部门	所有部门
涉及义务	市场准入
表述说明	跨境服务贸易。 韩国有权采取或维持任何不违背其按照《服务贸易总协定》第 16 条所作特殊承诺的措施。 在本条下,韩国可对承诺表做如下修改: (1)对未在韩国所作附件 I 中市场准入一栏对模式 1、模式 2 和模式 3 做出保留的部门或子部门所做承诺的修改和对做出除水平承诺清单明确规定的领域外,不受限制的模式 4 的任何部门或子部门所作承诺的修改。 (2)对在韩国所作附件 I 中市场准入一栏对相应的服务提供方式所作限制的任何部门或子部门承诺的修改。 (3)对本附件下所作附录 2 – A 所列任何部门或子部门所作承诺的修改上述所作修改不得限制韩国在《服务贸易总协定》第 16 条第 2 款第 f 项市场准入一栏所作承诺。 为进一步明确,韩国承诺表市场准入一栏的“无”不能被视为变更第 12. 5条的适用

如表 18、表 19 所示,美国在对外签订自由贸易协定时采取了“负面清单“的管理模式。即除了在正文和附件中已明确禁止另一缔约方服务提供商进入的服务领域,其他服务部门均应对其开放。此外,除了在附件中列明的现存不符措施或未来有权采取的不符措施,缔约方不得对另一缔约方服务提供商实施更多限制性措施。

二、美式和欧式跨区域贸易协定分别采取不同管理模式的原因分析

(一)不同承诺方式反映出对不同层次的服务自由化立场

在服务部门涵盖范围方面,采用负面清单的方式可以摆脱《服务贸易总协定》模式下服务项目特定的限制,进一步增加《服务贸易总协定》类型的贸易协定比较不会出现的服务部门。[①] 因此,负面清单的方式可以突破正面清单限制,扩大市场准入程度。

---

① 参见李墨丝:《区域服务贸易自由化的新趋向——基于 GATS 和 NAFTA 类型协定的比较》,载《上海对外经贸大学学报》2015 年第 3 期。

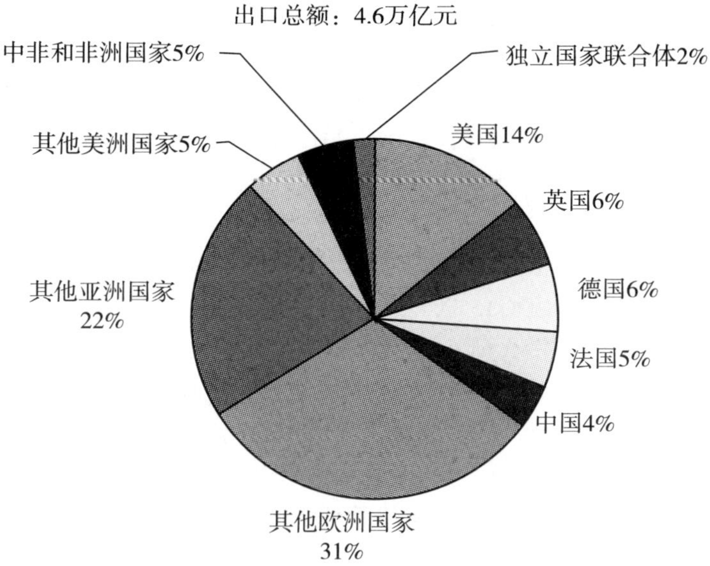

图 2　2013 年美国服务贸易出口情况

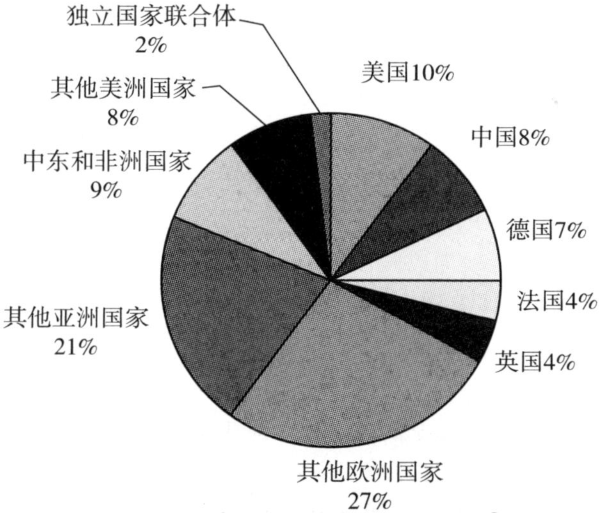

图 3　2013 年美国服务贸易进口情况①

---

① See U. S. International Trade Commission, "Recent Trends in U. S. Services Trade 2014 Annual Report", Accessed September 17, 2016, https://www.usitc.gov/publications/332/pub4463.pdf.

美国国内服务业市场发达，据美国贸易委员会的统计，2013 年美国服务业创造了 10.6 万亿美元的收入，占美国当年国民生产总值的 78%，服务业市场同时提供了占美国总数 87% 的劳动就业岗位，远远超过生产制造业对国民生产总值和就业市场所作贡献。并且自 2008～2013 年，美国服务业市场以每年 1% 的增速逐渐发展。在国际服务贸易市场上，美国也处于强势地位。据世界贸易组织 2013 年所作统计，美国是世界上最大的服务出口商，服务出口额 6620 亿美元，占全世界服务出口总量的 14%（如图 2 所示）。同时美国又是世界上最大的服务进口国，进口服务额 4315 亿美元，占世界服务进口额的 10%，产生 2300 多亿美元的贸易顺差（如图 3 所示）。基于此，美国政府高度重视服务贸易的发展，在对外签订自由贸易协定时坚持积极的自由化立场。力图通过“负面清单”的管理模式进一步扩大市场准入，减少缔约国之间对服务贸易的限制，从而进一步增强其服务产品的竞争力。

（二）欧盟的主权结构使其在选择管理模式时更倾向于混合清单模式

从主权结构上来看，不同于一般的主权国家，欧盟是一个由成员国组成的超国家组织，在对外签订自由贸易协定时是作为一个整体，但是欧盟内部各成员国的经济发展水平存在差别，既包括法国、德国和意大利等发达国家，又包括爱沙尼亚、立陶宛、斯洛伐克等发展中国家。由于经济发展水平的差异，各个成员国对市场准入、国民待遇等事项的所持态度也不完全一致。如果采用“负面清单”的方式进行承诺，除了清单上的禁区，其他行业、领域和经济活动都不得进行保留，难免会遗漏某一成员方的诉求，使其承担更深层次的市场准入义务，或者造成负面清单过长从而失去意义。而采用《服务贸易总协定》模式，首先利用“正面清单”列明准入的服务部门和服务提供方式，再利用“负面清单”在承诺表中对需要保留的事项加以限制，其确定性更高，可以最大限度上满足欧盟成员国的利益诉求，整体上体现各成员国利益。所以在对外签订自由贸易协定时倾向于采用“混合清单”模式。

美国虽然由 50 个州和 1 个直辖特区组成，但其作为一个主权国家，在对外签订自由贸易协定时具有完全的自主性。对于某些特殊的行业例如法律服务，各州存在不同的规定，美式跨区域贸易协定通过在附件 1 现存不符措施中的附录 I－A“地方不符措施”进行声明，既保持了美国作为自由贸易协定缔约国主体地位，使其在对外缔约使尽可能的扩大市场准入、赋予成员国国民待遇、最惠国待遇，同时尊重国内各州的现行不符措施，使签署的自由贸易协定总体上呈现不断发展、开放的趋势。因此，美国在对外签订自由贸易协定时倾向于采用

“负面清单”的方式。

(三)受欧盟和美国缔约历史影响

在谈判实践中采用正面清单或负面清单往往取决于谈判内容、成员方的习惯。在服务贸易领域,《北美自由贸易协定》和《服务贸易总协定》建立了两种不同管理模式的原型。《北美自由贸易协定》是由美国、加拿大、墨西哥于1994年签订的自由贸易协定,其采用了完全的负面清单式的管理模式,而《服务贸易总协定》则采用了正面清单和负面清单相结合的方式。在此以后,美国对外签订了12个自由贸易协定,均延续《北美自由贸易协定》下负面清单的管理模式。而欧盟在对外签订的36个自由贸易协定中一贯地延续了《服务贸易总协定》正面清单和负面清单相结合的管理模式。原因是欧盟一直执著于世界贸易组织各回合的多边谈判,包括最近的多哈回合谈判。因此,欧盟在1999～2006年暂停新的双边自由贸易谈判。直到2006年宣布无限期搁置多哈回合谈判,欧盟执委会才于同年10月提出《全球欧洲》策略性文件。在该文件中欧盟虽承诺尽量完成世界贸易组织多哈回合谈判,但已转向采用签订双边自由贸易协定的途径来替欧盟出售商开拓境外市场。在《全球欧洲》策略的指引下,欧盟自2007年起陆续与加拿大、韩国、印度、东盟国家、中美洲国家以及安第斯共同体国家展开自由贸易协定的谈判。欧盟强调其自由贸易协定是以世界贸易组织为基础,以在不同层级追求贸易自由化为目标。所以欧式跨区域贸易协定不但倾向于遵守世界贸易组织相关规定,且内容将更全面性涵盖服务贸易相关的新领域,因此,在欧盟所签订的协定文本中延续《服务贸易总协定》模式下正面清单和负面清单相结合的方式是欧盟执著于多边回合谈判传统的体现。

《里斯本条约》第47条中规定欧盟应当具有法律人格,自此欧盟被赋予了独立的法律人格。① 在《里斯本条约》生效以前,欧盟在国际事务中不具有独立的法律人格,无法充分施展其在推动多极化和全球化的应有功能,这在一定程度上也影响了欧盟对外自由贸易协定的签署。由于成员国的不同经济发展水平,欧盟在自由贸易协定的谈判过程中,需要平衡各成员国诉求,这也是欧盟一直延续《服务贸易总协定》下正面清单和负面清单相结合管理模式的原因之一。

(四)对欧盟和美国所采取的不同管理模式的总结

在2014年欧盟与加拿大最新签订的《全面经济与贸易协议》(Comprehensive

---

① 参见宋锡祥:《论〈里斯本条约〉的实施及其对中国的启示》,载《政治与法律》2010年第7期。

Economic and Trade Agreement,CETA)中,欧盟引入了负面清单管理模式,其管理模式类似于美国所签订的《北美自由贸易协定》模式。首先,在正文文本中规定了协议适用范围的例外。其次,在文本的末尾通过两个附件的形式对服务和投资领域做出保留,其中附件 1 列明了现存的不符措施,附件 2 列明的成员国将来有权采取的不符措施。《全面经济与贸易协议》在结构上趋向于美式跨区域贸易协定负面清单的格式,取消了欧盟以往采取的正面清单承诺表的模式,但在负面清单的内容上与美式跨区域贸易协定相比上存在较大差距。主要表现为负面清单过长,篇幅长达 700 页,远超过美国近几年与韩国、秘鲁所签订自由贸易协定中负面清单的篇幅。但是作为欧盟所签订的最新的自由贸易协定,《全面经济与贸易协议》是欧盟采取"负面清单"管理模式的一次尝试,并不能由此得出欧盟就此转向"负面清单"管理模式的结论。实际上,欧盟目前所参与磋商的《服务贸易协定》(Trade in Service Agreement,TISA),也是采取了类似于《服务贸易总协定》的"混合清单"而非"负面清单"模式。

由此可以发现,自由贸易协定中不同的管理模式之间并非完全对立,两种管理模式实际上是为实现贸易自由化这一目标而采取的不同手段,其本身并无高下之分,只是基于国家的缔约传统、主权结构、国内市场状况等因素的不同而在形式上所作的灵活变通。虽然"负面清单"管理模式以"开放""透明"著称,但并不是一种完美无缺的制度。一方面,随着技术的创新和发展可能形成新形式的服务,可以称为未来服务。这类服务部门被预测的可能性很低,提前纳入负面清单难度很大,采取"负面清单"管理模式的国家可能面临未来丧失对此类服务监管权的风险。另一方面,采取"混合清单"管理模式,其市场准入程度并不必然低于负面清单,如《欧盟—韩国跨区域贸易协定》附件中的计算机服务部门,其涵盖了《联合国中心产品分类目录》项下所有的计算机及相关服务。因此,从总体上看不同的管理模式有各自的特色,但从具体内容上看,不同的管理模式又各有其优点与不足,在分析自由贸易协定的管理模式时,不能因一个国家采取何种管理模式而武断认定该国家对开放持保守或激进态度,而是应从协定缔约国所作具体承诺进行分析。

三、中国区域贸易协定负面清单管理模式完善建议

中国目前签订的自由贸易协定中几乎均采取了"混合清单"的管理模式,即先以正面清单列明予以市场准入的服务部门,再以负面清单列明存在的不符措

施与例外情况。但2015年中国最新签订的《中国—澳大利亚自由贸易协定》中引入了负面清单的管理模式。

中国在所签订的自由贸易协定中并未尝试采取负面清单的管理模式，但在已建立的上海、广东、天津、福建4个自由贸易试验区（以下统称自贸试验区）中已经开始试点引入负面清单的管理模式。2015年4月8日国务院办公厅印发了《自由贸易试验区外商投资准入特别管理措施（负面清单）》（以下简称《自贸试验区负面清单》），《自贸试验区负面清单》依据《国民经济行业分类》（GB/T4754—2011）划分为15个门类、50个条目、122项特别管理措施，列明了不符合国民待遇等原则的外商投资准入特别管理措施。① 这说明中国已经开始认识到负面清单管理模式的重要性，并将其引入实践。《自贸试验区负面清单》适用于有关外商投资准入的特别管理措施所涵盖的15个门类中9个门类涉及服务部门的投资管理措施。这是中国在市场准入实践中对负面清单管理模式的首次尝试。除此之外，在2015年6月17日签署的《中华人民共和国政府和澳大利亚政府自由贸易协定》中，两国在服务领域达成了高水平谈判成果，澳方成为世界上首个对我以“负面清单”方式作出服务贸易承诺的国家，中方则通过“正面清单”的模式考虑了澳方在银行、证券、电信、法律、教育和建筑等部门的重点诉求，中方将在未来通过“负面清单”模式与澳方开展服务贸易谈判。② 并且据中华人民共和国商务部发布的新闻，2015年6月8～12日，在北京举行了第19轮中美投资协定谈判，在本轮谈判中，双方首次交换了负面清单出价，并正式开启负面清单谈判。③ 另外，在已生效的《中国—韩国区域贸易协定》第二十二章最终条款中，中国和韩国政府就该协定第二阶段的谈判达成一致意见，双方同意基于负面清单模式，制定与第八章“跨境服务贸易”、第九章“金融服务”和第十二章“投资”相关的整合后的保留清单，且第二阶段的谈判应在协定生效之日

---

① 参见国务院办公厅：《自由贸易试验区外商投资准入特别管理措施（负面清单）》，载中华人民共和国中央人民政府网：http://www.gov.cn/zhengce/content/2015－04/20/content_9627.htm，最后访问日期：2016年6月26日。

② 参见《商务部权威解读中澳自贸协定成果》（服务贸易篇），载中华人民共和国商务部网：http://www.mofcom.gov.cn/article/i/jyjl/l/201506/20150601019877.shtml，最后访问日期：2016年6月26日。

③ 参见《第十九轮中美投资协定谈判在北京举行》，载中华人民共和国商务部网：http://www.mofcom.gov.cn/article/ae/ai/201506/20150601010668.shtml，最后访问日期：2016年6月26日。

起2年内开始。[①] 通过中国在《自贸试验区负面清单》中的承诺、中澳自由贸易协定中对负面清单管理模式的尝试和中美双边投资协定以及中国和韩国自由贸易协定的谈判进展来看,中国并不排斥负面清单这一管理模式,并在近几年的时间中呈现出向此模式靠拢的趋势。

分析中国已签订自由贸易协定中对服务贸易所作承诺可以发现中国区域服务贸易自由遵循灵活、渐进的原则。但同时应当注意到的是中国虽然采取了类似于欧盟的"混合清单"的模式,但是与欧盟所签订的自由贸易协定中服务贸易承诺相比其清单太短,列明的开放部门还比较少,市场准入程度较低。以《中国—韩国区域贸易协定》和《欧盟—韩国跨区域贸易协定》中服务贸易的市场开放程度为例,在商业服务部门,中国开放了4个大部门和27个具体服务部门,而欧盟开放的服务部门包括6个大部门和41个具体服务部门。[②] 中国在与欧盟签订自由贸易协定时可能会面临被要求提高市场开放程度。但中国自"入世"以来一致坚持混合清单的管理模式,对在此模式下进行双边磋商有一定基础,并且混合清单中以列表列明开放部门,未列明部分则不予开放的做法有利于中国对服务贸易进入中国市场进行有效控制。如前文所述,除极少数服务部门,占中国服务产业份额绝大多数的服务产业国际竞争力不高,如果贸然开放本国服务贸易市场,有可能造成外国优势服务产业迅速进入中国市场,利用其先进的技术或国际竞争经验对中国服务产业的发展造成不利影响。

同时,中国在所签订自由贸易协定中对服务贸易市场准入所作的承诺与中国在《服务贸易总协定》中所作承诺相比,其市场准入程度难以有实质性突破,某些服务部门所作承诺尚未超过《服务贸易总协定》承诺。以2015年12月20日生效的《中国—韩国区域贸易协定》为例,根据商务部对协定的解读,中国在服务贸易市场准入方面对韩国重点关注的承诺有法律、建筑和相关工程、环境、娱乐、体育和其他娱乐、证券5个部门,其市场准入程度与中国在《服务贸易总协定》中所作承诺相比并无极大改观(见表20)。

---

① 参见《中华人民共和国政府和大韩民国政府自由贸易协定》第二十二章。

② 参见《中华人民共和国政府和大韩民国政府自由贸易协定》附件8-A-2。

表 20 中国在《服务贸易总协定》和《中国—韩国区域贸易协定》中部分服务部门的比较

	《服务贸易总协定》	《中国—韩国区域贸易协定》
法律服务	对模式 1、模式 2、模式 4 无限制。 模式 3 规定韩国律师事务所仅能以代表处的形式提供法律服务。且经营范围被严格限定在 5 种情况下	模式 1、模式 2、模式 4 同《服务贸易总协定》。 模式 3 项下新增:在上海自由贸易试验区设立代表机构的韩国律师事务所在上海自贸区内与中国律师事务所联营或签订协议互派律师。但保留了在《服务贸易总协定》中所作的经营范围的限制。 国民待遇与《服务贸易总协定》承诺一致
建筑和相关工程服务服务	模式 1:不做承诺。 模式 3:合资企业,允许外资拥有多数股权。"入世"5 年后可建立外商独资企业,但外商独资企业经营范围被严格限定在 5 种情况	市场准入开放程度同《服务贸易总协定》; 国民待遇中取消中外合资企业与中国企业不同的注册资本要求
环境服务	该服务大类下包含七项具体服务部门。市场准入限制包括: 模式 1 仅适用于环境咨询服务;模式 3 规定只能够设立中外合资企业,但允许外资拥有多数股权	在准入的具体服务部门和模式 1 环境咨询服务限制上完全保留了《服务贸易总协定》中承诺; 新增:允许环境服务大类七项具体服务部门中的五项具体服务设立外商独资企业; 国民待遇与《服务贸易总协定》承诺一致
娱乐、文化和体育服务	未做承诺	新增:其他娱乐服务;体育和其他娱乐服务的市场准入
证券服务	模式 1:韩国证券机构可直接从事 B 股业务,其他不作承诺; 模式 3:允许韩国证券公司设立合资公司,持有最高不超过 1/3 的股权,从事 A 股、B 股和 H 股的承销交易等活动	模式 1 新增:允许韩国服务提供者提供以下服务:代理买卖证券;提供证券交易建议或投资组合管理服务;托管中国合格境内机构投资者的境外资产。 模式 3 新增:将韩国证券机构持股比例由 1/3 提升到 49%。 国民待遇与《服务贸易总协定》承诺一致

表20中所罗列的5个服务部门是韩国重点关注的承诺,因此中国在服务贸易市场准入谈判中做出较大让步,但将其与中国在《服务贸易总协定》所作承诺相比较可以发现,虽然在市场准入自由化和韩国服务提供者享有的国民待遇上,《中国—韩国区域贸易协定》相较于中国在《服务贸易总协定》中所作承诺自由化程度有所提高,但是此自由化程度的提高程度有限,据此可以推测,除表20所列5个服务部门之外,其他服务部门的自由化程度基本与中国在《服务贸易总协定》中的承诺持平。在中国加入世界贸易组织已经15年的现在,《中国—韩国区域贸易协定》中服务贸易自由化的动因更大程度上是基于中国经济实力的增强,是随着经济增长需求而对《服务贸易总协定》所作承诺的更新。在此过程中,中国在《中国—韩国区域贸易协定》中所作的服务贸易自由化承诺实质上是顺应时代发展变化,在新的历史阶段对服务贸易政策的修正。基于此,中国在《中国—韩国区域贸易协定》服务贸易承诺中虽然给予了对方"更优惠待遇"但并未有突破性进展,这也体现了中国对外签订自由贸易协定稳健和渐进性的特点。因此,中国无须急于摒弃"混合清单"管理模式。

综合以上论述,无论是"混合清单"还是"负面清单",这两种管理模式本身并无优劣之分,混合清单也可以代表高自由化,负面清单也可能由于过长篇幅的原因而导致其失去原有意义。基于中国对服务贸易自由化所持的态度和缔约历史来看,中国对利用"混合清单"管理模式有较为丰富的经验,同时一向秉持渐进式开放的态度,采取此模式对中国较为有利。但随着负面清单在世界范围内的兴起,中国在未来参与自由贸易协定磋商时不可避免地会引入"负面清单"的管理模式。如果中国在谈判中采取了此种管理模式,结合中国《自贸试验区负面清单》的实践和服务贸易现状,可以提出以下建议。

1. 提高清单透明度

比较《自贸试验区负面清单》和美式跨区域贸易协定附件可以发现,美式跨区域贸易协定中不符措施分为两类,即现存不符措施和将来有权采取的不符措施,这保留了协定双方对于敏感服务业的监管权,值得被中国借鉴。另外,中国在清单中仅罗列了存在的特别管理措施,除此之外没有任何相关信息。中国在将来采取负面清单管理模式时可借鉴美式跨区域贸易协定中负面清单的做法,将与不符措施有关的信息披露在清单中。通过有关信息的公开可以使外国服务投资者较为准确地把握中国在服务市场准入上的有关限制性措施并完成法律检索,降低对清单的阅读和理解障碍。

2. 合理调整清单长度

以《自贸试验区负面清单》为例，中国国务院办公厅自2013年每年印发一版《自贸试验区负面清单》，至今已更新到2018年负面清单。上海自贸试验区第一张负面清单特别管理措施有190项，后来不断减少，2018年负面清单只有159项特别管理措施，但特别管理措施数量上的缩减并不完全代表开放程度的提高，例如，2014版负面清单中，删减了"禁止投资色情业""禁止投资博彩业"等内容，但这并不意味着上海自贸区将开放这些领域，而是这些领域的投资，不管是内资企业还是外资企业都采取了一样的限制举措。在2013年版负面清单中，对特殊和稀缺煤类、煤层气、页岩气、硫铁矿、重晶石等行业的勘查、开采均作为两项限制措施，2014年版中将其合并为一项；禁止投资文物拍卖和禁止投资文物商店也从两项合并为一项。从数量上看，中国政府倾向于缩短负面清单长度，但这样的做法存在一定的风险。将多个服务部门合并在一个服务大类中有利于统一管理并缩短负面清单长度，但当代新兴产业发展迅速，一旦负面清单未将其纳入规制范围，外国服务提供商可能借此机会进入中国市场，挤压国内企业发展空间，不利于国内服务业的发展。因此，中国在自由贸易协定谈判中应以兼顾国家产业安全与提高市场自由化为重，无须过分纠结于负面清单的长度，在此可以学习欧盟的做法，欧盟一向采取混合清单的管理模式，但在《欧盟—加拿大自由贸易协定》中采取了负面清单的尝试，在此协定中负面清单的长度达到700页之多，这说明负面清单作为一种管理模式本身不存在或长或短的客观属性，因此在能够具体完整地对不符措施进行表述的条件下，可以考虑对负面清单进行"瘦身"，否则容易产生国家产业安全隐患。

3. 重视国家安全例外条款

国家安全例外已经为许多条约所接受。例如，《关税及贸易总协定》第21条、《服务贸易总协定》第14条均规定有"安全例外"，在双边投资协定实践中，美国等国缔结的双边投资协定采用"根本安全利益"的表述，中国与秘鲁2009年自由贸易协定中的投资规则采用"基本安全利益"的表述。① 通过引入"国家安全例外"可以在当国家发生紧急情况时，采取相关措施，保护国家安全利益。② 同时也可以在当负面清单中出现漏洞时通过原因安全例外条款予以修正，以起

① 参见余劲松：《国际投资条约仲裁中投资者与东道国权益保护平衡问题研究》，载《中国法学》2011年第2期。

② 同上。

到保护国内产业的作用。

第四节 美式和欧式跨区域贸易协定中服务贸易不符措施的透明度比较研究

一、美式、欧式跨区域贸易协定服务贸易领域透明度比较

(一)负面清单较之混合清单透明度更高

美式跨区域贸易协定采用负面清单的管理模式,在透明度方面较为成熟。附录I和附录II分别详细列明了现存的不符措施和成员国将来有权采取的不符措施。并且在清单中对不符措施进行了详细地说明,包括对不符措施所属行业、不符措施涉及义务、实施不符措施的政府层级和实施不符措施的国内法律、政策等合法性依据的说明。其中,不符措施涉及义务包括:市场准入、国民待遇、最惠国待遇、当地存在、经营要求、董事和高级管理人员要求。实施不符措施的政府层级包括中央或区域或地方的政府和机构、行使中央或区域或地方政府和机构委托权利的非政府机构。不符措施所依据的法律、政策等合法性依据包括法典和部门规章,并且精确到某部法典的具体条文。对措施的描述列明了该不符措施涉及的事项,该措施如何与义务不符等(见表21)。

表21 《美国—韩国跨区域贸易协定》附录1:美国针对服务、投资的现存不符措施

部门	商业性服务
涉及义务	国民待遇(协定第12.2条) 当地存在(协定第12.5条)
政府层级	中央政府
措施	《1979年出口管制法修正案》(《美国法典》第50卷第2401~2420条); 《国际紧急经济权力法案》(《美国法典》第50卷第1701~1706条); 《出口管制法》(《美国法典》第15卷第730~774条)
描述	跨境服务贸易 除少数例外,货物,软件和技术的出口和再出口按照出口管制法,需要获得美国商务部工业与安全局的许可。美国人的某些特定活动,无论位于何处,也需要以上许可。同时该申请只有位于美国境内的人才能申请。 另外,在美国境内让外国人接触到受控制的技术将被视为向该外国人所属国出口该技术,因此同样需要工业与安全局的书面授权

分析表 21 可知，美国中央政府对商业性服务部门的国民待遇原则和禁止当地存在要求作出保留，此项保留的法律依据为《1979 年出口管制法修正案》（《美国法典》第 50 卷第 2401 ~ 2420 条）、《国际紧急经济权力法案》（《美国法典》第 50 卷第 1701 ~ 1706 条）、《出口管制法》（《美国法典》第 15 卷第 730 ~ 774 条）。这 通过列明限制措施相关信息的方式为来自另一缔约方的服务提供者提供了明确的指导，透明度较高。

欧式跨区域贸易协定中采用正面清单的管理模式，服务贸易领域规则对未作承诺的服务部门或已作承诺的服务部门中未作承诺的服务提供模式并不具有约束力，且在未作承诺的服务部门或服务提供模式上可能运用的例外措施也不要求一一列出，这意味着欧式跨区域贸易协定具有内在的不透明性。[①] 此外，欧式跨区域贸易协定具体承诺中对于不符措施采取“不作承诺”（unbound）和具体描述相结合的方式，未引入现存不符措施和将来有权采取的不符措施的概念，并且对不符措施的描述上偏向于原则性的概括，缺乏关于国内法规和对服务项目作出保留的政府层级的说明。相较于美式跨区域贸易协定服务贸易领域透明度较低，如表 22 所示。

表 22　欧盟跨境服务贸易承诺表 7 – A – 1

无操作人员的租赁服务	
航空器租赁	对于模式 1： 保加利亚、塞浦路斯、捷克共和国、匈牙利、拉脱维亚、马耳他、波兰、罗马尼亚、斯洛伐克：不作承诺； 对于模式 2： 保加利亚、塞浦路斯、捷克、拉脱维亚、马耳他、波兰、罗马尼亚、斯洛伐克：不作承诺； 奥地利、比利时、德国、丹麦、西班牙、爱沙尼亚、芬兰、法国、希腊、匈牙利、爱尔兰、意大利、立陶宛、卢森堡、荷兰、葡萄牙斯洛文尼亚、瑞典、英国：欧盟国家的航空承运人所使用的航空器必须在欧盟成员国内注册并获许可。在短期租赁合同和例外情况下此项义务可被允许免除

分析表 22 可知，部分欧盟成员国对于以模式 1（跨境提供）、模式 2（跨境消费）方式提供的航空器租赁服务做出保留，但与美式跨区域贸易协定成员国承

---

① 参见周念利：《区域服务贸易协定的多样性及其“GATS +”特征分析》，载《国际贸易问题》2008 年第 5 期。

诺附件透明度相比,该承诺附件仅列明存在的不符措施,缺少和不符措施有关的政府层级、法律条文的说明,透明度较低。

(二)美式跨区域贸易协定中公布义务更加严格

美式跨区域贸易协定正文中含有透明度专章,该章中的“公布”(publication)条款规定缔约方应当公布与本协定所涵盖事项相关的法律、法规、程序及普遍适用的行政裁决,同时应当赋予另一缔约方的利益相关人和另一缔约方对该拟议措施予以评论提供合理的机会,该章普遍适用于投资与服务贸易。近年来,美国所签订的自由贸易协定对于拟议措施有了更高层次的追求,在大多数情况下政府应当在公共评论截止日期之前的一段确定时间内公布拟议法规。例如,《美国—韩国跨区域贸易协定》中第 21.3 条:缔约方应当在不少于公共评论截止日期前 40 日公布拟议法规。《跨太平洋合作伙伴关系协议》中第 26.4 条:缔约方应当在不少于公共评论截止日期前 60 日公布拟议法规。缔约国在公布本协定所涵盖事项相关的文件时,应当在出版物中包含对拟议法规目的和原理作出解释,同时应当在显著位置标明在评论期间收到的重要和实质性评论,并对法规的实质性修改作出解释。最后,透明度条款还包括无论另一缔约方是否曾得到过关于某项措施的通报,应该缔约方要求,一缔约方应及时提供另一缔约方有关现行或拟议措施的信息,并对相关问题进行反馈。

欧式跨区域贸易协定正文中同样包含透明度专章,该章意在追求对在其境内从事商业的经济运营者特别是对小型经营者提供高效和可预测的监管环境,以此为基础,各缔约方重申了各自在世界贸易组织协议下的承诺,为对本协定规定的事项产生影响的范围内就透明度、磋商和更好的管理普遍适用规则制定说明和改进安排。就普遍适用措施而言,其范围包括任何普遍或抽象的行为、程序、解释或者其他的要求,包括非约束性措施但不包括对特定人做出的裁决,各缔约方因此应确保上述和普遍适用措施通过官方媒介、以无歧视的方式、容易被利害相关人得到,在采取该措施时考虑法律的确定性、合法期待和比例原则,在此措施的公开与生效间留有足够的时间并且提供一个关于此措施目标和依据的解释。但是,普遍适用措施并未包含缔约方提前公开的义务,只是原则性地呼吁各缔约方应当努力提前发布(endeavour to publish in advance)打算采用或修改的普遍适用措施,为利益相关人提供合理的机会就计划中措施发表评论,尤其允许为此机会留有足够的时间,并尽力考虑到利益相关人所发表的评论。

由此可知,美式和欧式跨区域贸易协定均要求公布其普遍适用的措施并对该措施的实施目标和依据进行解释，均要求缔约方在拟议措施公开与生效之间留有足够的时间。但美式跨区域贸易协定明确地设定了缔约国提前公布其已采取和拟采取措施的义务和为另一缔约方的利益相关人和另一缔约方对拟议措施予以评论提供合理机会的义务。同时，也为拟议措施的公布设定了不少于40天的时间期限和在官方杂志或者政府官方网站的显著位置表明在评论期间收到的重要和实质性评论的义务。相比之下，欧式跨区域贸易协定在此层面上缺乏严格的规制，仅将公布已采用的普遍适用措施设定为缔约方的一项义务，并未将公布拟采用的普遍适用措施设定为缔约方义务，而是规定缔约方应“尽最大努力”公布拟适用的措施，且只有在缔约方实际公布了拟适用的措施时，利益相关人才有机会对该拟议措施予以评论。这并非缔约国所必须遵守的义务，更倾向于是建立在友好善意基础上对透明度条款发展前景的向往。

（三）质询回应制度不同

除透明度专章外，美式跨区域贸易协定跨境服务贸易专章中对有关法律制定和适用的透明度要求有专门的规定，这要求缔约方在答复咨询时除了需要满足透明度专章中的规定还需进一步建立或维持适当的机制，以答复利益相关方与跨境服务贸易事项相关的法律法规的咨询。如果一缔约方不提供对拟适用的与本章相关的法律法规提出实质性意见的通知，该缔约方应当在尽可能的情况下，书面说明原因。这拓展了透明度章节的适用范围。

欧式跨区域贸易协定中透明度专章要求建立或维持适当的机制（咨询或联络点），回应利益相关人就影响协定含该事项的任何普遍适用的现行或拟议措施提出的咨询。但并未将对咨询的回应明确设定为缔约方所应遵守的义务，协定也声明缔约方承认由咨询或联络点得到的回应可能不明确或者不具有法律约束力，仅供参考。但当另一缔约方提出申请时，应当及时提供信息，并对任何请求方认为可能影响协定运行的、普遍适用的现行或拟议措施相关问题做出回应（不管之前请求方是否已经接到有关措施的通知），不同于利益相关人咨询回应制度，缔约方咨询回应被设定为协定缔约方的一项义务，因此可以说欧盟在透明度咨询回应机制上建立了双重标准（对利益相关人和缔约国的双重标准）。

由此可知，欧式跨区域贸易协定中对于所受咨询进行回应的义务采取了双重标准，即一缔约方应当针对另一缔约方提出申请，对任何请求方认为可能影响协定运行的，普遍适用的现行或拟议措施相关问题作出回应。但该缔约方并无义务针对另一缔约方的利益相关人所提出的申请作出回应。而美式跨区域贸易协定在跨境服务贸易专章中透明度深化条款中规定，各缔约方应建立或维持适当的机制,以答复利益相关方与本章事项相关的法律法规的咨询。

(四)特殊服务部门的透明度不同

在美式跨区域贸易协定中,金融服务章节的内容对透明度做出额外的特殊规定,进一步规定了金融服务相关透明度措施实施的细节。特点表现为其内容包括为利益相关人和缔约方提供适当时机对该法规条例发表意见,当一缔约方提前发布法规条例时应提供一个地址(return adress),无论是电子地址还是其他方式,以便于利害关系方和另一方可以发表意见;申请状态的通知;做出行政决定的期限(120 日);拒绝申请时应当告知其拒绝理由。金融服务中透明度条款使协定中相关透明程序由概念走向实体,由条文转向实践。与之相似,电信服务中的透明度条款反映了类似的趋向。在透明度专章有关发布的基础上,扩大了公布的信息涵盖范围,使其包括规则制定、提交电信监管机构和登记在电信监管机构关税规则的制定、电信服务供应商申请许可证所需的许可标准和程序、对申请许可证所作决定的时间、申请许可证所满足的条件。

在欧式跨区域贸易协定中,监管框架小节虽将透明度条款纳入金融服务,但仅包括一条透明度条款,该条款规定:各缔约方认识到透明化管理金融服务提供商的规定和政策对促进外国金融服务提供商进入彼此市场和在其中运营是十分重要的,每一缔约方承诺提高金融服务监管透明度。① 通过金融服务中唯一出现的有关透明度的条款,该条以“软法”的形式原则性地重申了缔约方提高双边政策透明度的愿望,并未实质上对影响金融服务透明度的措施进行专门规定。

二、美式和欧式跨区域贸易协定服务贸易章节透明度不同的原因分析

首先,从美国和欧盟所签订自由贸易协定的结构上分析,美国在协定中采取“负面清单”的管理模式,欧盟在协定中采取了“混合清单”的管理模式。负面清单具有内在的透明度,因为除了缔约国禁止开放的领域和已声明的不符措施,其他领域均应开放并不得施加更多的限制性措施,另外,负面清单的附件中还包括对政府层级、法律依据的说明,这无形中提高了协定的透明度。相比之下,欧盟在附件中所作承诺按提供方式不同而分为包括 3 个承诺表,并且在承诺表中仅对不符措施进行了描述,并未对做出保留的政府层级和相关法律条文

① 参见《欧洲联盟及其成员国与大韩民国自由贸易协定》第 7 条第 39 款。

做出说明,这是混合清单或正面清单内在透明度较低的体现。

其次,综观美国对外签订的自由贸易协定,协定相对国大多是发展中国家,这种地位格局决定了在国际贸易和投资中美国占据主导地位。在贸易和资本输出方面,发展中国家远不如美国输出力度强,在国内政策的透明度方面,发展中国家的信息公开也较为缺乏规范性,因此美国需要在自由贸易协定中提高透明度的要求,为其贸易的开展和资本的输出提供良好的信息保障。贸易伙伴透明度提高之后,美国是最大的受益者,对透明度的高标准要求实质上是对美国利益的维护,这也是美国通过自由贸易协定和双边投资协定不断强化透明度的根本原因。

三、中国区域贸易协定服务贸易透明度完善建议

目前,中国所签订的自由贸易协定中有关透明度条款类似于欧式跨区域贸易协定中透明度政策。首先,截至目前中国所签订自由贸易协定结构上采用了“混合清单”的管理模式,如前所述,该模式具有内在的不透明性。其次,就提前公布义务而言,中国与欧盟较为类似,仅声明缔约双方将尽可能提前公布其拟议采取的可能对另一缔约方产生影响的法律法规,及为另一缔约方的利益相关人和另一缔约方对该拟议措施予以评论提供合理的机会。但未将其明确为缔约双方的义务。再次,就质询回应制度而言,中国在所签订的自由贸易协定中并未引入此项制度,也就是说基于已签订的自由贸易协定,无论是针对另一缔约方还是另一方利益相关人所提出的质询申请,协定缔约方均无须做出回应,这与欧式和美式跨区域贸易协定中质询回应制度大相径庭。最后,就特殊服务部门的透明度而言,中国在金融服务子部门中有关于透明度的规定,不同于欧式跨区域贸易协定中一笔带过的方式,也不同于美式跨区域贸易协定中高标准的透明度制度,而是在协定透明度章节和服务贸易章节所含透明度条款的基础上为提高金融服务领域透明度做出了相关努力。综上所述,美式跨区域贸易协定透明度标准最高,而欧式跨区域贸易协定和中国对外签订的自由贸易协定透明度相对较低。

因此,中国在与美国和欧盟签订自由贸易协定时,可能与美国就协定服务贸易领域透明度产生分歧。中国在与美国展开自由贸易协定的谈判时首先应当注意到由美国所主导的透明度要求提高更符合美国的利益,所以在于美国谈判的过程中应争取以此条款作为交换条件而争取美国在跨区域贸易协定其他

某些实质性内容的让步,[1]如市场准入自由化或国民待遇方面的让步。

第五节 美式和欧式跨区域贸易协定中自然人流动和承认制度的比较研究

自然人流动是指一成员的自然人(服务提供者)到其他协定成员方境内提供服务,它的特点是服务提供者在外国境内向在该成员方境内的服务消费者提供服务。《服务贸易总协定》将其确定为4种服务提供方式之一,美式和欧式跨区域贸易协定中有关自然人流动的规定通常包含在商务自然人临时入境章节。承认制度是指为使服务提供者获得授权、许可或证明,一成员方承认来自另一成员方的服务提供者在特定国家或地区已获得的教育或经历、已满足的要求或已给予的许可和证明。《服务贸易总协定》中未就承认制度达成统一标准,仅规定此类承认可依据与有关国家或地区的协定或安排实现,也可以自动给予,基于此,各成员方的政府有相当大的自由,他们可以自主选择做出承诺的服务部门和提供方式,自主地对服务贸易的自由化进行限制。此类限制既包括规定准入的自然人类型、限制准入的自然人规模、限制准入的自然人停留时间、严格的资格认证、滥用经济需求测试、工资平等要求、工作许可证制度、对于境外服务提供者的歧视性措施等内容,也包括签证制度和自然人进入东道国或地区后的限制,甚至还包括对不同国家或地区自然人的偏好或歧视、境内法规的地区差异等壁垒。[2] 此类服务贸易壁垒实质上对国际服务贸易产生了限制影响,损害了贸易相对方特别是发展中国家的服务贸易利益。国际服务贸易中自然人流动和成员方对服务提供者资质的承认制度联系密切,缺少对服务提供者资质的承认即实质上剥夺了境外服务提供者通过自然人流动这一模式到境外为服务消费者提供服务的能力。因此,下文对两制度一同进行分析。

一、美式跨区域贸易协定自然人流动和承认制度分析

在《北美自由贸易协定》中,第十六章商务自然人临时入境与自然人流动的

---

① 参见马乐:《国际投资协定透明度要求变化及其启示——以美国实践为考察对象》,载《国际商务研究》2015年第1期。

② 参见金孝柏:《实现我国自然人流动出口利益最大化的路径选择》,载《世界贸易组织动态与研究》2013年第6期。

规定最为直接和密切,该章内容主要规定了成员国的一般义务、临时入境许可相关事项以及对商务人员范围的定义。该协定将自然人划分为 4 种类型:包括商务访问者、商人和投资者、国际公司内部流动人员和专业人士,该分类既包括服务贸易提供者又包括服务贸易领域外的商务人员。在《美国—韩国跨区域贸易协定》和《美国—秘鲁跨区域贸易协定》中,不存在商务自然人临时入境章节,仅有的有关专业人士的规定体现在服务贸易章节下设附件中,且专业人士被限定在一定范围之内,例如,《美国—韩国跨区域贸易协定》中被限定为工程服务、建筑服务和兽医服务,《跨太平洋伙伴关系协定》中,专业人士被限定为工程服务和建筑服务。《北美自由贸易协定》与近年来美国所签订的自由贸易协定中自然人流动制度的不同根源在于《北美自由贸易协定》的区域性,《北美自由贸易协定》是由美国、加拿大和墨西哥 3 个北美洲国家共同签署的,3 国在地理、文化上相近,在经济和人口流动方面互补性强,因此对待自然人流动的态度更为开放。而美国后期所签订的自由贸易协定大多属于跨区域式自由贸易协定,且协定相对国多属于发展中国家,因此对外自然人流动的态度更加谨慎。

在承认制度这一问题上,美式跨区域贸易协定中未就承认制度达成统一标准。协定中再次确认了承认是在跨境服务贸易章节中的自愿行为,一方缔约国有权认可另一方成员采取或维持的与专业服务提供者的许可和专业资质有关的标准或要求。承认可以通过协调、协议或以自发的形式作出。且如果某一协定成员方承认非自由贸易协定成员国的标准,该协定成员方并不因此负有承认另一协定成员方境内标准的义务,因为美式跨区域贸易协定中,并未在承认章节赋予对方成员方最惠国待遇。但在出现这种情况时,该成员方有权在现行协定中增加承认条款或另行缔结承认协定。

美式跨区域贸易协定中对承认采取了“软法”的方式,尽管在专业服务附件和跨境服务章节中对承认制度有详细的规定,但是总体上对外国服务的承认还是取决于国家的自愿。协议中成员方的义务为“鼓励”其各自领土内的相关专业机构发展有关承认的共同标准,并向贸易委员会提出此类建议从而促进缔约国对资质的相互承认或对临时许可程序相互认可。美式跨区域贸易协定中有关承认制度特点体现为,缔约国同意在专业服务领域,鼓励国内相关机构发展相互间可接受的许可和认证标准,以期通过向贸易委员会提出有关专业服务领域外国服务提供者资质认证标准的建议,达成缔约双方在专业服务部门或子部门有关服务提供者资质标准的一致意见。以《美国—韩国跨区域贸易协定》为例,上述专业服务领域涉及的部门主要包括附录 12 – A – 1 中所列的工程服务、建筑服务、兽医服务。同时,双方成员在一年之内建立专业服务工作组,工作组成员由缔约国双方国民组成,目标在于便利缔约国双方在专业服务领域内对跨境服务提供者资质认可方面达成一致意见。

虽然美式跨区域贸易协定中承认制度缺乏一系列具有法律强制约束力的条款,但在机构设置方面的附加承诺却体现了双方有意在资质认可上建立共同标准,这体现为附录 12 – A 中专业服务工作组的职能条文中。工作组应当为专业服务和适当相关的个人专业服务考虑以下事项:(1)促进缔约方相关专业服务主体达成互相认可协定所需要的程序性支持。(2)为专业服务提供者在模式1(跨境交付)下提供服务许可和审批程序的可能性。(3)地方性政府所采取或维持的与第 12.2 条和第 12.4 条不符的措施;不利于互相认可协定达成的措施或者妨碍成员方或服务提供者获得互相认可协定利益的措施。(4)其他与专业服务和有关的涉及双方共同利益的问题。

自协定生效两年内,所设立的工作组应当向贸易委员会报告其工作进展,针对促进相互承认的标准和准则和临时许可提出建议。贸易委员会收到工作组所作报告后,应在合理时间内审查并作出该报告是否与本协定冲突的决定。如果该包含所提建议的报告通过审查,缔约方应当在此报告和相关情况的基础上,在约定的时间内,鼓励其境内相关部门并与其一同推动建议的执行。

总体来看,美式跨区域贸易协定并未正式建立承认制度,仍寄希望于将来的共同认证标准的达成取决于缔约国意愿,同时协定文本中使用了大量的软性语言,如“同意”“发展”“考虑”“鼓励”。但是,协定使承认制度的发展有了程序性框架的约束,尤其是附录 12 – A – 1 中重点发展的工程服务、建筑服务、兽医服务和施加于专业服务小组两年时间之内的报告义务。这表明美式跨区域贸易协定中开始为资质认可共同标准的建立提供程序支持,使专业服务领域的相互承认逐步走上正轨。

二、欧式跨区域贸易协定中自然人流动和承认制度分析

欧式跨区域贸易协定中服务贸易章节包含了独立的商务自然人临时入境小节,该节对商务自然人的临时入境制度进行了全面的规定。其中,所涉及自然人的范围包括主要员工、毕业实习生、商业服务销售商、合同服务供应商、独立的专业人士。关于主要员工和毕业实习生的入境和临时居留时间,公司内部流动人员的期间应长达 3 年,商务访问者为任何 12 个月期间内的 90 天,毕业实

习生为 1 年。并规定除非附件中另有规定，一缔约方不得采取或维持与以上承诺不符的歧视性限制措施。该小节中所涉及的商务自然人均为服务贸易相关的商务自然人，因此可见欧式跨区域贸易协定中对自然人的流动制度更加开放。从具体服务部门来看，欧盟倾向于通过水平承诺和具体承诺相结合对自然人流动做出保留，以《欧盟—韩国跨区域贸易协定》为例，水平承诺中存在的限制性措施包括个别成员国存在的经济需求测试要求、公司内部流动人员、对实习生的限制、对高管的限制。具体承诺中包括具体成员国针对具体服务部门自然人流动所作出的保留，具体参见《欧盟—韩国跨区域贸易协定》中附件 7 - A - 3。此附件显示，欧盟成员国都对自然人流动做出一定程度的保留，但总体上看，欧盟对自然人流动持有较为开放的态度。

关于承认制度，欧式跨区域贸易协定中同样未超过《服务贸易总协定》协定从而建立双边承认标准，协定中仅规定了缔约方应当鼓励其各自境内的相关专业机构，共同发展并且提供给贸易委员会促进全部或部分实现相互承认的建议，通过各缔约方采用的投资者和服务提供者的标准来授权、许可、运行、鉴定投资者和服务提供者。并以此为目的，在贸易委员会下建立由缔约方国民组成的工作组。由该工作组向贸易委员会提出促进全部或部分实现相互承认的建议，其建议尤其应侧重提供专业服务领域实现相互承认和临时许可的建议。建议提交后，贸易委员会应当在合理的时间内审核建议，以确定该建议是否与本协定相一致。当审核认定该建议于本协定相一致，且在各缔约方的相关法规中有充分的相似度时，各缔约方应当由各自的主管当局协商达成一份有关要求、资格、许可和其他法规的相互认定协议，以便相互承认的实施。同时，欧式跨区域贸易协定服务贸易附件中就承认制度声明，欧盟文凭相互承认指令仅适用于欧盟成员国市民，且获批准在某一成员方从事专业服务并不因此获批在另一成员方境内从事该专业服务。

三、自然人流动制度和承认制度总结

通过美式与欧式跨区域贸易协定自然人流动制度的比较可以发现：欧式跨区域贸易协定在自然人流动方面的开放程度最大。《罗马条约》（Treaty of Rome）早在 40 多年前就奠定了欧盟市场一体化的基调，除货物贸易自由化外，还将自然人流动、服务和资本要素的自由流动作为一体化的核心内容。因此，

欧式跨区域贸易协定对于自然人流动的政策比较开明。① 而美国由于本国就业市场和移民政策等因素而对自然人流动的规制则较为严格。

在承认制度上,欧式跨区域贸易协定中有关承认制度的规定反映了相互承认的实现需要依赖于双方成员国的自愿,大量软性规则的适用为缔约国在相互承认进程中留有较大余地,这点与美式跨区域贸易协定承认制度有相似之处。但在发展相互承认机制的规划上,两类自由贸易协定有着明显差别,主要体现为:较之美式跨区域贸易协定,欧式跨区域贸易协定中工作组责任范围涵盖所有专业服务,美式跨区域贸易协定中建立的工作组是"专业服务工作组"(professional services working group),在附件 12 – A 专业服务专章中予以规定,其发展的有关相互承认的建议专注于专业服务,并且在附件中列明工程服务、建筑服务、兽医服务 3 个服务部门,有着明确的管理范围和发展方向。而欧式跨区域贸易协定中所建立的工作组意图发展的相互承认合意范围涵盖整个服务领域。因此,欧式跨区域贸易协定对于承认制度的政策相对比较开明。

四、中国区域贸易协定中自然人流动和承认制度的完善建议

自然人流动是国际服务贸易的提供方式之一,但世界贸易组织多哈回合谈判由于发达国家和发展中国家就自然人流动这一议题上的重大分歧而停滞不前,难以达成统一的国际标准。作为具有丰富人力资源的国家,解决国际服务贸易中自然人流动问题及配套承认问题对我国对外服务贸易的开展有深远的意义。

中国所签订的自由贸易协定中自然人流动制度有 3 个特点。

首先,中国对模式 4 自然人流动的承诺与其他 3 种服务提供模式有较大区别,原则上以水平承诺(horizontal commitments)的方式进行,但在水平承诺中列举出具体的开放部门。水平承诺是相对于部门承诺而言的,是指其中列明的内容适用于附件承诺表中所列的所有服务部门和分部门,判断成员方在协定中的承诺水平时,需要将水平承诺和部门承诺结合起来,才能确定是否存在限制,以《中国—澳大利亚自由贸易协定》为例,协定附件中水平承诺实质上已经包含了所有允许开放的服务部门(见表 23)。

---

① 参见周念利:《区域服务贸易协定的多样性及其"GATS +"特征分析》,载《国际贸易问题》2008 年第 5 期。

表 23　《中国—澳大利亚自由贸易协定》附件 3–B 服务贸易具体承诺减让表

服务提供方式:(1)跨境提供;(2)境外消费;(3)商业存在;(4)自然人移动			
部门或分部门	市场准入限制	国民待遇限制	其他承诺
I. 水平承诺			
本减让表中包括所有部门	(4)除与属下列类别的自然人的入境和临时居留有关的措施外不作承诺: (a)商务访问者每次入境后最长停留期不超过 180 天; (b)对于在中华人民共和国领土内已设立代表处、分公司或子公司的澳大利亚公司的经理、高级管理人员和专家等高级雇员,作为公司内部的调任人员临时调动,应允许其入境首期停留 3 年; (c)合同服务提供者应根据有关合同条款规定被授予居留许可,或首期居留不超过 1 年。 合同服务提供者提供的服务仅限于以下部门: (1)医疗和牙医服务。 (2)建筑设计服务。 (3)工程服务。 (4)城市规划服务(城市总体规划服务除外)。 (5)集中工程服务。 (6)计算机及其相关服务。 (7)建筑及相关工程服务。 (8)教育服务:合同服务提供者应具有学士或以上学位;有相应的专业职称或证书,且具有两年专业工作经验;与其雇主签订合同的中方合同主体应为具有教育服务职能的法人机构。 (9)旅游服务。 (10)会计服务		

由表 23 可知,水平承诺中对自然人流动制度作了总体性的限制,即除属水平承诺中的自然人入境和临时居留有关的措施外不作承诺,同时对自然人入境后停留期作了规定,最后还对合同服务提供者提供的服务部门作出限制,限制

在10个服务部门。以上是中国自由贸易协定自然人流动制度的特点之一。

其次，中国自由贸易协定自然人流动制度突破《服务贸易总协定》框架下，成员方对于自然人流动所施加的种类繁多的限制，特别是其中的经济需求测试和劳动力市场测试，大大提高了自然人流动市场准入承诺的透明度和可预见性。[①] 例如，《中国—澳大利亚自由贸易协定》规定了关于本章项下临时入境承诺，除非在本章附件1中另有列明，否则任何一方不得：(1)对另一方自然人设置或维持签证总数限制；(2)将劳动力市场测试、经济需求测试或其他有类似作用的程序作为临时入境的条件要求。[②]

最后，中国所签订自由贸易协定中引入了自然人流动的便利化措施，《中国—澳大利亚自由贸易协定》第十章第3条加入了快速申请程序，一方应在收到后快速处理另一方的自然人完备移民手续申请，包括办理进一步移民手续的请求或相关的延期。并在可能的情况下，各方应努力为网上提交和办理移民手续提供便利。该快速申请程序的引入对消除自然人流动壁垒能够起到积极的促进作用。

分析中国对外签订自由贸易协定中自然人流动制度可以发现，在自然人流动的承诺水平、自然人流动的类型、自然人流动的透明度和自然人流动的便利化程度方面，中国持有相当开放的态度。这与中国人力资源大国的现状是分不开的，通过双边途径消除自然人流动壁垒有利于中国的对外劳务合作，扩大我国的人力资源优势，从而抵消我国在国际服务贸易中所产生的贸易逆差。为推动我国自然人流动服务贸易出口，中国在与欧盟商谈自由贸易协定时，基于欧盟对自然人的流动的开放态度，我国可以在自然人流动的类型和服务部门上与欧盟协议作进行更深层次自由化承诺，同时加入中国在自由贸易协定中业已建立的自然人流动便利化措施，推动中国的自然人流动出口。与美国商谈自由贸易协定时，基于美国对自然人流动的限制态度，中国可利用类似"早期收获"条款与美国就工程服务、建筑服务、兽医服务部门的自然人流动达成一致，其他服务部门的自然人流动通过后期不断的对话加以推动。同时，中国在与其他发展中国家或地区签订自由贸易协定时也应当注意到自然人流动的开放对我国服务贸易可能产生的影响，作为世界上最大的发展中国家，中国当前面临产业结

① 参见李健男：《论中国与新加坡自由贸易协定对自然人流动制度的突破及其启示》，载《东南亚研究》2010年第3期。

② 参见《中华人民共和国政府和澳大利亚政府自由贸易协定》第十章第4条。

构优化升级和逐步步入人口老龄化时代的潜在危机，中国在国际竞争中也面临来自其他发展中国家的越来越多的挑战。因此，我国在与这些发展中国家商谈自由贸易协定时必须审慎处理自然人流动的问题，预防外籍劳动者的大量涌入。

而就承认制度而言，中国、欧盟和美国均未对《服务贸易总协定》第7条中承认制度作出实质性改革，成员方之间就自然人获得的教育和经历要求，审批和许可条件的相互承认仍是基于各成员方境内法的规定。根据世界贸易组织工作人员报告，[①]尽管有许多区域贸易协定中为承认制度展开磋商指定了专门的机关并制定出磋商时间表，协定中的承认磋商时间表通常以附件的形式存在，其中内容包括成员方就承认制度展开磋商时应遵循的原则、磋商所进行时依据的程序、优先进行磋商的服务部门和优先进行磋商的领域，但目前尚无区域贸易协定就承认制度做出超过《服务贸易总协定》的额外承诺。因此，双边层面是否能够在相互承认问题上取得重大突破还有待观察，以欧盟和美国为例，欧盟成员国希望通过构建欧洲单一市场，以确保该区域内商品、人员、服务和资本的自由流动，但在欧洲单一市场过程中成员国间的承认制度经过若干年的发展尚不成熟，而美国在北美自由贸易协定框架下提出的相互承认机制也未能善终。如果在北美自由贸易区或欧盟这种具有相近的语言、文化并且成员国相互毗邻的状态下，相互承认制度尚不能达成一致，那么结构上更为松散的双边自由贸易协定在统一承认制度的构建上可能会面临更多的问题。因此，中国在相互承认的发展方面应当采取渐进的策略，重视不等于急进，由于我国在相互承认资格协定方面时间的欠缺，对于承认可能带来的影响与后果我们都缺少经验性的认识，因此，从无到有的过程不能急于求成，而应当采取循序渐进的策略。[②]可以先学习美国在相互承认方面的经验，先就技术性要求比较一致且中国国际竞争力较高的的工程服务、建筑服务展开相互承认合作，再逐步扩大到其他服务部门。

---

① See Pierre Latrille and Juneyoung Lee: "Services Rules in Regional Trade Agreements How Diverse and How Creative As Compared to the GATS Multilateral Rules?", *WTO StaffWorkingPaper* ERSD－19,2012.

② 参见杨建勇:《服务贸易中的资格承认法律问题研究》，西南政法大学国际经济法2005年硕士学位论文，第35页。

第六节 美式和欧式跨区域贸易协定中服务贸易监管措施制度比较研究

监管措施在国际贸易间发挥着重要的作用,在各种多边及双边经贸自由化架构下,世界各国之货物关税在过去 70 年间大幅下降。例如,欧盟在世界贸易组织多边自由化架构下工业产品平均实施关税已经降至 4%,而美国已降至 3.3%。① 在这一趋势下,过去由关税形成的贸易壁垒已逐渐由非关税贸易壁垒(在服务贸易领域的非关税贸易壁垒主要表现为服务与投资监管法规)所取代,从而成为影响当前国际贸易往来发展的一大“瓶颈”。

一、世界贸易组织服务贸易壁垒研究

在国际贸易中服务贸易壁垒以两种方式存在,一为世界贸易组织《服务贸易中协定》中第 16.2 条所界定的 6 种市场准入限制措施(见表 24),二为市场准入限制措施以外的其他监管措施。②

表 24 《服务贸易总协定》市场准入限制措施③

《服务贸易总协定》第 16.2 条所禁止的限制措施	举例
无论以数量配额、垄断、专营服务提供者的形式,还是以经济需求测试要求的形式,限制服务提供者的数量	规定在一方境内提供会计服务人员的数量不得超过 × 人
以数量配额或经济需求测试要求的形式限制服务交易或资产总值	规定境外律所提供的法律服务交易额不得超过 × 万元
以配额或经济需求测试要求的形式,限制服务业务总数或以指定数量单位表示的服务产出总量	规定境外律所提供的法律服务业务不得超过 × 件

① See World tariff profiles, Accessed February 11, 2016, https://www.wto.org/english/res_e/reser_e/tariff_profiles_e.htm.

② 参见颜慧欣:《从关税走向非关税自由化之欧盟经贸策略:以欧韩 FTA 之服务贸易监管措施与技术性贸易障碍规范为例》,载《欧美研究》2013 年第 2 期。

③ 参见《服务贸易总协定》第 6 条第 4 款。

续表

《服务贸易总协定》第16.2条所禁止的限制措施	举例
以数量配额或经济需求测试要求的形式，限制特定服务部门或服务提供者可雇用的、提供具体服务所必需且直接有关的自然人总数	规定境外广告公司雇佣的自然人总数不得超过×人
限制或要求服务提供者通过特定类型法律实体或合营企业提供服务的措施	规定境外公司必须设立有限责任公司才能提供服务
以限制境外股权最高百分比或限制单个或总体境外投资总额的方式限制境外资本的参与	规定外资持股比例不得超过×%

《服务贸易总协定》第16.2条所列举的市场准入限制措施包括以数量配额、交易量、设立形态、持股比例的方式限制境外服务提供者进入成员方境内市场，缔约方对上述限制措施的保留需记载于《服务贸易总协定》承诺表中。至于不属于第16.2条所列举的市场准入限制性内容，则属于成员方境内监管措施的范围。为此，《服务贸易总协定》前言中也规定了各成员为实现政策目标，有权对其领土内的服务提供进行管理和采用新的法规。从主权的角度来看，对进入境内市场的服务进行管理是政府职责所在，各个国家或地区为了维护境内服务市场运行秩序，都会基于具体情况制定各种境内管理规则。这些境内管理措施很可能对其他成员方服务提供者进入该地区服务市场产生实质性的阻碍，也就是说即使成员方已承诺开放特定的服务部门，该成员方也可能凭借其境内监管措施，对其他成员方服务提供者在其境内服务市场的经营活动进行不正当阻碍。特别如学者霍克曼梅瑟琳所言，由于绝大部分的服务监管政策或措施存在已久，而《服务贸易总协定》的历史远短于这些措施，因此要在多变贸易框架下消除此类政策措施是一项极难完成的任务。

虽然《服务贸易总协定》赋予成员方享有制定与实施境内监管措施的权利，但是这并不意味着各成员方可以不受限制地行使这一权利。对此，《服务贸易总协定》第6条对成员方境内措施的实施作出了程序性规定：每一成员方应保证所有影响服务贸易的普遍适用的措施以合理、客观和公正的方式实施；应维持或尽快设立司法、仲裁或行政庭或程序，在受影响的服务提供者请求下，对影响服务贸易的行政决定迅速进行审查，并在请求被证明合理的情况下提供适当的补救。[①] 同时在第 3 条中规定了每一成员方应迅速公布有关或影响本协定运用的所有普遍适用的措施(透明度)。除了以上普遍适用的条款外,在《服务贸易总协定》自然人移动附件及金融附件、《金融服务承诺谅解书》和《基本电信参考文件》等个别服务业自愿性多边监管准则中,对境内监管措施也有相关规定。最后,为了保障境内措施的合理实施,在《服务贸易总协定》第 6.4 条的基础上世界贸易组织服务贸易委员会于 1999 年成立境内监管措施工作小组(Working Party on Domestic Regulation,WPDR),该工作组于 2009 年提出《依据〈服务贸易总协定〉第 6.4 条修订境内监管措施准则》的非正式草案,意图为境内措施的实施作出原则性要求。尽管《服务贸易总协定》为规范成员方境内措施的实施作出了一系列努力,但由于《服务贸易总协定》以开放市场自由化为核心,推动管制改革并非其最终目的,其涵盖的有关境内监管措施的规定均注重建立成员方境内措施实施的程序正当性、透明度,并未对境内监管应遵循的原则加以规定。工作组提出的《依据〈服务贸易总协定〉第 6.4 条修订境内监管措施准则》仍在谈判中,即使最终完成,其多边性的性质必然使其内容体现出妥协性。服务贸易涵盖范围广泛,就具体服务部门来看还有不同的服务提供方式,这使得服务贸易的监管难以用一套普遍适用的监管规则加以约束,也就决定了《服务贸易总协定》对消除服务贸易境内监管壁垒所作约束只能是概括和框架性的。因此,各方开始通过在双边自由贸易协定中对境内监管作出规定,作为《服务贸易总协定》下服务贸易境内监管的补充,以消除服务贸易壁垒领域,推动监管革新。

二、欧式跨区域贸易协定中服务贸易监管措施制度

2006 年以前,欧盟的贸易政策致力于深化已有的自由贸易协定,以支持世界贸易组织多哈回合多边谈判为主,并无意开启新的自由贸易协定谈判。但随着多哈回合谈判进展缓慢,加上美国等主要竞争对手加速自由贸易协定的谈判,欧盟在 2006 年采取了新一轮的全球贸易政策,开始积极推动双边自由贸易协定的签订。欧盟传统上推动双边自由贸易协定的重点,多以消除货物关税和服务贸易市场开放为主。但随着国际贸易环境的发展,各国采取国内监管措施以达到贸易保护目的现象愈演愈烈。在欧盟执委会 2011 年发布的报告中提

① 参见《服务贸易总协定》第 6 条。

出,欧盟重要贸易伙伴所采用的非关税贸易屏障,对于欧盟出口产品造成了约960亿~1300亿欧元的负面影响。① 以《欧盟—韩国跨区域贸易协定》,根据欧韩共同研究报告的量化研究结果,可以发现《欧盟—韩国跨区域贸易协定》签订后所产生的经济利益中,约有2/3由韩国享有;而欧盟在其享有的1/3的利益中,主要来自服务贸易壁垒(包含市场开放及服务贸易非关税措施)的消除。② 因此,欧盟在新的贸易政策下,自由贸易协定的主要议题,也就逐渐由关税减让朝向消除如服务贸易市场进入及监管措施等非关税的国内监管措施方向发展。③

在欧式跨区域贸易协定中,监管措施主要体现在服务贸易专章的监管框架(Regulation Cooperation)小节中,其内容一方面包含了相互承认和透明度要求,另一方面包含了规范服务贸易国内规范的法规框架。其对监管框架的规范一方面通过4个条款规定了适用于所有服务部门的一般性适用条款,另一方面规定了特殊服务部门的法规要求。

(一)欧式跨区域贸易协定中国内监管措施和金融服务监管原则

对于国内监管措施的一般性规范,欧式跨区域贸易协定国内规范小节以《服务贸易总协定》第6条为蓝本,要求各缔约方应当在合理时间内通知申请人对其服务提供申请的审查结果;建立或维持司法、仲裁或行政庭或程序,对影响机构、服务的跨境提供或者商业目的自然人存在的行政决定进行调查,并提供补救措施;确保其有关资格要求和程序、技术标准和许可要求的各项措施不构成不必要的服务贸易壁垒。除此之外,国内规范专栏中还将按照《服务贸易总协定》第6条第4款进行谈判的结果或缔约双方都参加的其他多边论坛进行的任何类似谈判的结果,在生效以后,自动归于自由贸易协定项下。此类规范体现了超《服务贸易总协定》的特性,是对《服务贸易总协定》已有规则的深化和提升。

随着国际服务贸易的全球化,跨国或地区合作和制度协调已经成为国际贸易中的一项重要任务。为了强化金融服务的稳定性和可预测性,降低因各国金

① 参见颜慧欣:《从关税走向非关税自由化之欧盟经贸策略:以欧韩FTA之服务贸易监管措施与技术性贸易障碍规范为例》,载《欧美研究》2013年第2期。

② See Eugenia Laurenza and James H. Mathis, "Regulatory Cooperation for Trade in Services in the EU and US Trade Agreements with the Republic of Korea: How Deep and How Compatible?", *Melbourne Journal of International Law* 14, 2013, p. 171.

③ Ibid.

融监管制度不同而导致的风险或漏洞，国际清算银行下设的巴塞尔银监理委员会（Basel Committee On Banking Supervision）及经合组织等国际组织，提出了许多关于金融监管以及防止洗钱、逃税漏税的国际准则。以上机构本身不具有法定跨国监管的权力，所作结论或监管标准与指导原则在法律上也没有强制效力，其鼓励采用共同的方法和标准，但并不强求成员方监管技术上的一致，在法律效力上属于“软法”类型。为了将前述国际金融服务治理准则及标准纳进一步由“软法”转化为具有约束力的规范，部分欧式跨区域贸易协定（如《欧盟—韩国跨区域贸易协定》）要求每一缔约方应在可行的范围内，保证金融服务部门规制和监督以及打击逃税和避税的国际公认标准在其领域内的实施和运用。这种国际公认的标准是，巴塞尔银行监管委员会的《有效银行监管的核心原则》，2003 年 10 月 3 日国际保险监管委员会在新加坡通过的《保险核心原则与方法》，国际证监会组织的《证券监管目标和原则》，经济合作组织的《税务事项交换信息协定》，G20 的《税务目的的信息交换和透明度的声明》，以及《反洗钱的四十项建议》和金融行动特别工作组的《打击恐怖主义融资九项特别建议》。虽然条文中将双方的义务履行限定在“可能范围内”（to the extent practicable），仍赋予了成员方一定的自由裁量空间。但本条至少达成两个目的。首先，缔约方同意该条所列举的相关协定或建议属于推动国内监管措施革新的所应当遵循的国际标准。其次，该条文在给缔约方一定的自由裁量空间的同时，也赋予另一方要求无法落实该标准时向另一方说明原因并保留将来执行该标准的可能性。这使是否采用上述国际标准并非单一地取决于缔约方的单方意志。

近年来，欧盟在推动自由贸易协定时，多在协商过程中，将此类金融监管国际标准与义务纳入服务贸易规范中。在《欧盟—韩国跨区域贸易协定》以前，欧盟所签订的其他的自由贸易协定，有的在洽谈过程中曾提出要求但最终未能纳入该标准，有的最终纳入了此标准，但仅在协定中包含了其中某几项特定标准，迄今尚无如《欧盟—韩国跨区域贸易协定》有如此完整的规范。如前所述，《服务贸易总协定》对影响服务贸易的国内监管措施，重点在于透明度和程序正义方面，对于通过普遍认同的国际标准调整境内服务贸易监管政策，因为涉及主权和国际贸易安全的考量，在《服务贸易总协定》多边贸易体制下未能达成一致。欧式跨区域贸易协定通过在协定中引入金融服务监管国际标准，意图通过缔约国的努力，使其国内监管水平与国际监管标准接轨，以预防金融服务潜在的风险，建立公平自由的服务贸易环境。这是欧盟所签订的自由贸易协定中针对国内监管措施所采取措施的特点之一。

（二）欧式跨区域贸易协定中特殊服务部门的国内监管措施

欧式跨区域贸易协定中除上述适用于所有服务部门的普遍性规则外，对计算机服务、邮政和快递服务、电信服务、金融服务和国际海运服务领域的双边监管合作进行了规定，对电子商务也设立专章对监管合作的内容、目标、应遵循的原则做出规定。上述措施目标在于改善缔约方国内监管环境，避免因缔约国国内服务贸易领域存在的限制性措施减损自由贸易协定的实施。协定中针对具体的服务部门所采取了不同监管措施，如对于邮政和快递服务设定的国内监管措施所应当依据的原则，在一般自由贸易协定中非常少见，具有强烈的超世界贸易组织的性质；对于海运服务和计算机及相关服务部门，欧式跨区域贸易协定通过引入《联合国中心产品分类目录》（Central Product Classification，CPC）阐明了相关服务的分类和范围，消除其不确定性；对于金融服务、电信服务、欧式跨区域贸易协定中则以《服务贸易总协定》及其附件为蓝本，对相应监管原则做出进一步深化，并设定了减少监管壁垒、促进竞争和非歧视的目标，如电信服务监管原则，即建立在世界贸易组织《基本电信参考文件》的基础上。

金融服务部门，欧式跨区域贸易协定中关于国内监管措施的特点之一，在于《服务贸易总协定》审慎监管的例外规定。《服务贸易总协定》下《关于金融服务的附件》中规定，该协定不得阻止一成员为审慎原因而采取措施，包括为保护投资人、存款人、保单持有人或金融服务提供者对其负有信托责任的人而采取的措施，或为保证金融体系完整和稳定而采取的措施。而欧式跨区域贸易协定中有关审慎原则例外的规定进一步深化了《服务贸易总协定》下的规定，在以上条文的基础上新增了“这些措施不应超过实现自己的目标所必要的负担”，至此确立了审慎原则的“必要性审查”原则。也就是指，在某一成员方为审慎原因而采取措施时，必须考量拟采取措施是否为达成国家目标或确保服务品质所必要。因此，欧盟在其所签订的自由贸易协定中为审慎措施的实施设立了更高的标准。此外，欧式跨区域贸易协定的另一特征，在于将《服务贸易总协定》原本属于自愿承诺的金融服务谅解书纳为强制义务的一部分。世界贸易组织框架下金融服务自由化承诺，除《服务贸易总协定》本身规范外，还包括两项金融附件与一项金融服务承诺谅解书。两项金融附件为《服务贸易总协定》规范的一部分，适用于所有世界贸易组织成员方；但金融服务承诺谅解书属于成员方自愿承诺文件，其中提供了更加严格的开放方式和承诺条件。欧盟希望通过将金融附件和金融服务承诺谅解书中的部分内容纳入其对外签订的自由贸易协定中，在若干项目上遵循金融服务承诺谅解书所设立规范，提高金融服务领域开放的质量,这也与欧盟在多边领域强调各成员方应当接受金融服务承诺谅解书的呼吁相一致。但在多哈回合谈判尚未完成的情况下,欧盟仅能通过推动双边自由贸易协定的方式,提升对金融服务的规范程度。

邮政及快递服务部门,对邮政及快递服务的监管原则进行规定是欧式跨区域贸易协定的特点之一,以《欧盟—韩国跨区域贸易协定》为例,协定中规定自协定生效 3 年内,为确保邮政和快递服务在每一方中不被预先垄断,贸易委员会应列明适用于此类服务的监管原则,以解决如反竞争行为、普遍服务、个人许可和监管机构性质的问题。此外,该协定与金融服务附件中,对邮政服务提供者向社会公众提供保险服务进行了特别规定,要求缔约双方应当确保,由其领域内邮政服务提供者所提供的保险服务,相对于私人保险公司并不享有竞争优势。《欧盟—哥伦比亚和秘鲁跨区域贸易协定》中对有邮政及快递服务的监管框架也设有专章,主要体现为:各缔约方意图采取和维持的普遍服务义务必须以一种透明的、无歧视的、竞争中立的方式实施;各缔约方在审查个人许可时,必须做到信息公开,程序正义。

目前,绝大多数世界贸易组织成员方均未放开邮政服务的市场竞争。而欧盟近年来将邮政服务市场改革,通过 3 次《邮政指令》列为自由化的优先发展对象。在初期阶段,成员国被要求改革其邮政服务专营的市场结构,并以渐进的方式,限缩属于专营服务的范围,同时引入竞争机制。随后欧盟于 2008 年第三次公布《邮政指令》,要求占欧盟邮政市场营业额 95% 的主要国家,自 2011 年 1 月 1 日起废止邮政专营制度,并全面开放市场准入(其余国家可以延迟至 2013 年)。除放开邮政服务领域竞争之外,欧盟第三次《邮政指令》(Directive 2008/06/EC)在促进竞争的监管措施方面也有许多规定。首先,该指令第 7.2 条要求欧盟成员国必须定义属于邮政普及服务的范围,并通过政府采购程序,由中标商提供该普及服务。其次,邮政普及服务的收费必须以成本为参考,必须透明且非歧视;对于因提供普及服务产生的营业收入应当建立独立的会计制度进行核算;对同一公司非普及服务业务进行交叉补贴时,其补贴额度必须以为达成普及服务业务为限。最后,为促进邮政服务的竞争,欧盟第三次《邮政指令》引入了竞争法上“关键设施”(essential facility)的概念,赋予成员国主管机关,针对属于普及服务范围内的邮政基础设施或服务,要求提供透明度和非歧视开放使用规则的权力,并通过事前管制的机制,由主管机关核定其开放竞争对手使用的价格和非价格条件。

在开放邮政服务竞争的多边层面上,欧盟曾于 2005 年向世界贸易组织提出一份邮政服务监管原则参考文件，但并未获得成员国的支持。因而在《服务贸易总协定》框架邮政服务业竞争欠缺规范性的情况下，欧盟意图通过自由贸易协定的方式，将以上欧盟促进邮政服务业竞争的监管框架，推广到主要贸易国，从而作为解决除市场准入外国内监管壁垒问题的手段。

电信服务部门，欧式跨区域贸易协定中非常详细地规定了电信服务监管措施，并在某些领域引入或深化了《服务贸易总协定》关于电信服务的附件中有关电信服务监管措施的规定。例如，在电信监管当局行使职权时所应遵循的透明度要求，这一规定是对电信服务附件中成员国应遵循的透明度要求的深化。另外，协定中还新增了对提供电信服务授权的相关规定。

上述电信服务监管措施在协定中主要表现为以下几点：首先，各缔约方应当努力简化电信服务的授权程序；①对于可能产生频谱、号码和路权归属纠纷的事项保留施加许可证限制的权力，但缔约方在行使此权力时应当公开获得此许可证所需的所有许可标准以及做出申请决定所需要的合理时限；对于申请许可而需要的申请费应不得超过所需的行政成本；并在拒绝申请时应当应要求书面提供给申请人。其次，对于携号转网，协定规定各缔约方应保证其境内的公共电信传输服务供应商（语音互联网协议服务供应商以外），在技术可行范围内，在合理的条款和条件下提供携号转网。最后，协定还对电信服务争端的解决设立了标准，服务供应商一方面有权对监管当局行使追索权，另一方面当电信服务提供者之间产生争端时，相关监管当局应在争端任何一方请求下，在尽可能最短且合理的时间段内做出有法律约束力的决定。如果服务提供商不服该决定，还将有权提起上诉或申请司法审查。

关于国际海运服务部门，欧式跨区域贸易协定中对缔约国就国际海运服务应采取的监管措施作出规定。一方面，规定了国际海运服务章节的适用范围、定义和原则；另一方面，设定了缔约国国际海运服务市场和贸易无限制准入义务，允许另一方在其境内以不低于本国服务提供商或给予任何第三方的服务提供商的待遇建立国际海运服务提供商，且在使用港口服务时享有非歧视待遇。

---

① 参见《欧洲联盟及其成员国与哥伦比亚共和国、秘鲁共和国自由贸易协定》第 143 条第 2 款。

三、美式跨区域贸易协定服务贸易监管措施制度研究

(一)美式跨区域贸易协定中国内监管措施

美国对外所签订的自由贸易协定并未通过设立“监管框架”专章的方式对服务贸易领域的监管框架作出规定,有关国内监管措施的监督和实施主要依靠根据“机构规定和争端解决”章节所建立的联合委员会。该联合委员会承担监督本协定实施的职能,其中包括缔约方境内措施的实施。

美式跨区域贸易协定跨境服务贸易章节包含一个“国内法规”章节,该章节中对于缔约国对服务提供的授权程序作出规定。同时,“国内法规”章节中规定缔约国的主管机构应在服务供应商递交完整的申请后的合理时间内将有关申请的决定通知申请人,并应申请,及时提供关于申请状态的信息,但该规定不适用于协定附件2中关于服务和投资的不符措施,由于美式跨区域贸易协定中附件2列明了缔约方将来有权采取的不符措施,因此该规定为缔约方采取境内措施留有很大余地。

“国内法规”小节同时规定了缔约方应采取措施保证相关资质要求和程序、技术标准和许可证要求的各项措施不致构成不必要的服务贸易壁垒,其所采取的措施的实施应当依据客观的和透明的标准(如提供服务的能力和资格),并且在其许可程序中,该程序本身不对服务的提供产生限制。该条款采取了类似于《服务贸易总协定》第6条第4款的规定,但未设立对其所采取措施的必要性审查。必要性审查,是指在某一成员方为审慎原因而采取措施时,必须考量拟采取措施是否为达成目标或确保服务品质所必要,此原则要求缔约方在采取境内监管措施时必须受到必要性的约束,从而为缔约方实施境内措施设定了更高的标准,而美国对外签订的自由贸易协定中为设立此原则。由此可知,美式跨区域贸易协定中有关国内措施的规定并未超出《服务贸易总协定》框架的限制,在有关许可证的获得相关的国内措施可能造成的贸易壁垒消除上并无实质性创新。

除此之外,美式跨区域贸易协定中“国内法规”小节还规定如果与《服务贸易总协定》第6条第4款(或者任何相似的缔约方都参加的其他多边协议)有关的协商结果生效,那么自由贸易协定缔约方应当经过适当磋商,使以上协商结果适用于自由贸易协定。该条规定同样反映了美国在对外签署自由贸易协定时,意图将《服务贸易总协定》中有关境内措施的规定纳入协定,并无意于追求

更高程度的国内监管标准。除此之外,《服务贸易总协定》在第6条第2款第b项规定,在确定一成员是否符合妥善实施国内措施的义务时,应考虑该成员所实施的有关国际组织的国际标准。该条款将有关国际组织的国际标准纳入境内监管措施正当与否的判断中,从而极大地提高了国内监管措施的普适性和国家化,为消除服务贸易非关税壁垒具有明显的促进作用。但是,美国对外签订的自由贸易协定中并未提及在考量国内监管措施时应当考虑的国际监管标准。

(二)美式跨区域贸易协定中特殊服务部门的国内监管措施

美式跨区域贸易协定中对于电信服务、金融服务有专章规定,但仅在电信服务中对国内监管措施的规定较《服务贸易总协定》规定有所突破,下文将着重叙述电信服务领域国内监管措施,将金融服务领域的监管措施放在下节美式欧式跨区域贸易协定国内监管措施比较研究中。

首先,美式跨区域贸易协定中电信服务章节对"有关技术和标准的措施"进行了说明,其特点在于文本中采用了《世界贸易组织贸易技术壁垒协议》(Agreement on Technical Barriers to Trade of The World Trade Organization)中的某些规定,如《美国—韩国跨区域贸易协定》第14.21条第2款规定,缔约方可采取措施限制公共电信或增值业务的公共电信供应商用以提供给其服务的技术或标准,前提是该措施基于实现合法的公共政策目标,并且不会以起草、采纳、实施法案的方式形成不必要的贸易壁垒,此条规定与《世界贸易组织贸易技术壁垒协议》第2条第2款的规定一致;《美国—韩国跨区域贸易协定》第14.21条第4款规定,各成员应按照产品的性能而不是按照其设计或描述特征来制定技术法规,此条规定也是与《世界贸易组织贸易技术壁垒协议》第2条第8款的规定完全一致。

其次,美式跨区域贸易协定中电信监管措施另外一个特点表现为,如果某一缔约方采取了强制使用特定的技术或标准的措施,或以其他方式限制供应商选择技术的能力,以此来限制电信或增值服务时,应当满足额外的法律标准,如缔约方只能在经过正当的程序(rule-making process)确定市场份额不够或者合理预期无法达到合法的公共政策目标,并且证明采取该替代措施或标准可以实现缔约方合法公共政策目标时才能采取以上措施。而且在采取这项措施后,为电信或增值电信服务或设备供应商提供机会,来要求缔约方证明其所采取的以上措施已有效、合理地达到缔约方的合法公共政策目标。本条规定严格限定了缔约方采取境内措施的条件,使电信服务领域国内监管措施有了明确的适用标准,为电信服务提供商在缔约方境内的经营提供保障。

最后，电信服务章节还要求建立独立的电信服务监管机构，该监管机构应当与公共电信服务供应商分离，且不对其负责。监管机构不得持有电信服务供应商的股权或保持其在任一供应商中的作用，其监管决策和程序，包括有关许可决定和程序、与公共电信网络和服务互联、关税，以及非政府公共电信服务范围的分配，对所有市场参与者都公平公正。

四、对美式和欧式跨区域贸易协定服务贸易监管措施的总结

通过对美国和欧盟对外签订的自由贸易协定进行分析，可以发现在服务贸易的监管措施方面，两者具有以下不同。

（一）国际金融服务治理准则和标准

欧式跨区域贸易协定中为了将国际金融服务治理准则和标准，由"软法"进一步转化为具有拘束力的规范，在协定中要求缔约双方应当在可能的范围内，对于金融服务业的监管框架上遵循国际所认同的标准，并在协定中明确列明国际社会所认同的标准。而美式跨区域贸易协定中未涉及此类标准。

（二）必要性测试制度

《欧盟—韩国跨区域贸易协定》第 7.38 条为金融服务的审慎例外，其规定了双方出于对投资者、储户、投保人等或为保护国内金融体系的完整和稳定性可以采取措施，但该措施的实施不能超过实现自己的目标所必要的负担。从其规范意义上看，《欧盟—韩国跨区域贸易协定》对特定监管措施是否合理，将要从"是否必要"来加以考量。如果该措施属于达成国家目标或确保服务品质所必要，并且没有可替代的较低的限制措施存在，那么无论该措施多么严苛，仍然应当被认定为合法。反之，如果该措施并非为达成确保服务品质所必要，并存在可替代的较低的限制措施，那么即使缔约国所采取的措施比较宽松，仍应认定为严苛。而相比之下《美国—韩国跨区域贸易协定》对并未提及必要性审查制度。

（三）邮政和快递服务的监管措施

欧盟在对外签订自由贸易协定时将其境内法制改革的经验，作为其自由贸易协定相对国邮政制度管制革新的方向，显现出欧盟逐渐通过自由贸易协定，进入世界贸易组织基本上不介入的国内监管制度革新的领域。而相比之下，美国并未体现此监管措施革新倾向。

（四）特殊服务部门的监管措施

通过分析两类协定文本可以发现，欧式跨区域贸易协定相对于美式跨区域

贸易协定对特殊服务部门的国内监管措施采取了更为全面的规制。美式跨区域贸易协定中含有电信服务、金融服务、电子商务3个特殊服务部门，但仅在电信服务章节中设立了监管准则。相比之下，欧式跨区域贸易协定中设立了缔约国针对计算机服务、邮政和快递服务、电信服务、金融服务、国家海运服务和电子商务所采取监管措施时应遵循的准则，其所建立的监管框架涵盖内容广泛，包括对存疑的服务范围的阐明，设立了最低监管干预的目标，并确立了促进竞争和非歧视的基本原则。例如，电信服务和金融服务章节吸收并深化了《服务贸易总协定》既存规则；邮政和快递服务章节设立了最低监管干预的目标；计算机和国际海运服务章节对目前在世界贸易组织层面尚未确定的以上服务的范围和定义做出了规定。

通过以上比较可以发现，欧盟对于监管措施采取了更为严密的规定，在既有国际规则的基础上进一步提供了监管革新的思路与实践。

五、中国区域贸易协定服务贸易监管措施完善建议

目前，中国在所签署的自由贸易协定中有关监管措施的规定在形式上与美国的做法类似。也就是说，中国所加入的自由贸易协定服务贸易章节并没有明确设立监管框架小节，有关监管措施的的内容散见在服务贸易章节的国内法规小节。因此，中国在与美国、欧盟签订自由贸易协定时应当注意以下问题。

（一）中国在对外签署自由贸易协定时是否应当引入国际金融服务治理准则和标准

欧盟在监管框架中引入了如《有效银行监管的核心原则》《保险核心原则与方法》《证券监管目标和原则》《税务事项交换信息协定》等国际治理标准，这体现了欧盟原则导向监管的监管模式。而美国则是实行规制导向监管模式的代表性国家。[①] 在中国，金融服务业受到严格的管制，新的金融监管规范也层出不穷，因此中国的金融监管更趋向于规范监管模式。规范监管模式优点在于监管明确、针对性强，有利于金融服务业的监管，但由于法律规则具有其内在的滞后性，既有的监管规则难以匹配日新月异的金融市场，可能会造成监管的缺位。我国在自由贸易协定中是否应引入体现原则监管模式的国际标准应从我国金融监管体制发展实践出发，但从我国金融市场的管理实践上分析，目前学习欧

① 参见杨忠君：《巴塞尔协议框架下的中国银行业监管》，西南财经大学政治经济学2011年博士学位论文，第163页。

盟的管理模式还为时过早。一方面,监管机构开展风险监管的经验还不丰富,金融机构的全面风险管理水平有待提高;另一方面,绝大部分监管人员属于参照《中华人民共和国公务员法》管理的国家工作人员,其招录条件、程序并不完全适应监管工作的需要,薪酬待遇也与监管对象存在较大差距。在这种情况下,监管机构无法灵活应对市场环境的变化,应及时调整监管经费支出和监管队伍的规模、结构。[①] 因此,中国在对外签订自由贸易协定时不能贸然采取欧盟做法,将金融监管的国际标准引入协定。

(二)中国在对外签署自由贸易协定时是否应当引入监管措施的必要性测试

《服务贸易总协定》第6条第4款设定了境内规制的一般性标准:成员方所实施的许可要求、资格要求和技术标准不得构成不必要的服务贸易壁垒。但该条款只是模糊的总领性规定,实际操作性较弱,在世界贸易组织争端解决过程中,至今尚无直接适用《服务贸易总协定》第6条第4款判断国内措施是否造成不必要的贸易壁垒的先例。[②] 我国目前在所签订的自由贸易协定中也并未引入必要性测试制度,其规定了尽管有服务和投资章节的规定,但是不得阻止一缔约方为审慎原因而采取或维持措施,为保护投资人、存款人、投保人、保单持有人或金融服务提供者对其负有信托责任的人而采取的措施,或为保证金融体系完整和稳定而采取的措施,[③]该规定并未将成员国监管措施的实施限定在确实必要的前提下。结合我国服务业发展现状来看,目前我国国际服务贸易总体上竞争力不强且进口大于出口,在国际服务竞争中尚处于劣势。此外,服务贸易因其无形性、流动性、广泛性导致相应的国内监管措施会有一定的滞后性,缺乏及时必要的监管会造成国家服务市场安全隐患。最重要的是,目前国际上对"必要性测试"这一制度缺乏统一的认知,对"必要性"的定义也大相径庭,这会产生此制度在适用过程中的不确定性。因此,我国在对外签订自由贸易协定时可考虑暂缓引入"必要性测试"制度,保留国家在实施国内监管措施的自主权。

---

① 参见刘轶:《金融监管模式的新发展及其启示——从规则到原则》,载《法商研究》2009年第2期。

② 参见王衡、柯杨:《〈服务贸易总协定〉国内规制实体规则缺陷及应对》,载《法学》2012年第9期。

③ 参见《中华人民共和国政府和大韩民国政府自由贸易协定》第9条第5款。

（三）中国在对外签署自由贸易协定时是否应当引入除金融、电信服务外其他服务部门

如上所述，欧盟意图通过自由贸易协定的方式，将欧盟促进计算机服务、邮政和快递服务和国际海运服务业竞争的监管框架，推广到主要贸易国，从而作为解决除市场准入外国内监管壁垒问题的手段。中国在与欧盟就自由贸易协定展开磋商时应对欧盟在协定中特殊提及的几类服务区分对待：对于计算机及相关服务而言，欧盟监管框架中相关内容主要对该服务的范围进行了规定，未涉及实体义务，因此，我国可以在协定中对这种做法予以借鉴；对于邮政和快递服务，欧盟监管框架中相关内容旨在促使成员方列明适用于该类服务的监管框架原则，也未涉及成员方构建统一监管措施标准的义务，因此，我国可以借鉴这种做法；对于国际海运服务，欧盟监管框架中相关内容既涉及市场准入实体承诺，又涉及国家所采取监管措施的承诺，而从我国对外签订自由贸易协定中就海运服务所作的具体承诺来看，在海运服务的市场准入和监管方面，我国和欧盟相比尚有较大差距，因此，我国在与欧盟缔约时应当对此部分的内容根据我国海运服务业的现状加以修订。

第七节　美式和欧式跨区域贸易协定中视听服务的不同规定及原因探究

依据《服务贸易总协定》中所采用的服务分类清单（Services Sectoral Classification List，SSCL），视听服务（audiovisual services）是通信服务大类下所包含的一个服务项目，具体包括：电影和录像生产和分销服务、电影放映服务、广播和电视服务、广播电视传输服务、录音服务、其他服务。按照以上定义，可以将视听服务概括为制作、分销、传输和播放视听产品的行为和活动。[①] 由于视听服务涉及文化产业，视听服务市场的开放不仅会极大地促进文化交流，同时还会影响成员方的传统文化，对文化多样性产生威胁，所以各国对本国视听服务市场的开放持有不同态度。在《服务贸易总协定》尚未生效以前，《关税及贸易总协定》第4条已对电影产品的贸易进行了特殊规定，即缔约国可以建立或维持有关电影片的国内数量限制条例，并无义务开放其本国电影市场，在《服务

---

① 参见任毅：《GATS下境外视听服务市场准入制度研究》，西南政法大学国际法学2008年硕士学位论文，第3页。

贸易总协定》的谈判中，虽然视听服务形式上被纳入其服务贸易自由化的框架之内，但有关视听服务的市场准入还是依赖于成员国所作的具体承诺，从缔约国的具体承诺结果上看，仅有12个世界贸易组织成员方在该部门提出特定承诺，且均不同程度地以市场进入限制以及国民待遇条件等方式，限缩其承诺范围。① 这说明世界贸易组织成员国对于视听服务的市场准入具有较大分歧，其中美国和欧盟对于视听服务的分歧最为激烈，这一分歧也直接反映在美国和欧盟对外签订的自由贸易协定当中。

一、美式和欧式跨区域贸易协定中对视听服务的不同规定

美国所签订自由贸易协定中服务贸易章节所列明的不符措施并不包括视听服务，在附件中也未就视听服务的市场准入排除在其所作承诺之外，因此对于视听服务美国表现出积极的自由化态势。而欧盟在其所签订的自由贸易协定中却将视听服务排除在服务贸易范围之外，以《欧盟—韩国跨区域贸易协定》为例，该协定第7.4条和第7.10条范围和定义中明确表示视听服务不适用于服务贸易章节中服务的跨境提供和机构小节，此外在协定附件中7－A－1（欧盟对以模式1和模式2方式提供服务所做的具体承诺）和7－A－2（欧盟对以模式1和模式2方式提供服务所做的具体承诺）中也未包含视听服务，这反映出欧盟对视听服务的自由化所持的保守态度。在欧盟目前正在与美国磋商的《跨大西洋贸易及投资伙伴协议》和正在与日本磋商的自由贸易协定中，视听服务的市场准入仍是欧盟与美国和日本争议焦点之一。

二、美式和欧式跨区域贸易协定中对视听服务持不同态度的原因探究

（一）美国视听服务开拓外国市场的需要

美国对于视听服务所持的强烈的开放态势主要源自其国内发达的视听服务市场。2014年美国国际贸易委员会所作的服务贸易报告指出，自2008年以来，美国视听服务的出口一直大于进口，长期处于贸易顺差地位。② 如表25所示，美国所提供的视听服务几乎占据世界视听服务市场份额的1/3，居世界首

① 参见何琼等：《视听服务贸易中的文化政策争议——“GATT 1947”第4条引发的思考》，载《世界贸易组织动态与研究》2006年第12期。

② See Congress of American："Bipartisan Congressional Trade Priorities and Accountability Act of 2014", Accessed June 26, 2016, https://www.congress.gov/bill/114th-congress/senate-bill/995/text.

位，而且在视听服务的创收额和市场份额占比上远超排名第二的中国，是第二名的3.7倍，在国际视听服务市场一家独大。因此，一方面，美国在《服务贸易总协定》多边谈判中强烈要求将视听服务纳入服务贸易自由化框架；另一方面，在签订自由贸易协定时也主张将开放视听服务市场，以《美国—韩国自由贸易协定》为例，美国和韩国在附件1和附件2中均未就视听服务做出任何限制，而在《美国—秘鲁跨区域贸易协定》中，虽然秘鲁在附件中对美国视听服务所享有的国民待遇和经营要求作出一定保留，但美国仍全面放开其视听服务市场，表现出了极大的自由度。

表25　视听服务：世界排名前十位的国家（2012年）①

国家	估计收入（百万美元）	估计市场份额（%）
美国	9782	28.3
中国	2706	7.8
日本	2446	7.1
英国	1743	5.0
法国	1677	4.8
印度	1594	4.6
德国	1328	3.8
韩国	1293	3.7
俄罗斯	1182	3.4
澳大利亚	1166	3.4
前10位总额	24,917	72.0
其他国家或地区	9684	28.0
总额	34,601	100

① See Congress of American: "Bipartisan Congressional Trade Priorities and Accountability Act of 2014", Accessed June 26, 2016, https://www.congress.gov/bill/114th-congress/senate-bill/995/text.

(二)美国、欧盟进出口量的考量

如图4所示,从美国视听服务的出口对象上看,英国是美国最大的视听服务进口国,进口视听服务价值39亿美元,占美国出口视听服务总量的24%,其他重要的进口市场包括加拿大(1.5亿美元)、荷兰(1.4亿美元)、德国(1.2亿美元)、澳大利亚(0.906亿美元),在2012年,欧洲业已成为美国视听服务的最大的区域性消费群体,其进口的视听服务占美国视听服务出口量的61%。并且随着英语逐渐被接受为国际性语言、宽带网络的普及、多媒体渠道和平台的拓展和3D多功能影院的硬件升级,如时代华纳、维亚康姆、华特迪士尼此类的视听服务巨头所创造的视听服务将进一步拓展欧洲和世界市场,与此同时其创造的巨额利润也会使此类公司有充足的资金来巩固其业已建立的视听服务销售网络,使其与竞争对手相比能够以更加低廉的成本对外推销其视听服务。但相比之下,欧洲所提供的视听服务仅占美国视听服务进口量的21%,美国视听服务的进口额在2012年约为26亿美元,其中进口的视听服务主要来自巴西,进口金融达到12亿美元,占美国视听服务进口份额的45%。位列巴西之后的视听服务出口国包括英国4.43亿美元(17%)、墨西哥3.16亿美元(12%)、阿根廷1.99亿美元(8%)和委内瑞拉1.39亿美元(5%)(见图4、图5)。相比于欧洲巨大的进口额,欧洲国家所创造的视听服务在美国市场并无优势。

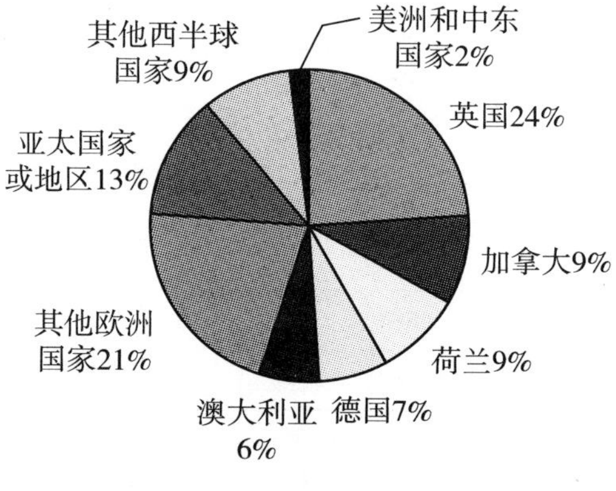

图4 美国视听服务主要出口国

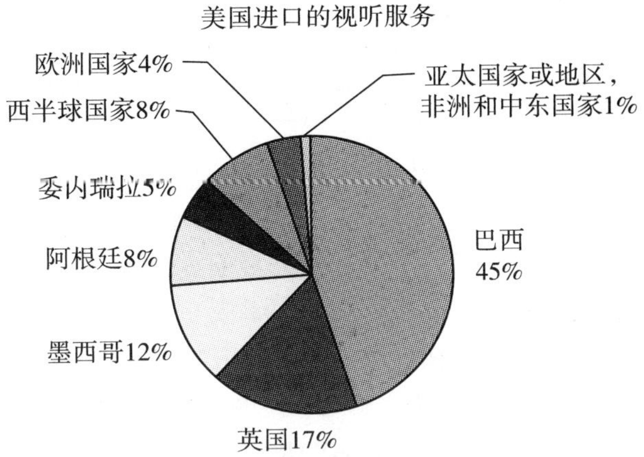

图5　美国视听服务主要进口来源国①

（三）欧盟文化政策的影响

由于文化产业的敏感性和特殊性，欧盟援引其内部的“文化例外”而不对视听服务的进一步开放做出相关承诺。② 相比与美国，欧盟援引文化例外对视听服务部门的市场准入持消极态度，这与欧盟所坚持保护欧洲文化有密切的联系，欧盟对于视听产业持保守态度来源已久。在欧共体时期，《罗马条约》中并没有明确的文化政策，但欧共体各国已经认识到文化合作的重要性，有关文化合作和交流的事项开始体现在成员国和欧委员的声明和文件中。欧盟成立以后，共同体成员国意识到文化领域的合作已经成为推进欧洲一体化的一个必备要素，这也反映在《马斯特里赫特条约》中。在此之后的《阿姆斯特丹条约》也肯定了《马斯特里赫特条约》对促进欧洲文化合作所做的努力。随后，2009 年正式生效的《里斯本条约》更进一步地提出了保护欧洲文化多样性的重要性，条约第 167 条规定，欧盟应致力于成员方文化的繁荣，尊重成员方境内和欧盟区域内文化的多样性，为人类创造共同的文化遗产，同时第 2 条规定了欧盟应采取行动致力于鼓励成员方之间的合作，在必要时可以在以下领域支持或采取措施：（1）提高对欧洲文化和历史的宣传从而增强欧洲人民对其文化的心理认同；

---

① See U. S. International Trade Commission, “Recent Trends in U. S. Services Trade 2014 Annual Report”, Accessed August 17, 2016, https://www.usitc.gov/publications/332/pub4463.pdf.

② 参见程亦婷：《欧盟视听政策与欧洲一体化研究》，华东师范大学 2007 年硕士学位论文，第 21 页。

(2)保存或保护欧洲文化的继承;(3)非商业文化交流;(4)鼓励文学艺术创造,包括视听服务部门。因为欧盟坚持认为视听服务既具有经济属性又具有社会和文化属性,所以通过以上条约中涉及文化的条款,欧盟以保护区域内文化多样性为由拒绝开放其视听服务市场。

除以上条约外,欧盟为保护区域内文化产业还制定了1989年《电视无疆界指令》(Television Without Frontiers Directive,TVWF)此指令包含两个基本原则:欧洲电视节目可以在欧洲统一大市场内自由流动;各个电视频道在条件允许的情况下,应该为欧洲节目的播放保留50%以上的时间(或播放量)。[①] 之后随着多媒体技术的不断发展,视听服务不仅局限于电视媒体,欧盟委员会又对《电视无疆界指令》指令进行了彻底修订,于2007年制定《视听媒体服务指令》(Audiovisual Media Service Directive,AVMSD)此指令将《电视无疆界指令》指令纳入一个综合性规章体系,使其适用于任何形态的、以电子方式实现的视听内容传播,从而将电影及音像制品的传播纳入该指令管制范围,在欧盟层面统一了视听服务的传播。《视听媒体服务指令》生效以来,随着因特网的发展和普及,年青一代欧洲公民观影习惯也发生了巨大改变,他们习惯在平板电脑或智能手机上观看电影。因此虽然传统的电视服务仍占观影时间的大部分,但视频点播和其他网络流媒体所提供的服务重要性不容忽视,[②]在这个基础上欧盟委员会自2015年6月开始重新审查《视听媒体服务指令》,并提出"欧洲数字一体化市场战略",目的在于使欧盟的视听媒体符合数字化时代的要求。截至目前,欧盟成员国已不仅能够从电视上收看其喜爱的任何欧洲电视节目,而且可以从任何移动设备上进行收看,类似于其他货物或服务,视听服务也逐渐走上一体化进程,[③]由此可以发现欧盟在视听服务领域侧重点在于其内部市场的一体化,对外来视听服务持有抵制态度。

---

① 参见程亦婷:《欧盟视听政策与欧洲一体化研究》,华东师范大学2007年硕士学位论文,第18页。

② See European commission,"REFIT Evaluation and Impact Assessment of the EU Audiovisual Media Services Directive",Accessed June 26,2016,http://ec. europa. eu/smart-regulation/roadmaps/docs/2015_cnect_006_cwp_review_avmsd_iia_en. pdf.

③ See European commission,"Audiovisual Media Services Directive AVMSD",Accessed June 26,2016,https://ec. europa. eu/digital-single-market/en/audiovisual-media-services-directive-avmsd.

三、中国区域贸易协定视听服务贸易完善建议

中国虽然没有将视听服务完全排除在自由化承诺之外，但是对视听服务的准入采取了严格的监管，如表 26 所示，中国在加入世界贸易组织《服务贸易总协定》时对视听服务的市场准入仅做出部分承诺，并且对市场准入的服务部门施加了一定的限制性措施。在最近签订的《中国—澳大利亚自由贸易协定》和《中国—韩国自由贸易协定中》中，中国在视听服务部门所作的承诺与中国在《服务贸易总协定》中所作承诺完全一致，并未作出进一步的自由化承诺。

表 26　中国在《服务贸易总协定》中对视听服务部门的具体承诺

部门或分部门	市场准入的限制	国民待遇的限制	附加承诺
视听服务			
录像的分销服务包括娱乐软件服务；以及录音分销服务	(1)没有限制； (2)没有限制； (3)自加入时起，在不损害中国审查音像制品内容的权力下，允许外国服务提供者与中国合资伙伴设立合资企业，从事除电影外的音像制品的分销； (4)除水平承诺中的内容外，不做承诺	(1)没有限制； (2)没有限制； (3)没有限制； (4)除水平承诺中的内容，不作承诺	在不损害与中国电影管理的法规的一致性的情况下，自“入世”起，中国将允许以分账形式进口电影用于电影院放映，此类进口的数量应为每年 20 部
电影院服务	(1)没有限制； (2)没有限制； (3)自加入时起，允许外国服务提供者建设或改造电影院，外资不得超过 49%； (4)除水平承诺中的内容外，不做承诺	(1)没有限制； (2)没有限制； (3)没有限制； (4)除水平承诺中的内容外，不做承诺	—

由表 26 可知，中国对于视听服务部门并未全盘否定，仅排除了电影的制作和分销服务、电影放映服务、广播和电视服务。基于视听服务的特殊性，只有少数世界贸易组织成员方对此做出承诺且附有限制性条件，相比而言，我国的承

诺水平并不算低,已经在视听服务贸易自由化问题上表现出开放的态度。① 但在视听服务相对较高的自由化承诺也存在一些现实问题,例如,目前中国对视听服务的监管尚不到位,现行监管措施还未达到《服务贸易总协定》中所承诺的标准,在实际运行中视听服务的国内监管可能与《服务贸易总协定》所作承诺不符,从而导致服务贸易争端的出现。

在对自由贸易协定中视听服务部门展开磋商时,首先,基于视听服务涉及一国文化安全和意识形态问题,中国应对视听服务的市场准入制度进行合理限制;其次,中国应当注意到目前我国视听服务的国际竞争力相对较低,在国际市场中所占的市场份额也比较低,②在短时间内尚不能在国际市场与发达国家相抗衡,因此在缔结自由贸易协定时需要谨慎行事,不能急于求成;最后,缔约相对方对视听服务的补贴政策也是需要考量的重要因素。③ 中国在谈判时,应当考虑政府补贴可能对两国或地区视听服务贸易竞争所产生的影响,尽可能避免因补贴而对我国视听服务产生的不利影响。

---

① 参见李墨丝:《我国视听服务市场准入的法律问题》,载《国际商务研究》2013 年第 2 期。

② 参见刘艳:《中国视听服务贸易的国际竞争力分析——基于 19 个主要经济体的比较》,载《重庆工商大学学报》(社会科学版)2015 年第 1 期。

③ 参见李墨丝、佘少峰:《WTO 框架下视听产品贸易自由化的法律问题》,载《国际贸易》2011 年第 4 期。

第四章　知识产权

第一节　知识产权国际保护制度的发展轨迹

知识产权是保证企业、创造者、发明者在知识、创新和创造方面有所回报的重要手段之一，也是对个体基本权利的尊重。知识产权是保护国家创新创造的重要方式，而创新创造是一个国家经济发展的主要动力，所以知识产权法律制度的构建对于一个国家来讲至关重要。但是知识产权制度所固有的地域性决定了一国在制定知识产权制度时往往从本国的角度出发，甚少考虑国家间知识产权保护的协调问题。[①] 这就造成了依据一国或地区法律取得知识产权权利保护的客体无法在其他国家得到保护。随着创造和创新蓬勃发展，对于智力创作的国际保护就显得尤为重要。知识产权国际保护制度，是指以多边国际公约为基本形式，以政府间国际组织为协调机构，通过对各国国内知识产权法律进行协调并形成的相对统一的国际法律制度。[②] 知识产权国际保护制度是 19 世纪 80 年代随着《保护工业产权的巴黎公约》（以下简称《巴黎公约》）、《保护文学作品的伯尔

① 参见张猛：《知识产权国际保护的体制转换及其推进策略——多边体制、双边体制、复边体制?》，载《知识产权》2012 年第 10 期。

② 参见吴汉东：《知识产权国际保护制度的变革与发展》，载《法学研究》2005 年第 3 期。

尼公约》(以下简称《伯尔尼公约》)等公约的签订而建立。

一、由《巴黎公约》和《伯尔尼公约》到世界知识产权组织

欧洲通过工业革命得到了很好的发展,专利发明、文学艺术作品等智力创造迅猛出现。加之欧洲市场经济的建立,让知识产权人更注重知识产权流通所带来的价值,这些原因促成欧洲成为知识产权国际保护的发源地。《巴黎公约》和《伯尔尼公约》均是在欧洲国家间缔结,两个公约分别由各自的国际局管理实施。1893 年瑞士联邦政府将两个国际局合并,组成联合国际局。①

但该机构仅是一个区域性的组织,并未从根本上解决知识产权地域性的限制。1960 年知识产权联合国际局提出改组行政机构建议。② 在多方因素的促进之下,《世界知识产权组织公约》在斯德哥尔摩签订,并成立了世界知识产权组织(World Intellectual Property Organization,WIPO)。世界知识产权组织相较联合国际局有以下几个优势:第一,其属于联合国项下的机构,有明确的国际法律主体资格;第二,其成员方有 188 个国家或地区,发达国家和发展中国家均占有一定比例,发展中国家在其中能为自己的利益发出声音,使世界知识产权组织能兼顾各方利益;第三,世界知识产权组织为一个组织架构严谨的全球性组织,而非仅仅是公约项下的行政机构;第四,目前世界知识产权组织项下所管理的条约有 26 项,涉及商标、版权、设计、专利等知识产权的各个方面,并且其根据时代发展持续修改、完善条约,并筹划新条约签订。可以说世界知识产权组织的成立标志着世界知识产权保护迈向了多边保护的体制。

二、《与贸易有关的知识产权协定》的签订

世界知识产权组织在实施的过程中也逐渐暴露出了问题。首先,世界知识产权组织下辖的国际知识产权条约侧重于立法而忽视执法,缺少针对各成员方境内司法机关和行政机关权利执行的具体规定,在出现纠纷时没有有效且具有拘束力的争端解决机制。③ 缔约方由此产生不满。其次,世界知识产权组织的

---

① 参见李贤华:《世界知识产权组织的由来与发展》,载中国法院网:http://www.chinacourt.org/article/detail/2014/04/id/1282597.shtml,最后访问日期:2016 年 6 月 30 日。

② 同上。

③ 张猛:《知识产权国际保护的体制转换及其推进策略——多边体制、双边体制、复边体制?》,载《知识产权》2012 年第 10 期。

成员国包括众多发展中国家,发展中国家的国情并不能适应高标准的知识产权保护,而发达国家则一直为提高知识产权的保护标准努力,两者间的矛盾很难协调。最后,随着国际贸易的发展,很多货物包含知识产权,所以非常需要将贸易与知识产权相结合,对知识产权提供保护。

美国为首的发达国家将知识产权条款纳入乌拉圭回合谈判,经过乌拉圭回合长达 7 年的艰苦谈判而最终达成的《与贸易有关的知识产权协定》(Agreement on Trade-Related Aspects of Intellectual Property Rights,TRIPs)是迄今为止知识产权国际保护中涵盖面最广、总体保护标准较高的国际知识产权条约。[①] 较之前的国际条约,其有以下几个方面的优越性:第一,《与贸易有关的知识产权协定》将国际贸易体制与知识产权相连接,包含较《巴黎公约》《伯尔尼公约》保护标准更高的实体内容。第二,《与贸易有关的知识产权协定》不同于世界知识产权组织项下管理的“软法性”条约,其规定了知识产权的执法和司法程序,适用世界贸易组织特有的争端解决机制。这确保权利人的利益得到切实维护,《与贸易有关的知识产权协定》被称为“装上了牙齿”的国际公约。[②] 第三,《与贸易有关的知识产权协定》纳入了贸易规则中的两个重要原则,国民待遇原则和最低保护标准原则,这在一定程度上促进知识产权立法一体化,寓意着知识产权保护的基本原则与标准在全球范围内的普适性。[③]

三、由《与贸易有关的知识产权协定》到区域贸易协定中超《与贸易有关的知识产权协定》条款

虽然有人认为,《与贸易有关的知识产权协定》确立的知识产权保护最低标准和较好的执行措施应该能满足工业化发达的国家对知识产权保护的较高需求。但是现在的情况显示《与贸易有关的知识产权协定》并没有满足知识发达国家的需要,随着经济发展,发达国家也在追求更高标准的知识产权保护。

在 1999 年西雅图部长会议谈判中,发达国家寻求更高知识产权保护标准失败,意识到要在多边层面进一步提高知识产权保护标准非常困难。发达国家

---

① 参见孙皓琛:《WTO 与 WIPO:TRIPS 框架中的冲突性因素与合作契机之探讨》,载《比较法研究》2002 年第 2 期。

② See Helfer L. R. ,“Regime ShiftingThe TRIPs Agreement and New Dynamics of International Intellectual Property Lawmaking”, *Ssrn Electronic Journal*,2003,p. 29.

③ 参见吴汉东:《知识产权国际保护制度的变革与发展》,载《法学研究》2005 年第 3 期。

开始转换其努力的方向,为建立更高标准寻求平台。继而发达国家看到了双边或区域贸易协定谈判的优势。双边或区域性的谈判较多边谈判而言更容易达成共识,发展中国家容易在知识产权规则中做出妥协,来换取在发达国家更多的市场准入。

美国、欧盟、日本等发达国家和国际组织相继转向区域贸易协定谈判,并在其中加入知识产权章节。与《与贸易有关的知识产权协定》相比,发达国家主导的区域贸易协定中的知识产权条款有更广泛的保护客体、保护范围,强有力的执行措施,并削弱发展中国家和欠发达国家在《与贸易有关的知识产权协定》中所得到的"差别待遇"和"灵活性"。① 因其设定的知识产权保护标准相比《与贸易有关的知识产权协定》更高,范围更广,增加了缔约方知识产权保护的义务,因而被称作超《与贸易有关的知识产权协定》条款(TRIPs-plus)。②

这从美国、欧盟自由贸易协定规则设定中也能展现出来。美国所签署的自由贸易协定知识产权章节的规定逐步提高,目前很多条款与其国内保护水平相当。欧盟自《罗马条约》(Treaty of Rome)签订后发展共同贸易政策并且成为推动自由贸易协定谈判的重要国家。然而其自由贸易协定较为简单,签署对象限定在与其地理位置较近的国家。自欧盟在世界贸易组织多边贸易谈判受阻,欧盟贸易政策态度改变,其更加热衷于自由贸易协定谈判,开始在自由贸易协定中设定完善的知识产权章节,包含较多定中超《与贸易有关的知识产权协定》条款,极力保护本国知识产权人的权利,为建立高水平的知识产权国际保护体系努力。

在一定程度上,这是对知识产权国际保护的多边体制的分裂。当然,需要强调的是,所谓的双边主义转向,只是表明发达国家的政策重心从多边主义转向了双边主义,并不意味着发达国家已经放弃了其投入了极大时间成本和经济成本所建立起来的多边体制。③ 知识产权的国际保护历史呈现在双边/区域和多边主义之间循环往复的过程。④ 相信随着自由贸易协定谈判的推动,超《与贸

---

① See Mercurio B C, "TRIPS-Plus Provisions in FTAs: Recent Trends", *Social Science Electronic Publishing*, 2006.

② 参见吴雪燕:《TRIPS-plus条款的扩张及中国的应对策略——以药品的专利保护为视角》,载《现代法学》2010年第5期。

③ 参见张猛:《知识产权国际保护的体制转换及其推进策略——多边体制、双边体制、复边体制?》,载《知识产权》2012年第10期。

④ 参见杨静:《自由贸易协定知识产权条款研究》,法律出版社2013年版,第60页。

易有关的知识产权协定》条款的多边化应该在将来合适的时机提上欧美国家谈判的议程，所以对其知识产权政策导向的研究十分必要。

第二节　知识产权条款的概况

知识产权将成为一个国家经济增长和高质量就业的关键来源。目前，美国、欧盟以及中国签订的自由贸易协定中均含有知识产权章节，且成为协定中必不可少的重要部分。

一、美式跨区域贸易协定知识产权条款概况

自世界贸易组织谈判受阻后，美国将自由贸易协定作为推行其贸易政策的工具，截至2016年，美国生效的15个自由贸易协定都包含知识产权条款。美国与以色列签订的自由贸易协定在《北美自由贸易协定》之前生效，是美国对外签订的第一个自由贸易协定，其知识产权条款仅有一条。1994年生效的《北美自由贸易协定》共包含知识产权条款23条，4个附件，涉及国民待遇、版权、录音制品、加密节目传输的卫星信号保护、商标、专利、半导体集成电路布图设计、商业秘密、地理标志、知识产权的执法条款等，内容非常详尽。之后，美式跨区域贸易协定结构、章节构建沿袭《北美自由贸易协定》模式，知识产权覆盖类型非常广泛，实体保护与执法措施相结合。美国在签订自由贸易协定时越来越多的加入超《与贸易有关的知识产权协定》条款。韩国和秘鲁在经济和知识产权发展程度上均有差异，但是美国对待谈判国几乎是"一视同仁"，并不会给予发展程度较低的国家特殊的"同情"，而是强制缔约方接受美式跨区域贸易协定中的保护水平。

（一）美国—韩国自由贸易协定

美国贸易代表处（United States Trade Representative，USTR）每年会发布特别301条款报告（Special 301 Report），[①]以"国家贸易评估报告"为基础，针对各个国家是否对知识产权提供了充分而有效的保护，以及是否对依赖知识产权保

---

① 特别301报告是美国针对其全世界贸易伙伴知识产权保护与执法情况的年度审查报告，由美国贸易代表处（USTR）负责本报告的制作。报告关注贸易伙伴中知识产权保护和执法的变化情况、中国等地商业秘密保护的不足、可能会影响美国权利持有者利益的政策、互联网中版权盗版问题、阻碍美国产品市场准入的世界各地贸易伙伴持续和系统的知识产权执法问题等。

护的工业部门或商人提供公平平等的市场准入机会等情况进行审查。① 最终报告分3级,将各个国家列为知识产权保护的观察名单、重点观察名单和监控名单,以让美国政府参照决定是否对不注重知识产权保护的国家进行贸易报复。②近年来,韩国政府将高水平的知识产权保护与执法作为提高经济竞争力的关键因素,所以韩国非常注重知识产权的保护,并逐步完善知识产权保护制度,韩国知识产权执法在过去几年已经有了稳定提高。2009年美国已经将韩国移除特别301条款观察国名单。韩国持续承诺高水平的知识产权执法和保护,韩国至今没有被再列入观察国名单。近年来,韩国数字经济发展迅速,数字经济带来便捷的同时,未授权的版权作品的生产和复制也变得更容易。针对互联网的发展,韩国政府更加强调保护知识产权的重要性。韩国知识产权保护局对于所有类型的知识产权都实行了网上注册,更加便利对权利人的保护。

《美国—韩国跨区域贸易协定》是美国在与澳大利亚签订协定后,与第二个处在较高发展阶段的国家签订的贸易协定。《美国—韩国跨区域贸易协定》是建立在《与贸易有关的知识产权协定》《北美自由贸易协定》以及美国在1995～2005年签订的其他知识产权协定基础之上,吸取了美国多年来在双边协定中的经验,加入了很多知识产权强制性规定,为此美国知识产权工业贸易咨询委员会给予了该协定谈判者高度的赞扬。③ 在版权方面,美国要求韩国充分实施《世界知识产权组织版权条约》(World Intellectual Property Organization Copyright Treaty,WCT)、《世界知识产权组织表演和录音制品条约》(WIPO Performances and Phonograms Treaty,WPPT),这为未来电子商务的发展提供了基本的法律框架,也为通过互联网传播和传输受保护的知识产权客体提供法律依据,顺应了数字时代的发展。在专利方面,《美国—韩国跨区域贸易协定》建立了强大的专利保护体系,特别加强对生物制药的专利保护。在商标保护方面,协定涉及了

---

① 参见《美国2015年〈特别301报告〉述评》,载中华人民共和国国家知识产权局网:http://www.sipo.gov.cn/zlssbgs/zlyj/2015/201507/t20150708_1141675.html,最后访问日期:2016年5月29日。

② 参见《美国将中国列入知识产权保护重点观察名单》,载中华人民共和国国家知识产权局网:http://www.sipo.gov.cn/wqyz/gwdt/201205/t20120522_695386.html,最后访问日期:2016年5月29日。

③ See Industry trade advisory committee on intellectual property right, Advisory committee report to the president, the congress and the U.S. trade representative on U.S.-Korea Free Trade Agreement, at 5.

商标的构成要素、商标注册、驰名商标、商标的备案许可、地理标志等规定,基本上涵盖了商标保护可能涉及的问题,保护标准超出了《与贸易有关的知识产权协定》的规定。在第 18.3 条还涉及了对互联网域名的保护。其知识产权执法条款细致具体,加大对知识产权侵权的惩治力度。

(二)美国—秘鲁自由贸易协定

韩国与秘鲁两个国家虽然均与美国和欧盟均签订了自由贸易协定,但是知识产权保护水平相差很大。秘鲁盗版率非常高,2005 年秘鲁盗版音乐和录音制品率高达 98%,其唱片业几近崩溃,本地图书的盗版率也居高不下,盗版产品在各种市场销售猖獗。[①] 并且其知识产权执法保护的不充分,对违反知识产权行为惩罚力度较弱。种种缺陷使秘鲁自 1992 年开始至今一直在美国贸易代表处特别 301 条款观察国名单中。在知识产权发达的美、欧看来,秘鲁的知识产权保护体系亟待完善。

美国的在知识产权章节主要目标是确保缔约国的保护水平提高至美国知识产权法保护的水平。所以在自由贸易协定谈判时,美国从国内知识产权保护水平与技术发展水平出发,极力澄清和改进秘鲁在《与贸易有关的知识产权协定》中各个方面的义务,基于美国国内法保护标准以及新兴的国际保护标准设置了较多的超《与贸易有关的知识产权协定》条款,吸收美国知识产权保护和执法方面的经验。在《美国—秘鲁跨区域贸易协定》中涉及的知识产权很多类型,很大程度地改善了知识产权保护环境,如完善了对版权、商标和医药农业测试数据的保护,规定了对盗版行为严厉的法律处罚,建立便捷的电子登记和维护系统,意欲进一步遏制盗版和假冒的产生。美国认为,秘鲁的盗版率居高不下在一定程度上归结于其执法力度不够,而在《与贸易有关的知识产权协定》中与执法相关的规定模糊且宽松,在执法层面美国做出了特别详细、惩治力度很高的规定。

二、欧式跨区域贸易协定知识产权条款概况

欧盟作为世界上较大的经济体之一,在国际事务中扮演很重要的角色。多边贸易谈判中受阻后,欧盟在 2006 年转变贸易政策,将贸易政策重心放在自由贸易协定谈判中,提出将新一代的自由贸易协定作为多边机制的补充。[②]

知识产权对于欧盟的经济发展十分重要。目前一项研究表明,知识产权密

---

① See U. S. department of state, 2015 investment climate statement, May 2015, at 16.

② 参见叶斌:《欧盟贸易协定政策的变化和影响——法律的视角》,载《欧洲研究》2014 年第 3 期。

集型产业对于占欧盟国民生产总值的39%，其所创造的工作机会在所有工作中高达35%。[①] 欧盟在其新一代自由贸易协定中加入了很多超《与贸易有关的知识产权协定》条款，但是相比美式跨区域贸易协定的强制性特点，欧盟自由贸易协定的措辞、政策相对温和，更注重知识产权权利保护与社会利益之间的平衡。2014年欧盟委员会在《贸易、发展、知识产权——在第三国中知识产权的保护与执法策略》报告中指出："从实践的角度看，通过知识产权专有权利的授予，知识产权直接联系真实和新的商品和服务的生产与分配，影响公众的利益分配。其中经济、有效、最佳的知识产权制度构建，包括法律上的认可、注册、使用和各种形式知识产权执法的平衡是实现这些利益分配目标的关键。"[②]

（一）欧盟—韩国自由贸易协定

欧盟与韩国签订的自由贸易协定即是欧盟新的贸易政策实施后签订的第一个自由贸易协定，也是欧盟与亚洲国家签订的第一个自由贸易协定，内容呈现复杂性和深远性的特点。

2011年欧盟与韩国签订的自由贸易协定生效，其中包含了全面且有雄心的知识产权章节。《欧盟—韩国跨区域贸易协定》基于《与贸易有关的知识产权协定》为知识产权保护建立了基本法律框架。知识产权章节在版权、设计、地理标志方面有很多发展性的规定，弥补了《与贸易有关的知识产权协定》的空白，如对于未注册的设计方面的规定等。协定对欧盟和韩国的地理标志设定了较高水平的保护，包括欧洲的帕尔玛火腿、巴伐利亚啤酒、香槟酒。该自由贸易协定还对于韩国和欧盟的商标注册程序确定具体规则，包括利益相关人的异议程序，并为商标的注册和申请建立了公开的电子数据库。同时，欧盟和韩国对于新药品和植物产品的测试数据予以排他保护。为了持续地维护知识产权规则建设，建立了知识产权保护与执行的长效的对话机制。

（二）《欧盟—哥伦比亚和秘鲁跨区域贸易协定》

2012年6月26日欧盟与哥伦比亚、秘鲁签订了自由贸易协定，秘鲁于2013年3月1日开始实施本协定，哥伦比亚是在同年8月1日开始实施。与欧盟与韩国的自由贸易协定不同，欧盟与哥伦比亚、秘鲁签订的自由贸易协定对于知

---

① See European Commission: "Strategy for the enforcement of intellectual property rights in third countries", Accessed May 29, 2016, http://trade.ec.europa.eu/doclib/docs/2014/july/tradoc_152643.pdf.

② Ibid.

识产权标准的设立有高于最低的国际保护标准的部分，但同时其又强调了知识产权在权利人与社会利益之间平衡。在具体的条款设置上，欧盟与哥伦比亚、秘鲁自由贸易协定的规定也相对温和，在某些问题上甚至给予了较长的过渡期。在版权方面，欧盟与哥伦比亚、秘鲁签订的协定中强调了作者的精神权利，设置了集体管理组织。在专利方面，虽然强调了专利药品的保护，但主要是依托国际协定中确立的标准。对于知识产权的执行方面以及中介服务提供商的责任予以明确。

三、中国自由贸易协定知识产权条款概况

中国所签订的自由贸易协定中知识产权条款经历了从无到有、从粗略到完善的过程。中国与东盟、巴基斯坦、新加坡达成的协定以及《内地与港澳关于建立更紧密经贸关系安排》中没有规定与知识产权相关的内容。从中国与智利签订的自由贸易协定开始，中国才开始单独设立知识产权章节，但是内容非常简单，条款数目非常少。中国与新西兰签订的自由贸易协定第一次为知识产权设立独立的章节。中国与智利、新西兰、秘鲁、哥斯达黎加、冰岛的自由贸易协定知识产权条款整体属于原则性的规定，并没有包含详细的实体与执法内容。中国与瑞士首次明确规定了知识产权保护的具体权利和义务，不在只有原则性条款和合作等宣示性条款的做法，增强了权利人保护的透明度和便利性。① 中国近期与韩国、澳大利亚签订的自由贸易协定中内容更加丰富，涉及实体权利保护以及执法措施，在自由贸易协定知识产权规则制定中取得了积极的进展。其中，中国与韩国签订的自贸协定在知识产权方面具有较高水平，并体现了一定的时代性。② 中国与澳大利亚两国签订的自贸协定也反映了在互联网时代知识产权保护需求，同样具有时代性。同时协定还体现了包容性的特点。③ 各自贸

---

① 参见《中国—瑞士自由贸易协定将于7月1日生效》，载中国自由贸易区服务网：http://fta. mofcom. gov. cn/article/chinaswitz/chinaswitznews/201404/15576_1. html，最后访问日期：2015年6月30日。

② 参见《中华人民共和国政府和大韩民国政府自由贸易协定50问》，载中国自由贸易区服务网：http://fta. mofcom. gov. cn/article/chinaswitz/chinaswitznews/201404/15576_1. html，最后访问日期：2015年6月30日。

③ 参见《中华人民共和国政府和澳大利亚政府自由贸易协定解读》，载中国自由贸易区服务网：http://fta. mofcom. gov. cn/article/chinaaustralia/chinaaustralianews/201506/22176_1. html，最后访问日期：2015年6月30日。

协定内容概况详见表27。

表27 中国自由贸易协定知识产权章节①

签约国	生效日期	知识产权章节
中国—智利	2006年10月	包括:地理标志、与边境措施有关的特别要求、知识产权的合作目标与合作途径
中国—新加坡	2008年10月	包括:定义、原则、总则、联系点、通知和信息交流、合作能力建设、遗传资源、传统知识和民间传说、磋商
中国—秘鲁	2010年3月	包括:一般规定、遗传资源、传统知识和民间文艺、地理标志、与边境措施有关的特别要求、合作能力建设
中国—哥斯达黎加	2011年8月	包括:原则、一般规定、遗传资源、传统知识和民间文艺、知识产权与公共健康、技术创新与技术转让、边境措施、联络点、地理标志、合作
中国—冰岛	2014年7月	包括:总则、国际公约、合作与信息交流、对话与审议机制
中国—瑞士	2014年7月	包括:总则、知识产权效力、范围和使用标准、知识产权的存续与取得、知识产权执法、产地标记与国名,共5小节,22条
中国—韩国	2015年12月	包括:总则、版权和相关权、商标、专利和实用新型、遗传资源、传统知识和民间文艺、植物新品种保护、未披露信息、工业品外观设计、知识产权的执行,共10小节,31条
中国—澳大利亚	2015年12月	包括:目标与原则、国际协定、国民待遇、透明度、知识产权与公共健康、权利用尽、专利申请的修改、证明和集体商标、植物育种权利等专利、著作权、商标、执法相关的条款,共24条

欧盟与美国在签署的自由贸易协定有相同之处,但是也展现了不同的风

① 根据已签协议的自贸区资料整理,载中国自由贸易区服务网:http://fta.mofcom.gov.cn/index.shtml,最后访问日期:2015年6月30日。

格,本部分意欲依托美国、欧盟两大经济体分别与韩国、秘鲁均签订的自由贸易协定,对比分析美式、欧式区域贸易协定知识产权章节条款。中国与秘鲁、韩国也签署了自由贸易协定,但其知识产权条款不完善,仍有很多需要改进的地方。而且中国缺乏与发达国家签订自由贸易协定的经验。总结美式与欧式跨区域贸易协定的特点,可以对中国签订自由贸易协定有所启示。

第三节　美式与欧式跨区域贸易协定知识产权总则条款对比研究

总则是协议中最具统领性、普遍性和全局性的部分,对整个协定的基本原则、基本制度和其他总领性问题作出的规定。[①] 美式、欧式跨区域贸易协定知识产权章节均包含总则部分,从总则角度切入研究,能从总体把握美、欧在自由贸易协定中各自知识产权政策的价值导向,也能从全局体会美式跨区域贸易协定和欧式跨区域贸易协定知识产权保护水平的高低。

一、美式与欧式跨区域贸易协定中对利益平衡问题的比较研究

利益平衡被吴汉东教授称为是现代知识产权的基本精神。知识产权制度是一种典型的利益平衡制度。[②] 由于知识产权客体具有的特殊性,知识产权法一方面要保护知识产权,维护权利人的利益;另一方面要兼顾社会利益,保障社会对知识产权的有效利用,从而促进社会发展。如果缺乏对知识产权保护,则损害权利人的利益,不利于社会创新氛围的构建。但是对知识产权的过分保护,则会造成权利的垄断,社会公众不能充分利用已有的智力成果,阻碍社会进步。

(一)《与贸易有关的知识产权协定》对利益平衡问题的定位

《与贸易有关的知识产权协定》第 7 条明确协议目标。并且在第 8 条原则条款中强调对各成员方公共利益保护的权利,防止滥用知识产权,阻碍国际贸易和技术转让的行为。协定肯定了利益平衡原则的价值,为各缔约方国际知识产权保护提供了基本的原则。创新程度不同的国家,知识产权拥有的数量也不

---

① 参见杨静:《自由贸易协定知识产权条款研究》,法律出版社 2013 年版,第 60 页。

② 参见冯晓青:《试论以利益平衡理论为基础的知识产权制度》,载《江苏社会科学》2004 年第 1 期。

同,发展中国家一般创新发展较为薄弱,其多数时候为知识产权的使用者,而发达国家创新水平高,知识产权拥有的数量多,更期待加强知识产权的保护。《与贸易有关的知识产权协定》目标、原则条款是发展中国家积极谈判的产物,为发展中国家使用知识产权、平衡社会利益争取了限制和例外的空间。

(二)美国、欧盟对利益平衡问题的定位

美国与韩国、秘鲁签订的自由贸易协定中并没有目标或原则条款。从美式跨区域贸易协定知识产权章节中,很难找到涉及维护公共利益、促进技术转让的字眼。美式跨区域贸易协定更加强调知识产权对贸易的辅佐服务功能,最大化的保护权利人的知识产权,创造经济价值。

《欧盟—韩国跨区域贸易协定》《欧盟—哥伦比亚和秘鲁跨区域贸易协定》在知识产权章节第一条设定目标条款。《欧盟—韩国跨区域贸易协定》的目标条款为"促进缔约方创新及创意产品的生产和商业化,达到充分有效的知识产权保护和执法水平",[①]总体仅强调对知识产权权利人的保护。但是《欧盟—哥伦比亚和秘鲁跨区域贸易协定》规定的知识产权的目标,除了促进缔约方的创新外,还强调了知识产权所有人与公共利益之间的平衡,促进技术的传播和转让,维护社会和经济的福利,体现了《与贸易有关的知识产权协定》所倡导的目标。可见,欧盟在对待发展程度不同的国家时,知识产权保护目标设定是有区别的。哥伦比亚、秘鲁为发展中国家,其与欧盟签订知识产权章节时寻求权利人权利与公共利益的平衡,为知识产权规则的适用争取弹性空间。

二、美式与欧式跨区域贸易协定中对知识产权国际条约的立场比较研究

知识产权国际保护制度兴起于19世纪80年代,它以《保护工业产权巴黎公约》(1883年)、《保护文学艺术作品伯尔尼公约》(1886年)、《与贸易有关的知识产权协定》(1994年)等代表性国际公约为基本形式,以世界知识产权组织、世界贸易组织等相关国际组织为协调机构,对各国知识产权制度进行协调,从而在知识产权保护领域形成国际性的法律规则和秩序。[②]

(一)《与贸易有关的知识产权协定》所包含的国际公约

《与贸易有关的知识产权协定》第2条是关于知识产权公约的规定,明确规

---

① 《欧洲联盟及其成员国与大韩民国自由贸易协定》第10.1条。

② 参见吴汉东:《知识产权国际保护制度的变革与发展》,载《法学研究》2005年第3期。

定了《与贸易有关的知识产权协定》并不减损各成员方根据《巴黎公约》《伯尔尼公约》《罗马公约》《关于集成电路知识产权的华盛顿条约》规定可能必须承担的责任。《与贸易有关的知识产权协定》对于知识产权的实体保护即是建立在这4个基本公约的基础上。

(二)美式、欧式跨区域贸易协定对知识产权国际条约的态度比较

美式跨区域贸易协定在一般规定小节中就将整章涉及的公约全部罗列,欧式跨区域贸易协定所涉及的公约散落在各个具体的章节,如与商标相关的公约则规定在商标小节,与版权相关的公约则规定在版权小节。为对比方便,将美国、欧盟分别与秘鲁、韩国签订的跨区域贸易协定涉及的条约按照不同的保护客体列表,制成5个表格,即表28至表32。

表28　与版权有关的公约

	《与贸易有关的知识产权协定》	《美国—秘鲁跨区域贸易协定》	《欧盟—哥伦比亚和秘鲁跨区域贸易协定》	《美国—韩国跨区域贸易协定》	《美国—韩国跨区域贸易协定》
《保护表演者、录音制品制作者和广播组织罗马公约》(1961年)	√		√	√	
《保护文学艺术作品伯尔尼公约》(1971年)	√		√	√	√
《世界知识产权组织版权条约》(WCT)		√	√	√	√
《世界知识产权组织表演和录音制品条约》(WPPT)		√	√	√	√
《关于播送由人造卫星传播载有节目信号布鲁塞尔公约》		√			√

表 29　与商标有关的公约

	《与贸易有关的知识产权协定》	《美国—秘鲁跨区域贸易协定》	《欧盟—哥伦比亚和秘鲁跨区域贸易协定》	《美国—韩国跨区域贸易协定》	《美国—韩国跨区域贸易协定》
《保护工业产权巴黎公约》	√		√		√
《商标法条约》		√	☆	√	√
《商标国际注册马德里协定》		☆			√
《商标国际注册马德里协定有关议定书》			√(哥伦比亚) ☆(秘鲁)		√
《商标法新加坡条约》				☆	☆
《商标注册用商品和服务国际分类尼斯协定》		√	√		√

表 30　与专利有关的公约

	《与贸易有关的知识产权协定》	《美国—秘鲁跨区域贸易协定》	《欧盟—哥伦比亚和秘鲁跨区域贸易协定》	《美国—韩国跨区域贸易协定》	《美国—韩国跨区域贸易协定》
《保护工业产权巴黎公约》	√				√
《国际承认用于专利程序的微生物保存布达佩斯条约》		√	√		√
《专利法条约》		☆	☆	☆	☆
《专利合作条约》		√			√

表 31　与设计有关的公约

	《与贸易有关的知识产权协定》	《美国—秘鲁跨区域贸易协定》	《欧盟—哥伦比亚和秘鲁跨区域贸易协定》	《美国—韩国跨区域贸易协定》	《美国—韩国跨区域贸易协定》
《保护工业产权巴黎公约》	√				√
《工业品外观设计国际保存海牙协定》		☆	☆		☆

表 32　其他知识产权客体保护相关的公约

	《与贸易有关的知识产权协定》	《美国—秘鲁跨区域贸易协定》	《欧盟—哥伦比亚和秘鲁跨区域贸易协定》	《美国—韩国跨区域贸易协定》	《美国—韩国跨区域贸易协定》
《关于集成电路知识产权的华盛顿条约》	√				
《生物多样性公约》			√		
《保护植物新品种国际公约》(UPOV)		√	☆	√	√

注:"√"表示自由贸易协定对于是否批准或加入公约采取的措辞是强制性的,如"应该(Shall)在协定生效前加入"①等;"☆"表示自由贸易协定对于是否批准或加入公约采取的措辞是非强制性的,如"尽合理努力认可和同意"。②

通过表 28 至表 32 可看出,美欧作为知识产权强国,在其建立全球自由贸易协定网络的过程中,极力促进知识产权制度的统一化。美式、欧式跨区域贸易协定都"捆绑"高水平的知识产权国际条约,要求缔约方批准、加入或努力批准、加入这些条约。除《与贸易有关的知识产权协定》及其项下所要求遵守的《巴黎公约》《伯尔尼公约》《罗马公约》《关于集成电路知识产权的华盛顿条约》

① 其英文表述为:"Shall Ratify or Accede、Shall Comply With。"

② 其英文表述为:"Shall Mke All Reasonable Efforts to Ratify or Accede。"

外，还要求缔约方遵守更高标准的国际公约，如《世界知识产权组织版权条约》（World Intellectual Property Organization Copyright Treaty，WCT）、《世界知识产权组织表演和录音制品条约》（WIPO Performances and Phonograms Treaty，WPPT）等。这些条约绝大部分为加大对知识产权权利人的保护，或者扩大知识产权保护的客体，又或者统一、简化知识产权申请的程序。对于知识产权发展水平较低的发展中国家，这些协定为其增加了更多的知识产权义务。

从数量和措辞上相比，《美国—韩国跨区域贸易协定》涉及的公约共有14项，其中11项要求缔约方应当在本协定生效之前批准或加入，另外3项要求缔约方尽合理努力批准或加入。《美国—秘鲁跨区域贸易协定》要求缔约方吸纳公约共有11项，其中8项要求缔约方应当在本协定生效之前批准或加入，另外3项要求缔约方尽合理努力批准或加入。《欧盟—韩国跨区域贸易协定》涉及的公约共有8项，其中6项对缔约方有批准或加入、遵守的强制性要求，另外3项要求缔约方尽合理努力批准或加入。《欧盟—哥伦比亚和秘鲁跨区域贸易协定》涉及的公约有13项，其中8项对缔约方有批准或加入、遵守的强制性要求，另外5项要求缔约方尽合理努力批准或加入。欧盟与哥伦比亚、秘鲁自由贸易协定虽然涉及公约的数量多，但是较多只是重申了《与贸易有关的知识产权协定》项下的公约，如《罗马公约》《巴黎公约》和《伯尔尼公约》，以及涉及知识产权程序性规定，如《商标注册用商品和服务国际分类尼斯协定》。

从强制程度来看，美国对缔约方实施的强制性义务更多。例如，《关于播送由人造卫星传播载有节目信号布鲁塞尔公约》《商标国际注册马德里协定》《专利合作条约》对韩国、秘鲁施加义务。相比而言，欧盟没有要求缔约国加入此类条约。欧式跨区域贸易协定手段较为温和，要求缔约方遵守的协定多集中在《与贸易有关的知识产权协定》项下的义务，强制缔约方加入的协定多为有关程序规则统一化的协定。例如，《国际承认用于专利程序的微生物保存布达佩斯条约》《工业品外观设计国际保存海牙协定》等。

从时间上相比，美式跨区域贸易协定多数要求缔约各方在协定生效前加入获批准这些协定。而欧式跨区域贸易协定通常根据国家的发展程度给予缔约方一定的过渡期，如《欧盟—哥伦比亚和秘鲁跨区域贸易协定》第202条规定：欧盟与哥伦比亚应在本协定签署之日起10年内加入《商标国际注册马德里协定有关议定书》。秘鲁应尽一切适当努力遵守马德里议定书。

从签约对象来看，秘鲁的知识产权保护水平仍比较落后，而韩国的知识产权发展水平较高，知识产权对于其经济的发展起到了非常重要的作用。但从表

28 至表 32 的统计来看，除《商标国际注册马德里协定》在《美国—秘鲁跨区域贸易协定》中的措辞为缔约方“尽一切合理的努力批准或加入”、《美国—韩国跨区域贸易协定》中的措辞为“应在本协定生效之前批准和加入”以外，美国在其他公约的态度上对韩国、秘鲁是一视同仁的。美国在与韩国、秘鲁签署自由贸易协定时，不因对方的发展程度而给予让步，基本采取“一刀切”的模式，向缔约方“打包”美国欲推行的知识产权保护制度。欧式跨区域贸易协定对韩国、哥伦比亚、秘鲁根据其发展水平不同，采取的知识产权政策政策也不相同，《商标法条约》《商标法新加坡条约》都是对韩国有相应的要求，而对秘鲁和哥伦比亚没有施加义务。

总体而言，美式跨区域贸易协定与欧式跨区域贸易协定在此方面的差异，反映了美国和欧盟在自由贸易协定政策中的态度。美国强调超出《与贸易有关的知识产权协定》的更高知识产权保护标准，无论缔约方的发展程度如何，在知识产权制度安排上具有强制性。欧盟虽然也加入了超出《与贸易有关的知识产权协定》的公约，其保护标准也相对较高，但是其手段较为温和，以有效实施《与贸易有关的知识产权协定》为基础，给予发展中国家过渡期，循序渐进地提升知识产权保护标准。

三、美式与欧式跨区域贸易协定中技术转让和传播问题的比较研究

《联合国关于国际技术转让行为守则（草案）》第 1 条第 2 款对于技术转让（Technology Transfer）的定义为：“本守则下的技术转让系指制造某件产品、应用某种制作方法或提供某项服务的系统知识的转让。仅涉及货物销售或租赁的交易不在此列。”技术转让对于发展中国家技术发展有很大帮助。在自由贸易协定谈判中，发展中国家也希望通过技术转让条款获得发达国家技术援助，增强自身经济发展。

（一）《与贸易有关的知识产权协定》所包含的国际公约

《与贸易有关的知识产权协定》中关于技术转让为原则性条款，第 7 条目标条款与第 8 条原则条款中强调促进技术转让的知识产权保护，防止实施技术转让不利的行为。

（二）美式、欧式跨区域贸易协定对于技术转让和传播的规定对比研究

在《欧盟—哥伦比亚和秘鲁跨区域贸易协定》第 197 条第 6 款规定，“为了建立健全可行的技术性基础，各缔约方认识到技术转让有助于增强国力”，第

197 条第 5 款规定不能组织缔约方为防止技术转让产生不利影响而采取措施。而《欧盟—哥伦比亚和秘鲁跨区域贸易协定》设立 13 编——技术转援助和贸易能力建设,促进技术转让,旨在促进发展中国家的可持续发展,减少贫困。《欧盟—韩国跨区域贸易协定》第 10.3 条是技术转让条款,其致力于缔约方应该就技术转让实践和政策交换信息和意见,创造有利于技术转让的环境,并且规定了采取措施防止技术转让对贸易和权利人造成不好的影响。但是在《美国—韩国跨区域贸易协定》《美国—秘鲁跨区域贸易协定》中并没有出现这样的条款。

欧式跨区域贸易协定中也只在技术转让的规定方面“蜻蜓点水”,强调缔约方在此方面交换信息和意见。这种原则性的规定虽然可操作性较差,但是对于解释、衡量缔约方的行动是否符合技术转让的原则有积极意义。

通过对美式、欧式跨区域贸易协定知识产权制度安排的对比分析,可看出美式、欧式跨区域贸易协定知识产权保护水平在整体上超过《与贸易有关的知识产权协定》所设立的水平。但是美式比欧式跨区域贸易协定更具有强制性,保护水平更高。美式跨区域贸易协定更加倾向对知识产权权利人的保护,没有注重权利人和社会公共利益之间的平衡。其无论签约对象发展程度高低,均要求缔约方加入或批准更高保护水平的公约,且在权利转让、对发展中国家技术援助等方面没有设置弹性规定。欧式跨区域贸易协定注重权利人和社会公共利益之间的平衡,鼓励缔约方之间的技术援助,特别对于秘鲁、哥伦比亚欠发达国家,还设置了专门的技术合作章节。其所要求缔约方加入的公约也是在《与贸易有关的知识产权协定》的基础上循序渐进的发展,多数在发展中国家可接受的范围之内。并且其针对缔约对象发展程度的不同,规则的设置也不同,保护的强弱程度不同,给予发展中国家过渡的时间。

四、中国区域贸易协定知识产权总则的完善建议

(一)针对利益平衡问题中国的应对策略

目前,中国与韩国、秘鲁签订的自由贸易协定中均将寻求权利人与社会公众之间的利益平衡作为目标。例如,《中国—韩国区域贸易协定》第 15.1 条第 2 款规定:“缔约双方认识到知识产权保护和执法应在权利人和公众的合法利益之间达到一种平衡。”

中国作为发展中国家,在签订协定时应该设定目标或原则性条款。首先,用目标条款奠定后文的价值基调,在规定模糊不清时,可以使用原则目标条款

来解释规定,或者直接适用原则目标条款,起到“兜底”、完善协议的作用。其次,随着自由贸易协定的兴起,出现了很多超越《与贸易有关的知识产权协定》的规则。《与贸易有关的知识产权协定》所意图建立的平衡规则有所突破,但是在强调知识产权鼓励创新,维护权利人的利益的同时,也应该不减损技术转让与传播、社会经济福利及利益平衡的价值取向。

(二)针对国际公约问题中国的应对策略

最新的中国与澳大利亚、韩国签订的自由贸易协定都没有对缔约方施加批准或加入新公约的义务,仅重申了缔约双方均作为缔约国加入的已有国际协定中知识产权的既有承诺。[①] 中国与冰岛、瑞士签订的协定设置了单独的国际公约条款,涉及《专利合作条约》《国际承认用于专利程序的微生物保存布达佩斯条约》《商标注册的马德里协定》《商标注册用商品和服务国际分类尼斯协定》等国际公约。

中国可根据自身水平上循序渐进提高知识产权的保护,对于自贸协定“捆绑销售”的高水平的国际条约,中国应该有所选择,对于程序统一化、涉及分类的国际条约逐步接受,但是对于涉及实体权利的应该有所选择,在权利人利益与社会公共利益之间寻求平衡,加入符合自身国情的国际条约。同时,中国应该与发展中国家合作,增加在国际社会的话语权。最根本的是要鼓励创新型科技的发展,推动知识产权领域的可持续发展。

(三)针对技术转让与传播问题中国的应对策略

中国签订的自由贸易协定涉及技术转让与传播的规定大多是原则性的。例如,中国与秘鲁签订的自由贸易协定对于知识产权技术转让方面仅在第 144 条一般规定条款第 1 款中强调其重要性,第 4 款规定不得限制技术转让或者对技术转让造成不利影响。《中国—韩国区域贸易协定》除了原则条款外,在第 15.3 条合作条款中规定各缔约方应该提供技术协助和培训课程,巩固关于节能能源和绿色技术方面的技术转移。中国如果能明确技术转让的具体规则,对于发展中国家的积极效益会更大。

---

① 参见《中华人民共和国与大韩民国自由贸易协定》第 15.3 条;《中华人民共和国与澳大利亚自由贸易协定》第 11 章第 4 条。

第四节　美式与欧式跨区域贸易协定中版权及相关权条款比较研究

根据世界知识产权组织的解释,版权是用来表述创作者对其文学和艺术作品所享有权利的法律用语,[①]对版权的保护是对作者智力创造的尊重,也是促进社会文化进步,创新发展所必须采取的措施。美国是世界上最大的文学、艺术作品生产者和出口者,版权产业所创造的收入约超过美国国民生产总值的6.56%。知识产权的创造力为美国公民提供了更好的就业机会以及更高的收入。也正因如此,相比其他国家,美国更容易因为盗版和不完善的版权保护遭受损失。所以,美国版权行业对自由贸易协定赋予了更多期待,为建立超越《与贸易有关的知识产权协定》和《北美自由贸易协定》的保护制度而努力。

一、美式与欧式跨区域贸易协定中作品保护期限比较研究

就一般财产权而言,所有权人对其享有绝对的、排他的、永久性的权利。但是版权与一般财产权不同。首先,虽然财产权与版权都凝结着权利人的劳动,但文学艺术作品作为一种知识产品,其产生不是孤立的,而是建立在前人成就的基础上,吸收了已经存在于共有领域的思想文化遗产。[②] 其次,由于版权的客体是无形的,除了作者以外的其他人有机会使用作品。最后,版权所承载的价值并非可消耗物,他人的合理使用并不会降低版权的价值。所以对于版权的保护实行专有领域和公共领域的区分保护。由于公有领域的出现,使知识、技术、信息分为专有知识财产与社会知识财富两大部分,后者包括不具私权属性而由公众自由使用的知识产品以及权利保护期限届满而进入公共领域的知识产品。[③] 立法者通过对版权设定一定的保护期限,来区分专有领域和公有领域。保护期限的设置一方面可以激励作者的创作,另一方面可保证公众吸取前人的

---

① 参见《什么是版权》,载世界知识产权组织网:http://www.wipo.int/copyright/zh/#topics,最后访问日期:2016 年 5 月 29 日。

② 参见罗莉:《版权保护期限的是与非》,载《法学》2005 年第 11 期。

③ 参见吴汉东:《知识产权法的制度创新本质与知识创新目标》,载《法学研究》2014 年第 3 期。

智慧财富。

(一)《与贸易有关的知识产权协定》对保护期限的设置

《与贸易有关的知识产权协定》的保护期限以自然人生命为计算基础,给予作品的保护期限为50年。

(二)美国和欧盟对保护期限的设置

美国和欧盟不断推动提高知识产权保护标准,其中知识产权客体保护期限即是非常直观、明显的表现。

1.《美国—韩国跨区域贸易协定》

美国与韩国签订的自由贸易协定中没有区分一般作品、摄影作品,所称之作品包括摄影作品,统一设置保护期限。其保护期限设置如下:

(1)以自然人的生命为基准,保护期限不少于作者的寿命及其死后70年;

(2)除了以一个自然人的生命长度为基础外,保护期还应该:①不少于作品第一次予以出版、第一次表演完成,或录制品首次公开日历年度年末起算的70年;②从作品创造出来、表演完成、录制品制作完成时起25年内没有授权予以出版公布的,不少于作品创造出来表演、录制品制作完成起70年。[①]

美国给予韩国延长版权保护期2年的过渡期,即从协定生效2年后起算。

2.《美国—秘鲁跨区域贸易协定》

美国与秘鲁签订的自由贸易协定与《美国—韩国跨区域贸易协定》规定相当,只是将没有公布的作品的保护期限规定为:"作品创作后50年没有授权予以出版公布的,保护期限不少于作品创造出来表演、录制品制作完成起70年。"[②]这更加延长了对权利人的保护期限,放宽了版权保护期的起算时间。

3.《欧盟—韩国跨区域贸易协定》

《欧盟—韩国跨区域贸易协定》的规定较为笼统,第10.6条规定:"每一缔约方应规定,如果作品保护期限是以自然人的寿命为基础计算的,期限为不超过作者的寿命和作者去世后70年。"第10.7条规定:"各缔约方应规定广播的保护期不得少于广播首次播出之日起50年,无论是以有线还是无线方式播出,包括通过有线电缆或卫星。"欧盟同样给了韩国2年的过渡期,韩国可以在本协定生效2年内全面落实作品保护期限延长至70年,广播作品的保护期限延长至50年的义务。

---

① 参见《美利坚合众国与大韩民国自由贸易协定》第18.4.4条。

② 《美利坚合众国与哥伦比亚共和国自由贸易协定》第16.5.5条。

4.《欧盟—哥伦比亚、秘鲁跨区域贸易协定》

欧盟与哥伦比亚、秘鲁签订的自由贸易协定则规定得相对烦琐,其像美国的条款构造一样,区分了以作者生命为计算基础和不以作者生命为计算基础两种模式,还将一般作品与电影作品、视听作品区分规定。

(1)对于文学艺术作品保护期限的规定。《伯尔尼公约》第 2 条所定义的文学或艺术作品的作者权利应为作者终生及其死后 70 年。

(2)对于假名作品、不具名作品保护期限的规定。假名作品、不具名作品的保护期限从作品合法公之于众之日起 70 年内有效。如果可以确定作者身份的情况下则适用第(1)种情形。

(3)除摄影作品和实用艺术作品外,1 件作品不以自然人的生命长度为基础计算,保护期为不少于作品、表演、录音制品首次授权出版日历年年底开始的 70 年。如果自创作起 50 年未授权出版,保护期应该是自创作作品、表演或唱片创作年年底开始不少于 70 年。

(4)对于电影作品或视听作品的保护期限的规定。电影作品或视听作品的保护期为作者同意下自作品公之于众后 70 年期满,如自作品完成后 50 年内尚未公之于众,则自作品完成后 70 年期满。此外,一缔约方可规定电影作品或视听作品作者死后的保护期应从最后死亡的作者死亡时算起 70 年期满。

(5)对于录音作品制作者的保护期限的规定。录音作品制作者的保护期应该自录音作品被发表的日历年年底起,至少持续到第 50 年年末,或者录音制品录制之后 50 年内未发表,保护期至少是录音制品被录制的日历年其之后的 50 年。协定授予的广播组织的保护期是从广播发生之日那一年起之后的 50 年。

二、美式与欧式跨区域贸易协定中临时复制权制度比较研究

临时复制是在计算机内存储器和缓存处理中出现的获得、读取、暂时存储和短暂再现作品的技术现象,通常伴随着计算机的关闭而自动消除。[①] 由于发展中国家的极力反对,《伯尔尼公约》和《世界知识产权组织版权条约》均没有明确将临时复制包含在复制权之内。

美国将临时复制权作为著作权的保护范围,并且没有规定例外情况,对权利人的保护太过强硬。欧盟的做法相对缓和,而且并没有强制其自由贸易协定

---

① 参见冯晓青、付继存:《著作权法中的复制权研究》,载《法学家》2011 年第 3 期。

签订国遵循其国内的保护标准。

美国知识产权工业贸易咨询委员对美国与韩国签订的自由贸易协定报告中可以看出,韩国在谈判之初拒绝接受临时复制作为复制权加以保护,经过很长时间的谈判美国取得了谈判的胜利,韩国作出了妥协。① 在协定第18.4条明确规定:"各缔约方应该规定作者、表演者、录音录像制作者有权准许或禁止其所有作品、表演、录制品的复制,以任何方式和形式,永久或暂时(包括临时以电子形式存储)。"《美国—秘鲁跨区域贸易协定》第16.5.2条也作了相同的规定。除美国与澳大利亚签订的自由贸易协定中将临时复制作为复制权加以保护时规定了例外情况,其他美式跨区域贸易协定中,临时复制权都如美国与韩国、秘鲁签订的协定,非常明确地扩大了复制权的内涵。

欧盟在与秘鲁、韩国签订的自由贸易协定中并没有明确地将临时复制包含在复制权的内涵范围之内。但是欧盟境内是承认临时复制作为复制的一部分加以保护,并规定了例外情形。

三、美式与欧式跨区域贸易协定中技术保护措施比较研究

技术措施是版权人在数字时代保护自己利益的技术性手段。② 随着技术措施的发展,侵权人破解技术措施的方法也随之增多。权利人为了防止侵权人规避技术措施而采取技术保护措施(Technological Protection Measures,TPMs),以防止未经授权的访问和开发其作品。《世界知识产权组织版权条约》第11条、《世界知识产权组织表演和录音制品条约》第18条中均规定了缔约国有采取保护技术措施的义务,要求各缔约方规定适当的法律保护和有效的法律补救办法制止规避有效技术措施。公约为原则性的规定,没有进行详细的释义,导致各个国家在具体操作时出现了不同的理解,对于技术措施的保护也呈现了不同的状态。

(一)欧盟自由贸易协定对技术保护措施的规定

欧盟根据缔约方的发展程度不同而施加不同的义务。哥伦比亚、秘鲁的知识产权水平相对较低,欧盟对其技术措施义务设定的义务相对较低,仅要求缔约方应当遵守《世界知识产权组织版权条约》第11条以及《世界知识产权组织

① See Industry trade advisory committee on intellectual property right, Advisory committee report to the president, the congress and the U. S. trade representative on U. S. – Korea Free Trade Agreement, at 10.

② 参见王迁:《版权法保护技术措施的正当性》,载《法学研究》2011年第4期。

表演和录音制品条约》第 18 条的规定。①

欧盟与韩国签订的自由贸易协定对于技术措施的规定相对具体,包括有效技术措施保护的含义,并对禁止行为详细列举。对于技术措施的限制和例外,各缔约方可依据其国内法和协定中要求缔约方遵守的相关国际协定来实施。实际上是输出欧盟《2011 年信息社会版权与相关权利协调指令》第 6 条第 1 ~ 3 款关于技术措施保护的规定,比《世界知识产权组织版权条约》和《世界知识产权组织表演和录音制品条约》的要求更高。② 具体规定如下。

1. 有效技术措施的含义

有效的技术措施是指在正常的操作过程中,为了禁止或限制在作品、表演或录音制品方面未经各缔约方国内立法所规定的版权和相关权权利人授权的行为而设计的任何技术、设备或零件。通过访问控制或者保护方法,如加密、加扰等作品、表演或录音制品其他变化,或者可以达到保护目标的控制复制的机制,才可以使用权利人控制的受保护的作品、表演或录音制品,该技术措施应该被认为是有效的技术措施。

2. 防止规避技术措施的具体行为

协定要求每一缔约方应该提供充分的法律保护,防止规避任何有效的技术措施,有此种规避技术措施知识的人或者有合理理由应该知道其在追求此种目标的情况下仍实施该行为。

3. 例外和限制措施

《欧盟—韩国跨区域贸易协定》规定了缔约方可以根据国内法和双方加入的国际公约对规避技术措施的行为设置例外和限制措施。

(二)美国自由贸易协定对技术保护措施的规定

美国签订的自由贸易协定对技术措施的规定更详细,规定了许多欧式跨区域贸易协定中没有涉及的领域,并且为规避技术措施的行为设置了严厉的刑事处罚。美国与韩国签订的自由贸易协定涉及规避技术措施的行为归结如下。

1. 有效技术措施的含义

同《欧盟—韩国跨区域贸易协定》相似,美式跨区域贸易协定也对有效技术措施进行定义,其规定更为简练。有效技术措施是指正常操作中的任何技术、设备和组件,控制访问一个受保护的作品、表演、录制品或其他受保护的权利,

① 参见《欧洲联盟及其成员国与哥伦比亚共和国、秘鲁共和国自由贸易协定》第 221 条。

② 参见杨静:《自由贸易协定知识产权条款研究》,法律出版社 2013 年版,第 119 页。

或任何受保护的版权或与版权相关的任何权利。

2. 防止规避技术措施的具体行为

美国与韩国、秘鲁签订的自由贸易协定将非营利的图书馆、档案馆、教育机构或公共非商业广播排除在防止规避技术措施的主体范围内。除此之外的任何人禁止对故意或者有合理的理由知道，但却未经授权而规避受保护作品的有效控制访问的保护措施；或禁止生产、进口、销售、给予公众或提供交易设备、产品或组件，或提供服务：(1)为规避任何有效技术措施而进行推广、宣传或销售；(2)除规避有效技术措施外，只有有限的商业目的和用途；(3)主要是为了设计、生产、支持以便利规避有效的技术措施。

欧盟与韩国签订的自由贸易协定对规避技术措施的主观形态限定为有合理理由知道，美国与韩国签订的自由贸易协定将规避技术措施的主观形态分为故意和有合理理由知道两种，对故意并以商业利益或个人得利的目的从事上述活动的人适用刑事程序及刑事惩罚。

3. 例外和限制措施

在《欧盟—韩国跨区域贸易协定》中，技术保护措施的限制和例外由缔约国在国内自行设置，这为缔约国设置了一定的弹性空间。但是美国自由贸易协定对技术保护措施的限制和例外直接予以规定，并且其条款冗长复杂，涉及以下3个方面：

第一，限制与例外的具体情形。美国与秘鲁签订的自由贸易协定设定了6条例外情形，分别是合法取得计算机程序副本的非侵权反向工程活动，非侵权的善意活动，破解防止未成年人的访问的活动，仅为测试、调查或更正计算机系统或网络为目的非侵权善意活动，以决定是否购买为目的的访问非营利的图书馆、存档或教育机构的活动，为保护个人信息而采取的非侵权活动。美国与韩国自由贸易协定在例外措施中除上述6种情形外，还增加了一条即政府人员为政府目的实施的合法授权行为。

第二，例外审议机制。美国与韩国自由贸易协定还设定了例外审议机制，即在一个特定类别的作品、表演、录音制品中，对其中作品、表演或录音制品的非侵权使用依据本条为构成限制和例外，但是在实施该非侵权行为时可能会对权利人造成实质的或可能的不利影响时，在行政或立法程序中对这些行为进行复核，并且该复核应该在不超过3年的间隔期限内完成，以确定是否存在大量的、实际的或者可能的不利影响。例外审议机制可以保证例外条款设置更为合理。

第三,对实施"例外与限制"再设定限制。美国与秘鲁、韩国签订的自由贸易协定中都设置了3条限定条款,只有在其规定的3种情形下实施的例外行为,才不构成违反技术保护措施,免除法律的处罚。这可谓"限制中的限制,例外中的例外",极为严苛和复杂。

4. 处罚措施

对于违反技术保护措施的行为,在美式跨区域贸易协定中构成单独的民事或刑事犯罪,独立于缔约方法律下可能发生的违反版权及版权相关权利法律。由此也可看出美式跨区域贸易协定对于违反技术保护措施的行为惩治的严苛性。

相比欧式跨区域贸易协定,美式跨区域贸易协定呈现强制性的特点:首先,其并没有明显根据国家的发展程度不同而采取松紧度不同的措施,而是统一按照其国内法标准要求缔约国。其次,美式跨区域贸易协定所施行的标准整体高于欧式跨区域贸易协定的标准,其规定的更为具体详细,从技术保护措施的例外与限制条款、限制中的限制条款、惩治措施条款等,将技术保护措施规定得非常完善,对权利人的保护水平也非常高。美国在1998年公布了《千禧年数字版权法》(Digital Millennium Copyright Act,DMCA),美国在签订双边或多边协定时,充分借鉴了其中的条款。

四、美式与欧式跨区域贸易协定中权利管理信息制度比较研究

权利管理信息(Rights Management Information,RMI)是版权条约和许多国家针对网络环境专门设计的平衡著作权和使用人利益的新规则。①

美式跨区域贸易协定在该条款的设置中,均借鉴了美国《千禧年数字版权法》中的立法规定。在美式跨区域贸易协定中,除了《世界知识产权组织版权条约》规定的两种禁止行为外,还将明知权利管理信息未经授权已被改变,而故意分销或以分销为目的进口权利管理信息也作为其禁止的行为之一。同时美式跨区域贸易协定还规定了具体的惩治措施,违反者要承担执法章节中规定的相应的民事处罚。如果为了商业利益和私人利益实施了违反权利管理信息规定的行为,要受到刑事处罚。

由此可见,相比《世界知识产权组织版权条约》和《世界知识产权组织表演和录音制品条约》,美式跨区域贸易协定扩大了其权利管理信息的保护范围,将

① 参见郭洁:《著作权权利管理信息保护与著作权立法》,载《政法论坛》2002年第2期。

权利管理信息本身也作为保护的对象,并规定了具体惩治方式,且惩治力度非常大。然而,欧式与美式跨区域贸易协定规定不同,其直接适用《世界知识产权组织版权条约》和《世界知识产权组织表演和录音制品条约》中关于权利管理信息的规定。

五、欧式跨区域贸易协定其他特色规定

在欧式跨区域贸易协定中包含了特色规定,这些条款在多数美式跨区域贸易协定中不包含,以下作简要介绍。

(一)追续权

欧式跨区域贸易协定中设定了专门的追续权条款,欧盟与哥伦比亚、秘鲁区域贸易协定中规定每一缔约方应规定艺术品的作者,以及其死后其继承者,享有从作者第一次转让作品之后对作品的每次销售中分取盈利的不可剥夺的权利。这里所指的权利,依照国内法律适用于通过拍卖或者艺术品市场,如拍卖场、艺术画廊或其他艺术作品经销商进行的所有转售行为。欧盟与韩国的自由贸易协定中,韩国没有立即引入追续权条款,缔约双方同意交换关于艺术作品追续权政策和实践的意见和信息。在本协定生效后 2 年内,双方应进行磋商,以审查艺术作品追续权引入韩国的必要性和可行性。

美国与韩国、秘鲁签订的自由贸易协定中并没有追续权的具体规定,除了美国与澳大利亚签订的协定中允许缔约方按照《伯尔尼公约》第 14 条之 3 规定各自的追续权条款外,美国其他的协定中也没有涉及追续权的条款。

(二)权利集体管理组织的建立

权利的集体管理组织(Collective Management of Rights)是代表权利人的利益行使版权及其相关权利的组织。作品的创作者可以行使其手中的权利,如作者可以联系出版商出版发行其作品,作曲者可以决定其作品是否可以被复制等。但是个人的能力毕竟是有限的,有一些权利仅靠所有人个人无法发挥淋漓尽致的作用。比如,作品的所有人不能联系每一家电视台协商许可其作品的使用,并收敛其报酬,而且一家电视台也不可能与每一位作者单独协商。建立一个权利的管理组织来为权利的所有人和使用人搭建平台,确保权利人按时收取报酬非常有必要。

欧盟与哥伦比亚、秘鲁签订的自由贸易协定强调了集体管理组织的重要性,根据缔约国的国内法律,在透明和良好管理的环境下,按作品、表演或录音

制品的利用比率公平分配收集的报酬。欧盟与韩国签订的自由贸易协定规定了各缔约方建立集体管理组织的义务,确保更容易获得和传递缔约方之间的内容,以及确保为使用缔约方作品或其他版权保护相关权利,相互转交版税。为了保证集体管理组织工作的公平性,提高关于各自的集体组织的任务执行的透明度。

数字时代,互联网上超越国界的作品使用情形越来越普遍,作品利用的许可授权需要采取跨国措施,但各国彼此独立的集体管理机构无法对作品的跨界流通发挥更好的作用,导致权利被遗忘或弱化。自由贸易协定中的集体管理组织有利于突破地缘界限,促进知识产权的跨国保护。由于发展中国家知识产权发展落后,这样的组织对于发展中国家来讲是承担更多的义务,所以其本能性排斥对知识产权权利过分保护的制度。我国很早借鉴了权利的集体管理,并于2005年出台了《著作权集体管理条例》,对集体管理组织的设立、结构形式、主要活动等都做了详细的规定,可见我国在此方面的管理还是较为完善的。我国在自由贸易协定的条款设置中将集体管理组织的具体管理交由国内法,这样既可以保证与国际接轨,又能够把握集体管理的发展与我国知识产权水平的一致。

六、美式与欧式跨区域贸易协定中版权章节特点总结

通过上述分析可以看出美国自由贸易协定中版权章节的一些特点。第一,美式跨区域贸易协定知识产权条款在结构、内容上均具有相似性。从1994年《北美自由贸易协定》到2007年《美国—韩国跨区域贸易协定》,美国在自由贸易协定谈判中均采用固定范本,每个协定都是后续协定的蓝本,在此基础上根据情况做微小的调整不断地增加新的条款,版权内容不断丰富和细化,但是基本原则、体例结构和内容标准方面又保持高度的一致性和相似性。① 第二,美国要求缔约方加入《世界知识产权组织版权条约》《世界知识产权组织表演和录音制品条约》,将临时复制纳入复制权的保护范围、移植《千禧年数字版权法》中的技术保护措施条款和权利管理信息条款,并且规定了网络服务提供商的限制责任等措施体现了美国其紧跟互联网的步伐,保护版权人在数字时代下的权利。第三,美国与其他国家签订的协定在基本的政策框架上都抱着"一视同仁"的态

① 参见杨静:《自由贸易协定知识产权条款研究》,法律出版社2013年版,第119页。

度,并不会因为缔约方的发展程度的不同而有差别。这体现了美式跨区域贸易协定的强硬态度。发展中国家与美国签订自由贸易协定时,面临被强制接受美国较高的知识产权保护水平的境地。但有些协定相同规范相同权利的条款有微小的差别,如美国与秘鲁的自由贸易协定规定作品创作后 50 年没有授权予以出版公布的,保护期限不少于作品创造出来表演、录制品制作完成起 70 年。而美国与韩国自由贸易协定规定的是作品创作后 25 年没有授权予以出版公布的,保护期限不少于作品创造出来表演、录制品制作完成起 70 年。美国要求韩国遵守或加入的公约比秘鲁的要多。研究这些细小的差别,可以看出美国在哪些方面是可以作出让步的,为发展中国家与美国签订自由贸易协定争取更多的政策空间。第四,美国借助自由贸易协定推行其超《与贸易有关的知识产权协定》条款,在协定中渗透其国内版权法保护标准,如美式跨区域贸易协定中移植了很多《千禧年数字版权法》中的条款,将版权与相关权利的保护期限不断增长至与国内法相当。第五,美国自由贸易协定版权条款涉及内容多,除了上述对比分析所涉及的条款外,还包含了版权中的发行权、自由转让权、作者的公共传播权,以及对相关权利的规定,以及侵犯版权行为的惩治措施,基本上涵盖了版权保护的主要条款,既具备了对实体权利的进行规范的条款,也包含有程序性与执行措施的条款。

从欧盟与韩国、秘鲁和哥伦比亚签订的自由贸易协定观察呈现了与美式不同的特点,主要包括以下几点:第一,欧式跨区域贸易协定版权章节总体框架相似,但是具体内容还是有所不同的,欧盟倾向于根据缔约国的经济发展程度而给予不同的保护要求,这展现出了欧盟较为温和的自由贸易协定谈判策略。韩国比秘鲁、哥伦比亚的知识产权水平要高很多,所以在欧韩协定中其保护水平也比秘鲁要高。第二,欧式跨区域贸易协定涉及的内容较为简练,多数还是参照国际公约制定的标准。第三,欧盟与哥伦比亚、秘鲁签订的自由贸易协定注重精神权利的保护。在欧盟与哥伦比亚、秘鲁签订的自由贸易协定中第 216 条规定了版权所有人的精神权利。精神权利是独立于权利人经济权利的一种权利。根据第 1 款和第 2 款的规定作者的经济权利转让之后,作者有权申请认定其对作品的作者身份,并反对任何对作品的歪曲、篡改或其他修改,或其他贬损该作品会影响他/她荣誉和声誉的行为。并且作者的精神权利至少持续到经济权利期限届满,在作者死后仍然持续,由应由被要求提供保护的缔约方立法所授权的个人或机构行使。该条第 3 款规定了表演者的精神权利,表演者有权反对任何对其表演进行的将有损声誉的歪曲、篡改或其他修改。该条的第 5 款规定各缔约方可提供高于本条提供给道德权利的保护程度。对作者精神权利的保护并不是一纸空谈,在该条第4款规定了缔约国的救济权利,授予的维护权利的救济手段应由被要求提供保护的缔约国的法律管理。

七、中国区域贸易协定中版权及相关权条款完善建议

(一)中国自由贸易协定对保护期限的设置及建议

1. 中国自由贸易协定关于版权保护期限规定现状

从保护年限来看,相比《伯尔尼公约》《与贸易有关的知识产权协定》,美式、欧式跨区域贸易协定基本上均在延长其对作品的保护期限,以50年或70年为计算基准。中国所签订的自由贸易协定整体上是基于《伯尔尼公约》和《与贸易有关的知识产权协定》所确定的标准。例如,《中国—秘鲁自由贸易协定》仅重申了《与贸易有关的知识产权协定》以及双方参加的国际公约中的承诺,没有延长作品的保护期限。最新生效的《中国—澳大利亚自贸协定》也没有涉及延长作品保护期限的条款。

少数自由贸易协定延长了邻接权的保护期限。《中国—瑞士自由贸易协定》将表演者、录像制品制作者、广播的保护期限都延长至50年。[①]《中国—韩国自由贸易协定》[②]将广播的保护期规定为不得少于广播首次播出之日起50年,无论是以有线还是无线方式播出,包括通过有线电缆或卫星。

2. 对版权保护期限设置的建议及原因

首先,保护期限体现着立法者对公共利益和权利人利益的平衡。对版权人设置一定的专属权利保护期限,为作者创造一定的经济利益,有助于激励作品的创作创新。但过长的版权保护期限不一定给予作者更多的激励。[③] 知识产权是有经济寿命的,它的经济寿命是指该知识产权有效使用并创造效益的持续时间,[④]其经济寿命并不与保护期限成正比,因为保护期限的增加,保护成本会增加,而收益却在逐渐减少。现行的知识产权保护期限往往长于其经济寿命。[⑤]作品迟迟不能进入公众领域,成为行业垄断的借口,反而不利于促进社会进步。

---

① 参见《中华人民共和国政府与瑞士联邦自由贸易协定》第11.6条。
② 参见《中华人民共和国政府与大韩民国政府自由贸易协定》第15.2.3条。
③ 参见罗莉:《版权保护期限的是与非》,载《法学》2005年第11期。
④ 参见王娜:《论知识产权的保护期限》,载《情报资料工作》2008年第2期。
⑤ 同上。

其次,没有足够的理论证明保护期越长版权所有人收到的激励就越大。渥太华大学法学教授迈克尔·盖斯特(Michael Geist)说:"没人能够令人信服的说人们因为版权保护期只到作者死后50年而拒绝创作作品,或者因为保护期被延长至70年而特意为此去创作作品。"①

最后,原始作者往往将权利打包给唱片公司、电影公司等大型与版权有关的产业公司,版权保护期的长短受这些公司游说的左右,延长版权的保护期限使这些公司获利最大,原始作者从中获取的额外价值非常少。对已有的版权作品延长保护,仅仅保护其中极少数具有长期市场价值的版权作品,这将阻碍绝大多数市场价值少而短的版权作品进入公有领域。②

中国将来与美、欧等发达国家签订自由贸易协定时,并不一定要跟随其步伐延长版权保护期限。中国要根据自己国内的需要,平衡权利人和公共利益之间的需求,以设置合理的版权保护期。

(二)中国对临时复制权的设置与建议

发展中国家在临时复制这个问题上与发达国家持对立的态度。我国目前也没有将临时复制作为版权法的一部分加以保护。我国所签订的自由贸易协定中也并没有将在将临时复制权纳入复制权的保护范围。在目前的信息社会,对网络信息的保护固然重要,但是如果过于保护权利人的利益,就会阻碍信息的传播。复制权与信息传播权之间的平衡是立法者需要考虑的问题。

(三)中国自由贸易协定对权利管理信息的设置与建议

中国与韩国签订的自由贸易协定是中国所签订的自由贸易协定中首次包含技术措施条款的协定,主要包括以下3个方面的内容:首先,明确了各缔约方有义务制止对有效技术措施进行规避的行为,同时也限定了这种规避是相关人员在明知或有合理理由应知其在追求这种目标的情况下仍实施的行为。其次,规定了有效技术措施的定义。最后,各缔约方根据国内法和协定要求遵守的国际协定规定限制和例外。

《中国—韩国区域贸易协定》权利管理信息条款与《欧盟—韩国跨区域贸易

---

① 参见《美国视角:TPP版权规定站不住脚的理由》,载中华人民共和国国家知识产权局网:http://www.sipo.gov.cn/wqyz/gwdt/201505/t20150508_1114728.html,最后访问日期:2016年5月29日。

② 参见徐瑄、袁泳:《从Eldred v. Ashcroft诉讼案看美国版权法价值转向——美国200年来首次对"版权扩张"法案进行违宪审查》,载《中外法学》2003年第6期。

协定》中的规定相同。相比美式跨区域贸易协定的超高水平，我国可以接受欧式跨区域贸易协定中的部分符合我国国情的规则，逐步提高知识产权保护的水平。我国再签订自由贸易协定时不妨适用此种模式。

第五节 美式与欧式跨区域贸易协定专利条款比较研究

21 世纪技术爆炸式发展，通信、生产、运输技术的发展便利了产品在世界市场上流通。世界市场上的国际化竞争日益激烈，在国际市场上寻求知识产权的保护显得非常重要。[①] 专利是对发明授予的一种专有权利；发明是指提供新的做事方式或对某一问题提出新的技术解决方案的产品或方法。要取得专利，必须向公众公开发明的技术信息。[②] 专利不只是抽象的概念，它们在日常生活中发挥着宝贵的作用。通过回报创意，专利保护在每个领域鼓励开发创新和新技术。[③]

在《与贸易有关的知识产权协定》签订之前，《巴黎公约》是早期调整专利制度的国际公约，长期以来在专利的国际保护方面发挥重要作用。随着时代的发展，拥有专利数量较多的国家不满足《巴黎公约》的保护标准，而且其没有争端解决机制来应对日益增多的专利纠纷。发达国家促成《与贸易有关的知识产权协定》的签订，暂时满足了发达国家的需求，但是其提高专利的保护标准，特别是专利与公共健康问题使广大发展中国家不满。

但是《与贸易有关的知识产权协定》并没有阻止发达国家提高知识产权保护标准的步伐，一方面通过世界知识产权组织推动更高水平的专利立法，另一方面在自由贸易协定中向缔约方输出高水平的专利保护制度。以下仍以美国、欧盟分别与韩国、秘鲁签订的区域贸易协定为对象，研究美式与欧式跨区域贸易协定所展现的特点。

---

① "Patentable Subject Matter under National and Multinational Systems", *Law and Policy in International Business* 2, 1970, pp. 479 – 504.

② 参见《什么是专利》，载世界知识产权组织网：http://www.wipo.int/patents/zh/，最后访问日期：2016 年 6 月 3 日。

③ 参见《专利的主题和议题》，载世界知识产权组织网：http://www.wipo.int/patents/zh/，最后访问日期：2016 年 6 月 3 日。

一、美式与欧式跨区域贸易协定中对专利客体的定位比较研究

(一)《与贸易有关的知识产权协定》中对专利客体的定位

1. 可授予专利的条件

在《与贸易有关的知识产权协定》第 27 条为可授予专利的客体条款。上述章节已经分析,专利是对发明的授予的专有权利,但并非所有的发明均会被授予专利。《与贸易有关的知识产权协定》中规定了 3 种特性,具备这 3 种特性的发明才可能被授予专利,即新颖性、涉及发明性步骤、并可进行工业应用,后两者也可以理解为非显著性和有用性。

2. 专利性的排除

《与贸易有关的知识产权协定》在第 27 条第 2 款和第 3 款为不授予专利的情形,第 2 款和第 3 款设计的情形是为了维护公共秩序与道德。

(二)美国和欧盟对专利客体的定位

1. 可授予专利的条件

美国与韩国、①秘鲁②签订的自由贸易协定对于可授予专利的客体的规定与《与贸易有关的知识产权协定》大体相似,技术领域的产品或产品方法的发明是最新技术成果或者又实质性的进步,具备了工业可用性、新颖性、创造性,都将会被授予专利。

2. 专利性的排除

缔约方可以为了公共利益和公共道德排除发明的专利性。人体或动物的诊断、治疗和外科手术方法也可以排除发明的专利性。《与贸易有关的知识产权协定》对于微生物之外的动物、植物技术,以及本质上属于非生物处理和微生物处理之外的植物和动物生产中的生物学方法③可禁止授予专利。但是美国与韩国、秘鲁签订的协定却将此排除在外。

多数美式跨区域贸易协定没有将生命形式排除在可专利性之外。这对于美国生物科技公司是非常重要的议题。④ 生物技术类公司研发费用非常高,如

---

① 参见《美利坚合众国与大韩民国自由贸易协定》第 18.8 条。

② 参见《美利坚合众国与秘鲁共和国自由贸易协定》第 16.9 条。

③ 参见《与贸易有关的知识产权协定》第 27 条第 3 款第(b)项。

④ See Malkawi, Bashar H, "Patent Protection and the Pharmaceutical Industry in Japan", *Asian Journal of WTO & International Health Law and Policy* 4, 2009, pp. 93 – 128.

果研发结果收到专利保护,则在研发上的投资就可以在专利系统规定的专有权期间内获得补偿。① 相反,如果研发成果不能受到专利保护,则竞争者就能够影响定价决定、控制市场份额,阻碍发明家、公司和投资者收回其投资成本。这样的不确定性有可能减缓这个产业的发展速度。② 对生命形式的发明授予专利符合美国生物科技公司的需要,但是这显然增加了发展中国家的保护义务。在《与贸易有关的知识产权协定》和《多哈宣言》中已经明确将除微生物以外的生命形式的技术排除在专利的保护之外,但是由于美式跨区域贸易协定中的强制性的条款使发展中国家并不能享受到在多边层面力争到的权利,而承担超越自己国家发展水平的知识产权保护义务。

(三)中国自由贸易协定中对专利客体的定位

中国与韩国、瑞士签订的自由贸易协定是唯一两个对专利客体作出规定的协定。中国与韩国签订的自由贸易协定专利客体与《与贸易有关的知识产权协定》的保护水平相同。中国与瑞士签订的自由贸易协定中对可授予专利的条件与《与贸易有关的知识产权协定》第 27. 1 条规定的保护水平相一致。但是缔约方可排除专利性的情况包含两种:第一种为诊断、治疗和外科手术方法,与《与贸易有关的知识产权协定》相同,并且强调不应适用于前述任何方法中所使用的产品,尤其是物质或者组合物;第二种为植物或动物品种或用于生产植物或动物的主要是生物学的方法,微生物方法或由微生物方法生产的产品不排除在外。

二、美式与欧式跨区域贸易协定中专利保护期比较研究

专利的客体的范围以及专利的保护期限是专利保护程度所涉及的两个基础问题,因为专利的客体范围涉及专利保护宽度,而专利保护期限则代表专利保护的长度。《与贸易有关的知识产权协定》规定了专利的保护期限为自申请之日起不少于 20 年。

(一)美国和欧盟对专利保护期的设定

1. 欧盟对专利保护期的设定

欧盟与韩国签订的协定第 10. 35 条规定是“专利权保护所授予权利期限的

---

① 参见《生物技术领域可专利客体的趋势》,载中华人民共和国国家知识产权局网:http://www. sipo. gov. cn/wqyz/gwdt/201507/t20150723_1149082. html,最后访问日期:2016 年 7 月 9 日。

② 同上。

延长”条款,其在第 2 款明确规定对于专利产品在市场的首次许可销售,导致的专利有效期限不合理的缩短,经过专利权人的请求,可以延长专利保护所赋予的权利期限。同时,规定了由专利保护赋予的权利期限的延长不能超过 5 年。

欧盟与秘鲁、哥伦比亚签订的自由贸易协定第 230 条第 4 款规定,关于专利所覆盖的药品,由于在该缔约方首次产品销售许可,导致有效专利期限的不合理地缩短,各缔约方可以根据其国内立法,提供一个机制来补偿专利权所有人。这种机制应赋予一项专利所有的专有权,适用于原创性专利同样的限制和例外。

欧盟与哥伦比亚、秘鲁签订的自由贸易协定与欧盟与韩国签订的自由贸易协定有以下几点区别:首先,欧盟与韩国签订的自由贸易协定第 10.35 条所涉及的客体是所有专利产品,而欧盟与哥伦比亚、秘鲁签订的协定限定在关于专利所覆盖的药品上,缩小了专利补偿机制所适用的客体范围。其次,欧盟与哥伦比亚、秘鲁自由贸易协定并没有明确此补偿机制为延长专利的保护期限,各缔约国可以根据自身的国内法确定一个补偿机制。最后,欧盟与韩国签订的自由贸易协定中所用的词语为缔约方“应该”(shall),而欧盟与秘鲁、哥伦比亚签订的自由贸易协定中的表述为“可以”(may),可见欧盟与韩国的补偿方式是强制性的,而与哥伦比亚、秘鲁签订的自由贸易协定所要求的补偿方式是非强制性的。

2. 美国对专利保护期的设定

美国与韩国签订的自由贸易协定中对于从缔约方当事人在其境内递交专利申请表格之日起 4 年以上或者在要求专利审查之后 3 年以上还未发行专利的视为不合理的迟延,这些迟延不包括可归因于专利申请人的行动迟延的期间。如果专利所有权人要求,双方当事人应调整专利合同条款赔偿发生在授予专利过程中不合理的迟延。

美国与秘鲁签订的自由贸易协定要求各缔约方应尽最大努力快速处理专利申请和市场许可申请,以避免不合理的延误。对于专利产品的补偿方式,美国与秘鲁签订的自由贸易协定将药品专利与一般的专利产品区分规定:

(1)除药品专利以外的专利期限的补偿方式。除了药品专利以外,应专利所有人要求,各缔约方应通过恢复专利期或专利权的方式为补偿不合理的专利颁发迟延提供途径。

(2)药品专利的补偿方式。应专利所有人要求,各缔约方可以通过恢复专利期或专利权的方式为补偿不合理的药品专利颁发迟延。

其中,不合理的迟延至少应包括在缔约一方境内的专利颁发自提交申请之日起超过了5年,或审查申请的要求作出后经过3年,以较迟者为准,如果该期间可归因于专利申请人行动的期间,可不将其包括在这种延迟的计算内。

美国和秘鲁签订的自由贸易协定与美国与韩国签订的自由贸易协定在此方面的规定也有所不同。第一,美国秘鲁自由贸易协定给予缔约方恢复专利期或者为专利申请的不合理的迟延提供补偿。第二,关于不合理的迟延的定义二者规定也不相同,美国与秘鲁签订的自由贸易协定至少应包括在缔约一方境内的专利颁发自提交申请之日起超过了5年,而美国与韩国签订的自由贸易协定所要求的是4年。在这一点上可以说,美国与秘鲁的条件在认定不合理的迟延上更苛刻一些。第三,美国和秘鲁签订的自由贸易协定将药品专利和一般专利区分规定,药品专利未强制性地要求对不合理的迟延采取补救措施,其原文中的用词为"可以"(may),而对于一般专利强制要求缔约方提供补偿或者延期的就是方式,其原文中的用词为"应该"(shall)。而美国与韩国签订的自由贸易协定对于药品专利不合理的迟延是强制性地采取补救措施。

3. 美式与欧式跨区域贸易协定专利保护期对比

比较美式与欧式跨区域贸易协定可以发现,欧式跨区域贸易协定药品专利仅就市场准入程序中不合理的延误进行弥补,美式跨区域贸易协定对药品专利授予和药品销售过程中的延误均要求补偿。显然,美式跨区域贸易协定扩大了药品专利补偿的期间,对药品专利的保护力度更大。

(二)中国对专利保护期的设定

中国自由贸易协定没有涉及将专利保护期限延长的内容。

三、美式与欧式跨区域贸易协定中药品实验数据的保护制度比较研究

药物可采用两种不同的知识产权保护方式:药品实验数据专有权保护和药品专利保护。对药品申请专利保护,我们并不陌生。本部分介绍的主要是对药品实验数据的专有权保护。

制药企业会对新药物进行严格的实验,以检验新药物有效性和安全性。申请人提供的上述药品试验数据是药品管理机关判断是否给予批准其申请的重要依据。仿制药无须重复进行复杂的药理、毒理及临床试验,提交上市申请时,只需提供能够证明其申请的药品与被仿制的药品具有同样的质量和疗效的生

物等效性数据。① 药品实验数据专有权是国家为了保护在先申请者提供药品试验数据时所耗费的金钱与时间,授予在先申请者一定期间内禁止他人使用其药品试验数据用于申请新药上市的排他权。②

(一)《与贸易有关的知识产权协定》对药品实验数据的保护

在欧美国家的不懈努力下,《与贸易有关的知识产权协定》第 39 条第 3 款规定了对药品、化工品的未披露的实验数据或其他数据提供保护,防止不正当的商业运用,除非为了公众利益的需要。

在《与贸易有关的知识产权协定》签订之前,没有国际协定对药品专利进行规范,没有国际义务的束缚,发展中国家和最不发达国家多采用制造仿制药和进口通用药品的方式向其国民提供廉价药品。③《与贸易有关的知识产权协定》的专利保护的标准将会对药品的成本以及药物可用性产生潜在的影响。为此,《与贸易有关的知识产权协定》在药品专利与公共健康关系方面广受诟病。新药品的研发是需要投入很长的时间和较大的人力、财力,对药品实施知识产权方面的保护是鼓励研发积极性的途径。但是基于此种保护导致的较高药品价格,不利于发展中国家以及欠发达国家应对禽流感、结核病、艾滋病以及其他地方性疾病。发达国家基于其较高的经济发展水平、完善的社会保障体系,在这方面的压力要小很多。为了解决发展中国家和欠发达国家所关注的问题,2001 年世界贸易组织在多哈举行的部长会议上通过了《多哈宣言》,帮助成员方保护公共健康、增加药品的可及性。但是美、欧国家仍然在自由贸易协定中推动对未披露的实验数据的更高水平保护。

(二)美国与欧盟对药品实验数据的保护

1. 欧盟对药品实验数据的保护

《欧盟—韩国跨区域贸易协定》中规定要保证为了投入市场而提交的药品数据的保密性、非公开性和非依赖性,依赖性是指药品注册申请者在进行药品申请时,直接或者间接地依赖以前申请者已有的数据。为此,该协定第 10.36 条第 2 款规定申请者为获得新药品在各自境内的上市许可第一次提交的有关

---

① 参见杨莉等:《药品试验数据保护与专利保护之平行并存性研究》,载《中国新药杂志》2013 年第 22 期。

② 参见陈庆:《药品试验数据专有权与药品专利权冲突之研究——从药品可及性角度说起》,载《知识产权》2012 年第 12 期。

③ 参见胡潇潇:《我国专利法“药品实验例外”制度研究》,载《法商研究》2010 年第 1 期。

安全和效力的数据,不被用于授予其他药品上市许可,除非使用这些数据的上市许可持有人提供了明确的同意证据。这一规定将大大延缓防止药品进入市场的时间。同时,欧盟给予药品数据保护期限为至少5年。

在《欧盟—哥伦比亚和秘鲁跨区域贸易协定》中,对于药品实验数据的保护水平虽然也有提高,但是相比《欧盟—韩国跨区域贸易协定》更显“温和”。首先,欧盟与哥伦比亚、秘鲁签订的自由贸易协定中没有明确要求保护药品数据的非依赖性。其次,为药品数据保护提供了例外,缔约方规定为了公共利益、国家紧急状态或其他极端紧急情况下有必要允许第三方访问这些数据。欧盟原拟给予哥伦比亚、秘鲁的药品数据保护期限为11年,在哥伦比亚、秘鲁强烈反对下,最终规定缔约方应该对在其领土范围内批准销售的医药产品授予一般为5年的独占期,①期间第三方应该不能依据这些数据将产品商业化生产,除非其提供的受保护信息持有人明确同意或者其拥有测试数据的证据。

2. 美国对药品实验数据的保护

药品试验数据保护制度最早产生于美国。② 美国签订的自由贸易协定更注重对专利权人的保护。《美国—秘鲁跨区域贸易协定》第16.10条、《美国—韩国跨区域贸易协定》第18.9条“有关受管制产品的措施”第2款中单独对药品作了规定。为新药上市销售而提交给行政机关检测的实验数据或其他必要数据,将其作为准许使用新型药品销售的条件,以确保这类产品是否有效安全,由于这些数据包含了研发人员大量精力,该缔约方应保护该当事方提交的数据免于披露,除非为保护公众而进行的披露,或为确保数据免受不公平的商业措施而披露。其给予的药品未披露数据的保护期限同样是5年。美国针对仿制药市场准入和销售环节都设置了许多障碍,这些条款都极大地阻止仿制药品的上市。

目前,“非典”疫情、禽流感、艾滋病、癌症等疾病和健康问题频发,使公共健康问题成为发展中国家的挑战。在签署自由贸易协定时,发展中国家会在公共健康政策方面争取空间。欧盟与韩国签订的自由贸易协定中在专利权小节项

---

① See International Property Watch, “Tough IP Health Provisions In Europe’s Colombia/Peru Trade Deal”, Accessed June 15, 2016, http://www.ip-watch.org/2010/02/25/tough-ip-health-provisions-in-europes-colombiaperu-trade-deal.

② 杨莉等:《药品试验数据保护与专利保护之平行并存性研究》,载《中国新药杂志》2013年第22期。

下明确了专利权与公共健康之间的关系。各缔约方认识到了《多哈宣言》的重要性，在解释和实施专利这一小节时，双方都有权援引《多哈宣言》。欧盟与哥伦比亚、秘鲁签订的自由贸易协定在知识产权章一般原则部分则强调了《多哈宣言》的重要性，在解释和执行整个知识产权章节的权利和义务时，各缔约方都应当保证与该宣言的一致性。各缔约方还认识到实施2008 年5 月24 日由世界卫生大会通过的第决议《公共卫生、创新和知识产权全球战略和行动计划》（WHA61.21）的重要性。欧盟与哥伦比亚、秘鲁签订的自由贸易协定关于《多哈宣言》的适用范围更广泛，这样更能保证公共健康与知识产权之间的利益平衡关系。美国签订的协定中也加入了对公共健康认识的条款，在极端紧急或是国家紧急的情况下或者为保护公共健康而获得治疗各种疾病的药物，特别是关于艾滋病、艾滋病毒、结核病、疟疾等其他传染性病。

但是上述多为原则性的条款。如何在公共健康与专利保护中取得平衡是非常难以衡量的，其中力量的博弈将是发达国家与发展中国家签订自由贸易协定时需要关注的。

四、中国区域贸易协定中专利权条款的完善建议

中国区域贸易协定中非常注重公共健康与知识产权的关系，中国与智利、哥斯达黎加、秘鲁、瑞士、韩国、澳大利亚签订的自由贸易协定中都强调了知识产权与公共健康的关系，要求缔约方遵循《多哈宣言》确立的原则，这对于平衡发展与人权之间的关系有很好的示范作用。在《中国—韩国区域贸易协定》中还强调各缔约方为了保护公共秩序或公德可以将某些发明排除在专利范围之外。

但是近年来，中国自由贸易协定中才有独立的专利条款。中国与瑞士签订的自由贸易协定是第一次设置专门的专利条款，[①]规定了专利权取得的条件和限制，并且在其第 11.3 条“国际条约”条款中重申了双方在《专利合作条约》《国际承认用于专利程序的微生物保存布达佩斯条约》中的义务。中国与韩国签订的自由贸易协定中涉及的专利条款有 3 个方面，除了上述公共健康与知识产权之间的平衡条款外，还有专利的保护对象以及专利保护的例外，但是基本内容与《与贸易有关的知识产权协定》相似。中国与澳大利亚签订的自由贸易

① 参见《中华人民共和国政府与瑞士联邦自由贸易协定》第 11.8 条。

协定就申请人修改、更正和意见陈述的权利和专利的公布期限作出规定。

由此可以看出,中国签订的自由贸易协定基本维持在《与贸易有关的知识产权协定》的保护水平。且专利条款设置较为简单,条款数目少,中国与瑞士签订的自由贸易协定中只有1条,中国与澳大利亚、韩国签订的自由贸易协定中分别有2条。中国与发达国家签订自由贸易协定还是要坚守《与贸易有关的知识产权协定》确定的基本原则,要有自己的立场和底线,要谨防更高水平的超《与贸易有关的知识产权协定》条款。

第六节 美式与欧式跨区域贸易协定商标与地理标志条款比较研究

一、商标国际保护的发展概要

跨国贸易繁荣发展,商标的国际保护成为企业的需求。《巴黎公约》为建立统一的国际商标保护制度迈出了第一步。它是早期关于商标保护国际公约,在实体规则和程序上对商标的国际保护作出了规定,确立了国民待遇等一系列的商标国际保护的基本原则,初步统一了商标保护的国际标准。

利用国际商标立法统一各国的商标法律,为跨国企业的商标在不同成员方中的保护提供便利是国际商标立法讨论的重要议题。1891年的《马德里协定》以及1989年的《马德里协定议定书》即是在这样的背景下签订,其保证缔约方取得国际注册,无须再向每个有关的国家或地区按照不同的程序规则和条例,使用多种不同的语言,分别提交国家申请,并缴纳数种不同的(且往往更高的)规费,而只需通过本国的主管局以一种语言(英语或法语),向国际局提交一项申请,并缴纳一套规费即可。①

1994年世界知识产权组织主持下达成了《商标法条约》,其主要是为了进一步简化商标注册程序,减少在多个法律管辖区申请商标和管理商标注册的复杂性,并提高其可预见性。②

---

① 参见《〈商标国际注册马德里协定〉和〈商标国际注册马德里协定有关议定书〉提要》,载世界知识产权组织网:http://www.wipo.int/treaties/zh/registration/madrid/summary_madrid_marks.html,最后访问日期:2016年6月13日。

② 参见《〈商标法条约〉提要》,载世界知识产权组织网:http://www.wipo.int/treaties/zh/ip/tlt/summary_tlt.html,最后访问日期:2016年6月13日。

《商标法新加坡条约》是在认真总结10多年来《商标法条约》的实践以及考虑通信技术发展的基础上,对《商标法条约》进行的更新。① 世界知识产权组织称其为协调商标注册的行政程序创建一个现代化的能动国际框架。

《与贸易有关的知识产权协定》在统一商标实体保护,确立具体的执法机制方面有了发展,国际社会普遍认为其确立了商标保护的最低国际标准。在后《与贸易有关的知识产权协定》时代,随着互联网的发展和普及,各国开始为商标在互联网上的使用、注册制定法律框架。同时,多边体制推行的障碍,使缔约国通过双边或多边自贸协定来推进更高水平的商标权保护,自由贸易协定在当今的知识产权国际保护制度发展中起到非常重要的作用。

以下从美国、欧盟分别与韩国、秘鲁签订的自由贸易协定中商标保护制度为例,对比分析美国与欧盟两大知识产权强国在商标保护制度中的特点。

欧盟与韩国签订的自由贸易协定涉及商标的条款非常少,只有3条,包括商标的注册程序、商标权例外,以及双方应该遵循的国际公约。欧盟与哥伦比亚、秘鲁签订的自由贸易协定有5条,增加了商标的注册要求和驰名商标2项内容。从整体上看欧盟商标条款主要集中在对程序规则的规定,实体方面并没有加入过多的超《与贸易有关的知识产权协定》因素。而美国在商标的种类、要素、驰名商标的保护、商标注册等领域都贯彻了美国国内法对商标保护的标准,极力提高对商标的保护。我们从中挑选几个有代表性的条款加以分析。

二、美式与欧式跨区域贸易协定中商标的构成要素比较研究

(一)《与贸易有关的知识产权协定》对商标的构成要素的设定

《与贸易有关的知识产权协定》第15条对商标的构成要素作出规定,商标的功能在于区分货物或者服务的来源,只要能满足这一要求的任何标记或标记的组合都可以构成商标,但是构成商标的符号必须是在视觉上可以感知的。

(二)美国和欧盟对商标的构成要素的设定

1.美国对商标的构成要素的设定

美式跨区域贸易协定不要求商标的符号必须是在视觉上可感知的,声音或气味的单独可以作为商标的构成要素。

美国与韩国签订的自由贸易协定第18.2条、美国与秘鲁签订的自由贸易

---

① 参见尹锋林:《商标法新加坡条约述评》,载《电子知识产权》2006年第12期。

协定第16.2条均规定,缔约方不得要求以标记是可见的作为商标登记的条件,也不能仅以标记是由声音或气味组成的为由否认商标登记。

2. 欧盟对商标的构成要素的设定

《欧盟—哥伦比亚和秘鲁跨区域贸易协定》第203条是关于商标的规定。内容涉及以下几点:首先,其强调商标区分货物或服务来源的作用,要求商标的构成要素与《与贸易有关的知识产权协定》水平相当。相比《与贸易有关的知识产权协定》其将商标标记为拓展到声音和颜色的组合。其次,对于没有固有的区分有关商品或服务的特征的标志,协定也作出了规定,各成员方可经由使用后获得的显著性作为是否予以注册的条件。但是协定规定应在视觉上感应作为商标注册的条件。《欧盟—韩国跨区域贸易协定》中并无规定。

三、美式与欧式跨区域贸易协定中地理标志比较研究

《与贸易有关的知识产权协定》中第22条规定,地理标志是指明货物来源,并且该货物享有的质量、声誉或其他特性实质上归因于其地理来源。地理标志具有地缘性、客观性、永久性的特点。①

欧洲历史发展悠久、有众多成员方等原因使欧盟拥有的地理标志资源非常丰富。法国、意大利、德国等国家具有盛产葡萄酒的得天独厚的地理优势,意大利的腌制肉类在世界久负盛名,其帕尔玛火腿在中国也获得了地理标志保护,法国还拥有奶酪之乡的美誉,莫城布里奶酪(Brie de Meaux)、卡蒙贝尔奶酪(Camembert de Normandie)、孔泰奶酪(Comté)等都是通过代代相传的工艺流传下来的品牌。而美国作为新兴国家,地理标志形成所需要的人文和历史的积淀较少。

美国与欧盟在地理标志方面的分歧由来已久。在《与贸易有关的知识产权协定》谈判的过程中,美国与欧盟在地理标志上的利益分歧表现得特别明显。《与贸易有关的知识产权协定》对于葡萄酒和烈酒给予了地理标志的保护,但是也设置了不少的限制条款,是双方妥协的产物。欧盟在《与贸易有关的知识产权协定》谈判中没有得到满意结果,欧盟委员会在欧盟与第三国家知识产权政策报告上也提及:"欧盟将继续推进地理标志在世界贸易组织项下的更好的保

① 参见吴汉东:《知识产权国际保护制度的变革与发展》,载《法学研究》2005年第3期。

护,并且在互联网上发出推动地理标志保护的声音。"[①]

(一)美式跨区域贸易协定对地理标志的定位

美国与秘鲁签订的自由贸易协定第16.2.2条规定,各缔约方提供的商标应包括集体或认证标志。各缔约方还应提供商标包括在贸易过程中可能作为地理标志并可能构成集体或认证标志的符号。并且其在该协定第16.3条规定缔约方可以通过商标保护机制提请对地理标志的保护。该条还对于商标和地理标志的关系规定了在先权利优先(first-in-time, first-in-right)的原则,[②]在地理标志可能对将要使用或注册的良好信誉商标引起混淆,或者对既存商标引起混淆时,该地理标志可以被拒绝保护或承认。

美国与韩国签订的自由贸易协定第18.2.2条规定,各缔约方应当规定商标包括证明商标。并且各缔约方应当给予地理标志与商标同等合格的保护。此条款中没有提及集体标志,美国工业委员会在报告中指出虽然这并非是非常严重的问题,但是如果将集体标志加以特别规定将会更完善。[③] 同时可以看出,美国与韩国直接规定将地理标志给予商标保护,此表述方式与美国国内对于地理标志的保护模式相同。[④]

(二)欧式跨区域贸易协定对地理标志的定位

关于地理标志和商标的关系,美国和欧盟的态度有很大不同。美国强化将地理标志作为商标加以保护,欧盟则更加强调建立单独的地理标志保护义务模式。在欧式跨区域贸易协定将地理标志与商标作为两个并列的小节加以规定。且如果在缔约国已经对领土内地理标志的申请认可或者地理标志处于受保护的状态,则与受保护地理标志的任何情况相同的商标无效。在欧盟与哥伦比亚、秘鲁签订的自由贸易协定对相同或相似的产品,在其领域内地理标志的保护期过后允许提交商标注册的申请。可见在欧式跨区域贸易协定中对于地理标志是优先保护的。

欧盟与韩国均为地理标志众多的国家,对地理标志保护的需求较为强烈,

---

① European commission, "Trade, growth and intellectual property-Strategy for the protection and enforcement of intellectual property rights in third countries", 1.7.2014, p.15.

② See U.S. International Trade Commission: "U.S. – Peru Trade Promotion Agreement: Potential Economy-wide and Selected Sectoral Effects" 6.2006, p. G – 16.

③ See Report of the industry trade advisory committee on intellectual property rights, "The U.S-Korea FTA, The intellectual property provisions", 27.8.2007, p.7.

④ Ibid.

从欧盟与韩国签订的自由贸易协定附件就可以看出,欧盟所列的地理标志有近60种,韩国有将近70种。双方对附件中地理标志已经审议,协定生效后自动对其实施保护。正文中对地理标志条款的规定占用篇幅非常多,规定也非常详细,加强了对农产品、食品和酒类的地理标志的认可,其中酒类有包括葡萄酒、加香型葡萄酒和烈酒,并且规定了各缔约国关于地理标志的注册和控制的要求,以及地理标志的保护范围、地理标志与商标之间的关系等8项条款。在地理标志注册和控制方面,自由贸易协定要求缔约各方在各自境内设置列出受保护地理标志的登记簿,并且制定一套用于确认地理标志的行政程序,要求缔约方规定对注册名称、产品规格的要求,以及在先使用名称的使用者的异议程序。自由贸易协定在条款中不断的强调要加强对地理标志的保护,如该协定第10.22条规定:"各缔约国应主动通过其主管部门的适当干预加强对第10.18条(农产品、食品和葡萄酒的地理标志的认可)到第10.23条(与商标之间的关系)规定的保护。缔约方也应应利益相关方的申请加强保护。"该协定第10.24条又规定增强对地理标志的保护,为欧盟和韩国在协定实施后,继续增加地理标志的保护提供保障,欧盟和韩国均同意毫不迟疑地处理对方在附件中添加地理标志以进行保护的请求。为了保证地理标志条款的顺利实施,欧盟与韩国还设定了地理标志工作小组,加强双方在地理标志方面的交流和对话。

从欧盟与哥伦比亚、秘鲁签订的自由贸易协定中可以看出,欧盟受保护的地理标志有120多项,而哥伦比亚只有1项,秘鲁只有3项。欧盟和秘鲁、哥伦比亚其地理标志发展水平并不平衡,其自由贸易协定中地理标志条款不如《欧盟—韩国跨区域贸易协定》详细,包括地理标志的适用范围、对已建立的地理标志保护、新地理标志的增加、一般规定和合作、透明度条款。对于新的地理标志,双方同意增加新地理标志的可能性,并没有《欧盟—韩国跨区域贸易协定》中所规定的双方应该毫不迟延地增加地理标志。

四、美式与欧式跨区域贸易协定中驰名商标保护力度的比较研究

(一)《巴黎公约》对驰名商标的保护

驰名商标是指被广泛公众群体知晓,享有非常高的声誉的商标。《巴黎公约》是早期对驰名商标进行保护的国际公约。《巴黎公约》第6条第2款的规定将驰名商标限定在已经注册的商标,并且是相同或者相似的商品范围内进行保护。

(二)美国与欧盟对驰名商标的保护

美式跨区域贸易协定不要求将商标在其本国境内或在其他国家管辖领域

内注册与否作为决定商标是否为驰名商标的条件，加强对驰名商标的保护。此外，任何缔约方都不能救济或者减轻对驰名商标的救援措施。

另外，修改了《巴黎公约》第 6 条第 2 款的规定，美式跨区域贸易协定将驰名商标从相同或相似的商品扩展到不相同或不相似的相关商品或服务领域，拓宽保护驰名商标保护的标准。认定为驰名商标的标志不相同或不相似的商品或服务中，无论该驰名商标是否注册，只要这些商品或服务相关商标的使用会表明这些商品或服务与该知名商标所有者之间的联系，且该商标所有者的利益很有可能因为这种使用而受到损害，应拒绝注册，禁止使用。

欧盟与韩国签订的自由贸易协定在此方面没有规定。欧盟与哥伦比亚、秘鲁签订的自由贸易协定要求各缔约方遵守《巴黎公约》和《与贸易有关的知识产权协定》中的规定，合作保护驰名商标。

五、美式与欧式跨区域贸易协定中商标保护期限比较研究

(一)《与贸易有关的知识产权协定》对商标保护期限的设定

《与贸易有关的知识产权协定》第 18 条是关于商标保护期限的规定，原始商标和续展商标的保护期限都不得少于 7 年，并且续展商标的续展次数是不受限制的。

(二)美国和欧盟对商标保护期限的设定

美式跨区域贸易协定中对于商标保护的期限和续展期延长至 10 年，《美国—韩国跨区域贸易协定》第 18.2.12 条、《美国—秘鲁跨区域贸易协定》的第 16.2.11 条均规定："各缔约方应规定商标的初次注册和每次商标注册的更新的间隔期限应不少于 10 年。"欧式跨区域贸易协定中没有关于商标保护期限的规定。

六、中国应对策略研究

中国在与瑞士签订的自由贸易协定之前的协定中，没有专门的商标条款，其保护标准遵照《与贸易有关的知识产权协定》的规定。从中瑞自由贸易协定中可以看到欧式跨区域贸易协定的影子，将商标的要素扩展到声音和颜色的组合，并且要求承认《世界知识产权组织关于驰名商标保护规定的联合建议》的重要性，以及对商标的保护范围、驰名商标作出了规定。在中国与韩国签订的自由贸易协定中，商标的保护水平又进一步提高，将商标的要素扩展为非可视标

记,声音也可以作为商标注册的要素,规定了商标的在先权利、商标权例外、驰名商标、商标的注册和申请。中澳自由贸易协定中对于商标保护的范围进一步扩大,设计了未披露信息的保护、要求对证明商标和集体商标提供保护、双方也要在声音和视觉商标上展开进一步合作。

中国自由贸易协定中商标条款经历了从无到有,从粗略规定到标准逐步提高的过程。欧盟与美国在知识产权方面的逐步推进,使商标的保护水平逐步提高是必然的。我国谈判自由贸易协定应该是循序渐进的,为发展中国家的知识产权发展争取空间和时间。在涉及商标程序问题、便利商标申请和注册方面的高水平保护,我国可以考虑接受;在实体方面的重大变化,我国要根据自身的发展水平做进一步评估,会给我国商标保护带来巨大冲击的条款应该拒绝接受。

第七节　美式与欧式跨区域贸易协定知识产权执法制度比较研究

由于知识产权产品具有无损耗和非排他的特性,执法的有效性会较大地影响知识产权经济价值的实现程度。① 首先,这是因为知识产权的排他性权利可通过协商达成一致,但是很多时候也需要通过法庭或者其他主体的干涉来保证。其次,放弃知识产权的独占性而获得的金钱或其他方式的补偿,也需要有协议或者第三方机构的介入保证权利的实现。最后,排他性权利的转让也需要执法制度保证实施。② 知识产权执法条款非常重要,一方面,可以激励创新创造活动,促进经济社会发展;另一方面,可以促进技术的传播。

《与贸易有关的知识产权协定》是第一个系统详细的设置知识产权执法条款的国际条约,被比作装上"獠牙"的协定,知识产权协定只有具备了完备的执法机制,才能真正保证协定的实施。其条款主要是欧盟和美国在乌拉圭回合谈判上提出的。发展中国家当时还只将焦点聚集在协定第二部分的实体权利方面,所以对执法条款并没有过多关注,发达国家则是有备而来。协议中第三部分为知识产权执行部分,其主要对侵犯协定所涉及的知识产权权利采取有效的

---

① 参见杨静:《自由贸易协定知识产权条款研究》,法律出版社2013年版,第193页。

② See JennerJesse, "An Outline of Enforcement of Intellectual Property Rights", *Albany Law Review* 50, spring1986, pp. 437 - 454.

制止措施,包括行政和民事救济程序、临时性措施、与边境措施相关的特殊规定、刑事程序。其强调司法程序的公平和合理、具体的证据规则和合理的惩治措施。

知识产权是美国经济增长和高质量就业的主要来源,阻止外国政府和竞争者攫取美国的知识产权更加重要,因为美国的创新者通过向全球出口他们的产品和服务来提供高薪工作。① 欧盟也非常注重产品创新、品牌效应和产品品质,欧委会贸易总司曾在声明中强调知识产权的保护和执行对欧洲经济和就业的影响。②《与贸易有关的知识产权协定》后,发达国家也从未停止过探求更高的知识产权执法标准。2007 年美国、欧盟、韩国等知识产权强国秘密开始了《反假冒贸易协定》(The Anti-Counterfeiting Trade Agreement,ACTA)的谈判,其中包含非常多的超《与贸易有关的知识产权协定》知识产权执法条款。另外,知识产权强国也在区域贸易协定中推行较高标准的知识产权执法条款,美国在与很多发展中国家签订的自由贸易协定中都引入了超《与贸易有关的知识产权协定》的知识产权执法条款。

美国与韩国、秘鲁签订的自由贸易协定主要参照《与贸易有关的知识产权协定》的结构,包括一般义务、民事、刑事和行政程序和救济措施、临时措施、边境措施等内容。执法部分大约 30 条,占整个知识产权章节很大比例。欧盟与韩国的自由贸易协定其条款数目、篇幅美式跨区域贸易协定相当,欧盟与秘鲁、哥伦比亚签订的自由贸易协定条款数目、篇幅相对减少,只有 21 条。欧式跨区域贸易协定执法规则设置上也与《与贸易有关的知识产权协定》稍有不同,主要依照本国知识产权执法指令来构架。相比美式跨区域贸易协定,欧式跨区域贸易协定的结构清晰,分类明确,一目了然。

一、美式与欧式跨区域贸易协定执法章节中一般义务比较研究

《与贸易有关的知识产权协定》中规定了缔约方有为保证知识产权权利不被侵犯而采取有效保障、实施程序的公平合理、裁决的形式要件、诉讼方的审查

① 《美发布"特别 301"报告,中国仍列优先观察名单》,载中华人民共和国驻美国大使馆经济商务参赞处网:http://us. mofcom. gov. cn/article/express/jmyw/201604/20160401307517. shtml,最后访问日期:2016 年 6 月 8 日。

② 《欧盟—加拿大自由贸易协定将侧重知识产权保护》,载中华人民共和国商务部网:http://www. mofcom. gov. cn/aarticle/i/jyjl/m/201208/20120808287122. html,最后访问日期:2016 年 6 月 8 日。

权等一般义务。美式跨区域贸易协定在一般义务中加入了更多的超《与贸易有关的知识产权协定》因素。

首先,美式跨区域贸易协定不但要求以书面形式作出裁决,还规定了裁定和判决的构成、并且各缔约方应该公开这些判决和裁定,不能公开的情况下,也要保证对政府和权利持有人公开。执法信息的公开在一定程度上有利于公平判决的做出,对协定条款的实施具有示范和导向作用,同时对知识产权保护执法环境较差的国家起到警醒的作用。但是,各缔约方在民事、行政、刑事知识产权执法案件中收集和整理并公布的任务,对于缔约方来讲是非常庞大的工作。

其次,美国与秘鲁签订的自由贸易协定中规定了不为缔约方创设的义务,包括不要求缔约方建立一个有别于一般法律执行的司法系统。与《与贸易有关的知识产权协定》第 41.5 条的规定作用相似。但是美国与韩国签订的自由贸易协定中则没有明确不为缔约方强加的义务。

最后,在美国与韩国、秘鲁签订的自由贸易协定中均涉及版权和相关权利作者身份的推定,即在涉及版权或相关权利的民事、行政和刑事程序中,各缔约方应推定,在没有相反证据的情况下,以通常方式使用其名的自然人是作品、表演或音像制品指定的权利所有人。美国与韩国签订的自由贸易协定中还规定在涉及商标的民事、行政和刑事程序中,各缔约方应提供一个推定,即注册商标是有效的。在民事、行政诉讼中涉及的专利,各缔约方应提供一个可推翻的推定即专利是有效的,并应假定每个对专利的请求是有效的且独立于其他申请。虽然《与贸易有关的知识产权协定》对《伯尔尼公约》的引入使该条也适用于世界贸易组织成员,但美国自由贸易协定该内容仍然在 3 个方面超出《与贸易有关的知识产权协定》:一是作者权的推定适用于一般法人;二是将《伯尔尼公约》作者权的推定延伸至相关权权利持有人,而《罗马公约》下并无类似规定;三是增加了版权和相关权权利存在的推定。① 另外,美国与韩国签订的自由贸易协定甚至将权利推定扩展到了专利、商标权利。

欧盟与韩国、哥伦比亚和秘鲁签订的自由贸易协定中关于一般义务的规定基本与《与贸易有关的知识产权协定》相同,并没有像美国一样加入很多超《与贸易有关的知识产权协定》条款。例如,欧盟与韩国协定的第 10.25 条规定司

① 参见杨静:《自由贸易协定知识产权条款研究》,法律出版社 2013 年版,第 203 页。

法机关采取适当的措施发布有关的判决信息,包括显示判决的部分或者全部。各缔约方可规定适合于特殊情况的额外宣传措施。其并没有像美式跨区域贸易协定一样要求各缔约方必须公开判决,除非有特殊情况。

二、美式与欧式跨区域贸易协定中民事、行政程序及救济制度比较研究

美国与韩国、秘鲁签订的自由贸易协定关于民事、行政程序及其救济涉及了民事损害赔偿及其计算标准、法定损害赔偿制度、败诉方付律师费原则、临时措施、行政和民事救济、司法机关有权命令侵权人提供侵权信息等司法机关的权利。

欧盟与韩国签订的自由贸易协定中没有规定行政程序及救济,只有民事程序及其救济,包含银行、金融、商业证据的提交、证据保全措施的规定、知情权、临时和防范措施、纠正性措施、禁令、替代性措施、损害赔偿、诉讼费用、司法判决公布、作者身份或所有权的推定。欧盟与哥伦比亚、秘鲁签订的自由贸易协定中民事程序与救济与欧盟与韩国的结构相似。

在具体规则设置上,美式与欧式跨区域贸易协定均加入了超《与贸易有关的知识产权协定》条款,但是具体又有所不同。

(一)损害赔偿制度

在美式跨区域贸易协定中其规定各缔约方应当针对侵犯版权或其相关权利,以及假冒商标建立法定赔偿制度。法定赔偿(pre-established damages),也称为定额赔偿,应由国内法规定,司法机关决定一个预先确定的赔偿数额,同时考虑知识产权体系的目的,预先确定的数额应足以完全弥补侵权行为对权利人所造成的损害,并足以对未来的侵权行为构成威慑。但是此种赔偿方式不等同于惩戒性赔偿。美国签署的自贸协定中与法定损害赔偿相并列的是实际损害赔偿,即严格按照被侵权人的实际损失所计算的赔偿。在美式跨区域贸易协定中实际损害赔偿主要包括足以赔偿权利持有者因侵权行为所遭受损失的损害赔偿金,在版权或相关权利受到侵害以及假冒商标的情况下,除了权利持有者因侵权行为所遭受损失的损害赔偿金外,还应包括侵权人因侵权所得收益。在确定知识产权侵权行为的损害赔偿金时,司法机关应当尤其考虑被侵权产品或服务的价值。这一价值可根据建议零售价格或权利人提出的其他合理价值衡量方法计算。权利人可以就上述两种损害方式进行选择。在美式跨区域贸易协定中,损害赔偿金的支付又有例外,能证明其不知同时也没有理由知道其行

为构成侵权行为的非营利性图书馆、档案馆、教育机构或公共广播实体不支付损害赔偿金。

欧盟与韩国签订的自由贸易协定中也涉及法定赔偿,对于受版权或相关权利保护的作品、录音制品和表演和在假冒商标案件中,可以建立或维持供权利持有人选择的法定赔偿制度。在一般情况下还是适用实际损害赔偿制度,司法机关在确定损害赔偿时要考虑两个方面的因素:一是经济因素,即侵权者获得的任何不当利润;二是非经济因素,即对权利持有人造成的精神损害赔偿。除此之外,缔约方可在适当的情况下,基于一些因素将损害赔偿设定为一次性交付的金额(set the damages as a lump sum),如果侵权者请求授权使用涉案知识产权,其至少应该缴纳的版税后费用。

欧式跨区域贸易协定与美式跨区域贸易协定仍有很多不同。

第一,《与贸易有关的知识产权协定》在第45条第2款规定,各成员方可以授权司法机关责令侵权人支付法定的赔偿,将法定损害赔偿制度的具体设置交由缔约国自行决定。但是美式跨区域贸易协定对缔约方建立此种制度的要求是强制性的,而且建立了具体的标准。欧式跨区域贸易协定与《与贸易有关的知识产权协定》一样,要求是非强制性的,对于缔约国的要求程度较低。甚至,在欧盟与哥伦比亚、秘鲁签订的协定中没有规定法定赔偿制度。

第二,欧式跨区域贸易协定在损害赔偿中提倡应该考虑权利人的精神赔偿,将知识产权看作人权来考量,认为作者应享有精神和物质双重权利①《伯尔尼公约》对精神权利的保护,但是《与贸易有关的知识产权协定》考虑了美国的提议,排除适用《伯尔尼公约》中对精神权利的保护,因较少考虑人权而受诟病。欧式跨区域贸易协定中对于权利人精神权利的保护更加有利于权利义务的平衡保护。同时,这也是欧盟自由贸易协定与美国自由贸易协定不同之处,其签署自由贸易协定时不单纯地考虑经济利益,更加注重人权的保护。欧盟认为尊重人权是欧共体与第三方关系的重要因素,并要求在与第三方签署经济、合作协定时加入人权条款。②

第三,美式跨区域贸易协定中并没有区分侵权的主观要件,即侵权人的善意与否。无论当事人是否明知在侵权,均适用此赔偿制度,这对于善意侵

① 参见吴汉东:《知识产权国际保护制度的变革与发展》,载《法学研究》2005年第3期。

② 参见刘博:《欧盟对外贸易与发展政策中的人权向度——从〈洛美协定〉到〈科托努协定〉》,载《山东社会科学》2007年第4期。

权人来讲无疑加重了赔偿的义务。欧式跨区域贸易协定对于区分故意侵权人与非故意、应该知道的侵权人，对其所适用的损害赔偿制度是不同的，对于非故意或者应该知道的侵权人仅要求司法机关没收其利润或者责令赔偿法定数额。

（二）纠正性措施

根据欧盟与韩国、秘鲁自由贸易协定中的规定，对于侵权产品和与用于制造或生产侵权产品的相关的材料和工具采取销毁、驱逐出商业渠道等措施称为纠正性措施（corrective measures）。美式与欧式跨区域贸易协定对于是否必须采取纠正性措施有较大差异。

美国与韩国、秘鲁签订的自由贸易协定赋予缔约方司法机关在盗版或假冒货物，经权利人请求，除特殊情况，盗版和假冒产品均应当被销毁；生产和制造假冒伪劣产品的材料和工具也应该无补偿的销毁。只有在特殊情况下，不采用销毁措施，将其排除在商业渠道之外而不给予任何补偿。关于假冒商标货物，除非在例外情况下，仅去除非法附着的商标尚不足以允许将这类货物投放商业渠道。

欧式跨区域贸易协定则规定在申请人请求且不损害权利持有人取得损害赔偿金的前提下，司法当局可以责令销毁侵犯知识产权的产品，或者采取其他措施最终从商业渠道移除这些产品。在适当的情况下，对于主要用于生产或制造侵权货物的材料和工具，司法当局也是可以销毁，而非必须销毁。欧式跨区域贸易协定在采取纠正性措施时，要求缔约方司法当局平衡侵权行为的严重性和需要采取的补救措施，以及应考虑第三方的利益。为了禁止侵权行为的延续，权利人还可以申请禁令，不遵守禁令者要定期缴纳罚款。

在欧式跨区域贸易协定中还规定了纠正性措施的替代措施，对于非故意且无过失的侵权人，适用禁令和纠正性措施会给侵权人造成不相称的损害，并且给予被侵权方的金钱赔偿合理且令人满意，司法机关可以责令侵权人给予金钱赔偿。

（三）临时和防范措施

临时和预防措施（provisional and precautionary measures）是在司法程序中采取临行性、预防性的措施，旨在防止或禁止对知识产权侵犯的行为。

美国与韩国、秘鲁签订的自由贸易协定赋予缔约方司法机关在版权或相关权侵权行为以及商标假冒行为的民事司法程序中，有权命令扣押涉嫌侵权的货物和任何主要用于生产侵权货物的材料和工具，并且针对假冒商标行为，有权命令扣押与侵权有关的文件证据。

在美式跨区域贸易协定中司法机关采取临时措施并非盲目行为,其可以要求原告提供合理的证据,使司法机关足以认为原告的权利受到或正在受到侵犯。司法机关同时可以要求原告提供足以保护被告、防止原告权利滥用的保证金或其他同等的担保。这同《与贸易有关的知识产权协定》中的规定相似,但是美式跨区域贸易协定规定,上述行为不应该不合理地妨碍诉诸临时措施的程序,体现了对原告权利制衡的同时更加注重对权利人的保护。

欧式跨区域贸易协定中临时和预防措施包括临时性的禁令、制止侵权行为延续的反复罚款、确保权利人获得赔偿的担保行为。其中,临时性的禁令包括扣押或没收可能涉嫌侵犯知识产权的货物,防止其进入商业流通渠道。《欧盟—韩国跨区域贸易协定》中还规定临时禁令可以针对提供的服务被第三方用于侵犯知识产权及其相关权利、商标或地理标志的中间商。欧盟与韩国签订的自由贸易协定为了保障权利人获得损害赔偿,在可能出现危机损害赔偿的情况,司法机关可下令提前扣押涉嫌侵权的动产和不动产,包括银行账户和其他资产。相比美式跨区域贸易协定,欧式跨区域贸易协定中所规定的临时和预防措施更为完善,涉及的范围更广,对于保障权利人取得损害赔偿金起到了很好的保护作用。

三、美式与欧式跨区域贸易协定中刑事程序及救济制度比较研究

(一)美国细化刑事程序和救济的规定

美式跨区域贸易协定中刑事程序和救济在《与贸易有关的知识产权协定》第61条的基础上加以细化,明确了具有商业规模的盗版行为,包括两种情况:没有直接或间接经济利益动机的严重故意侵犯版权或相关权利和以商业利益或私人经济利益为目的的故意侵权。同时,各缔约方应该将进口或出口盗版产品或走私货物与在国内贩运或分销该货物作为非法活动同等对待,对其作出刑事处罚。

另外,美式跨区域贸易协定对适用刑事程序和处罚的情况进行了拓展,对于非法交易录音制品、复制计算机程序或其他文学作品、电影拷贝或其他视听作品,或文件、包装等项目上贴上、封上或附上假冒或非法的标签,以及伪造文件或包装上述所有客体的项目,也应该适用刑事程序和处罚。在没有电影或其他视听作品版权或相关权利人授权的情况下,故意使用设备发送或复制该电影

或视听作品的全部或部分都应该适用刑事程序。

《欧盟—韩国跨区域贸易协定》强调具有商业规模的故意假冒商标或者盗版案件进行刑事处罚，与《与贸易有关的知识产权协定》相似，没有加入超《与贸易有关的知识产权协定》条款的因素。因为欧式跨区域贸易协定将地理标志单独保护，所以其也要求缔约方采取措施追究伪造地理标志和设计的刑事责任。欧盟与哥伦比亚、秘鲁所签订的协定没有设定刑事程序和救济。

美式跨区域贸易协定刑事措施的规定，但从条款数目上也比欧式跨区域贸易协定要多，内容上规定得更为严苛，超出了《与贸易有关的知识产权协定》规定范围。更多刑事程序和救济的介入，降低刑事程序适用的标准，虽然对知识产权侵权行为起到震慑作用，但无疑加重了对发展中国家义务。

（二）对刑事处罚措施的规定

《与贸易有关的知识产权协定》中的刑事处罚包括足以起到威慑作用的监禁或罚金，在适当的情况下还包括扣押、没收和销毁侵权产品和用于侵权的工具和材料。缔约方也可以规定适用其他知识产权侵权案件的刑事程序和处罚，特别是蓄意有规模的侵权案件。[①]

美式跨区域贸易协定将刑事处罚条款同样细化：首先，其更加鼓励缔约方施行足以震慑未来侵权行为的罚款水平，在鼓励对侵权人高额罚金的同时，还鼓励实际的刑罚。其次，司法机关有权没收涉嫌侵权的货物、实施违法的工具，甚至还包括任何可以追溯至侵权活动的资产，以及任何与犯罪有关的书面证据。再次，司法机关在特殊情况下可以没收任何可以追溯至侵权活动的资产，没收和销售侵权产品和和工具材料。司法机关或有关部门应该完整地保存拟被销毁的货物和其他材料，并且暂时有权使其免于销毁，从而便于保存证据。并且使因为遭受损害希望提起民事或行政诉讼权利持有人知悉。最后，对于犯罪行为所采取的法律行动并不需要私人主体或权利人申请，司法当局会依职权对此种行为采取措施。

欧盟与韩国签订的自由贸易协定中要求各缔约方确立法人的相关责任，法人责任不影响对已触犯刑法的自然人追究刑事责任。同时，欧式跨区域贸易协定将教唆、协助人也纳入刑法的惩治范围。

欧式跨区域贸易协定中也针对涉嫌侵权和已经确定侵权的产品规定了不

---

① 参见《与贸易有关的知识产权协定》第 61 条。

同的刑事措施。对于涉嫌侵权产品的权利,主管机关有权责令扣押涉嫌假冒注册商标的产品或盗版产品,所指控犯罪所使用的任何材料和主要工具,被指控罪行的书面证据以及来源于侵权行为或者通过侵权行为直接或者间接获得的财物。对于确定侵权的犯罪行为,主管机关有权没收或销毁侵权产品和制造侵权产品的工具材料以及任何来源于侵权行为或者通过侵权行为直接或间接获得的财产。与美式跨区域贸易协定强调销毁产品不同,欧式跨区域贸易协定允许对没收但没有被销毁的产品,在对人的健康和安全没有危险的条件下,通过商业渠道以外的方式处理。

美式跨区域贸易协定更加强调权利人的利益受到保护,鼓励高额的罚金和实际的刑罚,欧式跨区域贸易协定更加强调监禁和罚金的适度性、有效性和惩罚性。在保护权利人利益时,也注重第三人利益的保护。例如,《欧盟—韩国跨区域贸易协定》第10.61条专门规定应该确保第三方的权利得到充分的保护和保障。对于侵权产品或工具,在没有对人体健康安全威胁的情况下,《欧盟—韩国跨区域贸易协定》本着物尽其用的原则规定可以通过商业渠道以外的方式进行处理。美国秘鲁自由贸易协定在有关边境措施的特殊要求中规定:在适当的情况下,当商标的移除消除了侵权商品的特点,使该商品不再因被移除的商标被识别,假冒商标货物可以捐献给非商业的慈善团体。但是《美国—韩国跨区域贸易协定》中去掉了这样的规定。

总之,美国自由贸易协定执法条款呈现了逐步完善、标准日高的趋势。美国在其自由贸易协定中越来越多地加入了很多超《与贸易有关的知识产权协定》因素,将《与贸易有关的知识产权协定》中的规定细化、拓展。在认定侵权的程序上更加便捷,而对于侵权行为的处罚却越来越严格,在其刑罚处罚中尤为明显。美国贸易代表弗罗曼表示,从电影和音乐到绿色技术和药品,美国的创造者和创新者在知识产权领域具有显著的竞争优势。我们不能让在优先观察名单或观察名单的国家书写知识产权规则,因为这样的规则往往带有歧视或阻碍创造力和创新。①

相对于美式跨区域贸易协定,欧式跨区域贸易协定规定的条款更为"柔和",对于韩国、秘鲁和哥伦比亚知识产权发展水平不同的国家给予的待遇也不

---

① 参见《美发布"特别301"报告,中国仍列优先观察名单》,载中华人民共和国驻美国大使馆经济商务参赞处网:http://us.mofcom.gov.cn/article/express/jmyw/201604/20160401307517.shtml,最后访问日期:2016年6月8日。

相同,如对于秘鲁和哥伦比亚就没有规定刑事程序与处罚措施。在欧盟与韩国签订的自由贸易协定中也强调刑事处罚是有效的、适度的和惩罚性的。但也不能否认近年来欧式跨区域贸易协定也加入了超《与贸易有关的知识产权协定》条款,更加强调对权利人的保护。

四、中国应对策略研究

中国与秘鲁、哥斯达黎加、智利、澳大利亚、瑞士等签订的自由贸易协定中规定了边境措施,内容均未超出《与贸易有关的知识产权协定》的保护标准。中国与瑞士、韩国、澳大利亚签订的自由贸易协定中涉及较为详细的知识产权执行条款。

其中,中国与韩国签订的自由贸易协定中涉及的内容最多,包括一般义务、作者身份推定、民事和行政程序和救济、刑事程序和救济、临时措施等。《中国—韩国区域贸易协定》也要求了对于判决和裁决的公布公开。作者身份推定也延伸至相关权利人。在民事救济损害赔偿程序中,《中国—韩国区域贸易协定》确定了法定损害赔偿制度。对于确定侵权的产品和制造产品的工具,协定要求立即销毁。协定还规定了各缔约方应对于互联网上侵犯版权行为采取措施。从《中国—韩国区域贸易协定》可以看出,《中国—韩国区域贸易协定》在执行条款上借鉴了美式跨区域贸易协定的特点,虽然没有达到《美国—韩国跨区域贸易协定》那样高的标准,但是相对于中国之前签订的自由贸易协定来讲,标准已然提高很多。《与贸易有关的知识产权协定》项下的执法条款给予了缔约国很大的弹性,《中国—韩国区域贸易协定》中的执法条款少了灵活性,多了强制性。

中国在与发达国家签订执法条款时要有自己的底线,与发展水平不相符的高水平的执法条款会带来很多负面效应,如增加执法成本,成为变相的贸易限制,对权利人的保护过度也会阻碍创新的发展。执法体系的构建初衷是为了权利人能够有效快速地获得法律救济,震慑将要或已经发生的侵权行为,并非过分偏袒权利人。我国应在知识产权执法中总结本国的需求,建立自己的执法体系底线,为发展中国家争取更多的声音。

第五章 竞争政策

竞争政策可以被定义为以市场为导向，着重维护、修复、弘扬市场机制，促进或优化竞争的政策。① 从竞争政策的性质来看，其当属国内政策，但世界贸易组织建立以来，国家或地区间的经济贸易合作程度日渐加深，竞争法也由原来单一的国内法转变为区域法。在竞争政策由国内法到区域法的转变过程中，由于竞争政策本身的敏感性，许多国家在双边或多边贸易体制中都对其持有抵制态度，尤其是在历次多边回合的谈判中，各成员国无法就其形成合意。因此，一些国内竞争法发展程度较高的发达国家开始借助双边途径，通过与其他国家签订竞争法合作协定或在自由贸易协定的文本中加入竞争法合作条款的方式进行竞争法的国际合作。在目前在世界贸易组织报备的自由贸易协定中，有关竞争政策议题，最具特色的为美国和欧盟对外签订的一系列自由贸易协定中对竞争政策的规定。

竞争政策的法律模式在国际贸易中分别表现出单边、双边、区域和多边 4 种模式类型。② 在自由贸易协定中规定竞争政策条款之前，为解决各国竞争法规则参差不齐、反不正当竞争法域外适用的困难，各国最早是

---

① 参见史际春：《关于我国的竞争政策：法和政策分析》，载《国际商报》2009 年第 5 期。

② 参见高翠婷：《FTA 中竞争政策发展趋势及中国的对策研究》，东北财经大学 2012 年硕士学位论文，第 7 页。

通过开展双边竞争法合作协定的方式开始的，如欧盟在与韩国签订自由贸易协定之前，已于2009年5月23日签署了有关反竞争活动的合作协定。

双边竞争合作协议中最具代表性的学说是积极礼让学说，最早出现在美国与欧盟的双边竞争合作协议中。1991年美国政府和欧洲共同体委员会签订的《关于适用竞争法问题的协定》（以下简称《1991年美欧协定》）被认为是第一个包含积极礼让规则的专门性双边竞争法合作协议，此后在1998年美国政府和欧洲共同体委员会进一步签订了《关于在竞争执法中实施积极礼让原则的协定》（以下简称《1998年协定》），以作为1991年协定的补充，被视为提高竞争执法机构效力、避免管辖权冲突的有效工具。①《1991年美欧协定》采取的积极礼让原则具体体现在该协定的第5条。其规定了如果一缔约方认为在另一缔约方境内存在反竞争的行为并且该行为已影响到自己利益，该国有权通知并要求另一缔约国的竞争监管当局采取适当的强制措施以制裁此行为。而收到通知的缔约国应当对通知中指明的行为进行调查，确定是否应当采取强制措施，如果调查决定应当实施强制措施，则应将此告知请求国。②

积极礼让原则构成了双边竞争法合作的基础，并成为后来一系列双边协议的样板。在21世纪美国和欧盟对外签订的一系列自由贸易协定中，积极礼让原则进一步发展，逐渐演化为自由贸易协定中的竞争政策条款，规定了各缔约方须维持或采取国家竞争法，禁止反竞争商业行为，并维持相关部门负责全国性竞争法的实施，对不正当竞争行为进行制裁。在世界贸易组织多哈回合谈判受阻后，随着区域贸易协定浪潮的不断推进，发达国家和经济体纷纷重视竞争政策在国际投资与贸易中的重要性，并将其纳入协定文本。同时，由于美国和欧盟在对外自由贸易协定签订过程中采取了不同的路径，下文将对美国和欧盟对外签订的自由贸易协定中竞争政策条款的形式和内容展开比较研究。

第一节　美式与欧式跨区域贸易协定竞争政策的比较研究

一、美国和欧盟对外已签订自由贸易协定中竞争政策涵盖率比较研究

竞争政策作为新兴议题，具有强烈的超世界贸易组织特性。在欧盟对外已

---

① 参见漆彤：《反垄断国际合作中的积极礼让原则》，载《华东政法学院学报》2005年第5期。

② 参见司平平：《国际反垄断法双边合作的基础——积极礼让原则》，载《政治与法律》2005年第3期。

签订的36个自由贸易协定中,有26个协定文本中对竞争政策作出规定,约占总数的72%。而在美国对外已签订的14个自由贸易协定中,仅有6个协定文本中含有竞争政策内容,占总数的42.9%。① 这说明欧盟在对外签订自由贸易协定时更加注重竞争议题。具体如表33所示。

表33 欧盟和美国对外跨区域贸易协定竞争政策涵盖率

欧盟对外签订的自由贸易协定			美国对外已签订的自由贸易协定		
欧盟—阿尔巴尼亚自由贸易协定	√		中美洲自由贸易协定		
欧盟—阿尔及利亚自由贸易协定	√		美国—韩国自由贸易协定	√	
欧盟—安道尔共和国自由贸易协定		×	北美自由贸易协定	√	
欧盟—波黑自由贸易协定	√		美国—澳大利亚自由贸易协定	√	
欧盟—喀麦隆自由贸易协定	√		美国—巴林自由贸易协定		×
欧盟—加拿大自由贸易协定	√		美国—智利自由贸易协定	√	
欧盟—智利自由贸易协定	√		美国—哥伦比亚自由贸易协定	√	
欧盟—哥伦比亚和秘鲁跨区域贸易协定	√		美国—以色列自由贸易协定		×
欧盟—科特迪瓦由贸易协定	√		美国—约旦自由贸易协定		×
欧盟—东南非临时经济合作伙伴协议		×	美国—摩洛哥自由贸易协定		×
欧盟—法罗群岛自由贸易协定		×	美国—阿曼自由贸易协定		×
欧盟—马其顿自由贸易协定	√		美国—巴拿马自由贸易协定		×
欧盟—格鲁吉亚自由贸易协定	√		美国—秘鲁跨区域贸易协定	√	
欧盟—冰岛自由贸易协定	√		美国—新加坡自由贸易协定		×

① See RTA database, Accessed February 29, 2016, http://rtais. wto. org/UI/PublicMaintainRTAHome. aspx.

续表

欧盟对外签订的自由贸易协定			美国对外已签订的自由贸易协定
欧盟—以色列自由贸易协定	√		
欧盟—约旦自由贸易协定		×	
欧盟—韩国自由贸易协定	√		
欧盟—黎巴嫩自由贸易协定	√		
欧盟—墨西哥自由贸易协定		×	
欧盟—黑山自由贸易协定	√		
欧盟—摩洛哥自由贸易协定	√		
欧盟—挪威自由贸易协定	√		
欧盟—海外地区自由贸易协定	√		
欧盟—巴勒斯坦权力机构自由贸易协定	√		
欧盟—斐济自由贸易协定		×	
欧盟—摩尔多瓦自由贸易协定	√		
欧盟—圣马力诺自由贸易协定		×	
欧盟—塞尔维亚自由贸易协定	√		
欧盟—南非自由贸易协定		×	
欧盟—圣马力诺自由贸易协定	√		
欧盟—瑞士—列支敦士登自由贸易协定		×	
欧盟—叙利亚自由贸易协定		×	
欧盟—突尼斯自由贸易协定	√		
欧盟—土耳其自由贸易协定	√		
欧盟—乌克兰自由贸易协定	√		

此外,《欧盟2020年计划》出台后,欧盟加快了签订区域自由贸易协定的步伐,目前已经与东非共同体、印度、日本等13个国家和国际组织发布了自由贸易协定的早期声明,且与加拿大缔结的自由贸易协定已于2015年10月正式生

效。美国也与欧盟积极洽谈《跨大西洋贸易和投资伙伴关系》。虽然目前大部分文本尚未公布,但在已公布的欧盟与加拿大自由贸易协定中,已经具有了完整的竞争政策章节。并且在欧盟2015年公布的《跨大西洋贸易和投资伙伴关系协定建议书》中很多细节条款显示出该协定第10章为竞争政策和国家援助章节。例如,该建议书第3章跨境服务贸易第3条规定:该章内容不适用于成员国所实施的补贴,补贴由第10章“竞争和国家援助”章节规制。① 而美国与欧盟正在协商的《跨大西洋贸易和投资伙伴关系》作为国际新一代高标准投资与贸易协定,由美国和欧盟两个发达经济体进行谈判,据此推测,《跨大西洋贸易和投资伙伴关系》所含标准应不低于美国在近几年签订的具有样板意义的自由贸易协定,诸如《美国—韩国跨区域贸易协定》。因此,在新的区域贸易时代,竞争政策已成为美国和欧盟对外签订自由贸易协定时都十分重视的一个议题,对竞争政策议题进行研究对我国对外自由贸易协定的签订有一定的现实意义。

二、美式跨区域贸易协定和欧式跨区域贸易协定竞争政策章节的形式比较

(一)美式跨区域贸易协定竞争政策的形式特征

美式跨区域贸易协定中竞争政策章节实体规则较为缺乏。其竞争政策章节约定缔约双方须维持或采取国家竞争法,禁止反竞争商业行为,促进和保护市场竞争。但是,章节中并未对反竞争商业行为作出定义,没有对作为竞争法支柱的垄断协议、滥用市场支配地位、经营者集中行为进行规定,仅笼统的规定了反竞争商业行为,缺乏具体性。在竞争政策框架下,更多的侧重点放在了为制止反竞争商业行为的程序保障。以《美国—韩国跨区域贸易协定》为例,第16章竞争相关事宜第16.1条构筑了反不正当竞争行为的程序保障体系(见表34)。

---

① See European union, Accessed July 2, 2016, http://trade. ec. europa. eu/doclib/docs/2015/july/tradoc_153669. pdf.

表 34 《美国—韩国跨区域贸易协定》中竞争政策章节程序保障体系

核心内容	备注
16.1.1　各方应当实施国家竞争法,制止不正当竞争行为,促进保护市场竞争	—
16.1.2　各方应当维持相关部门负责全国竞争法的实施	该部门实施全国竞争法时,对不属于缔约方的人给予不低于本方人士在类似情况中的待遇
16.1.3　各方须确保被告人有机会在辩护中陈列证据并在听证会中有发言权	—
16.1.4　各方须保障被告人有权在缔约方法庭上寻求制裁复核或救济	—
16.1.5　各方需授权其负责执行国家竞争法的部门通过与申请强制执行的主体协商来解决行政或民事执法的权力	其一缔约方可将此协议交由司法认定
16.1.6　各方须发布行政听证的程序规则,并确保这些程序平等适用于诉讼各方	(1)此规则须包含在此类诉讼中引用证据的程序。 (2)此规则平等的适用于诉讼各方
16.1.7　各方须在涉及执行己方政策和各自相应竞争法方面进行合作,包括互相援助、通知、咨询和信息交换	合作的方式包括互相援助、通告、咨询和信息交换①

如上所述,通过构建和完善程序合作机制的方式来规制反不正当竞争行为,是美式跨区域贸易协定中竞争政策章节的最显著特点。通过程序性而非实体的合作来规制不正当竞争行为,并在此基础上最大限度地维持了各缔约国国内执法体系的独立性。但是通过构建和完善程序合作机制的方式也有一定局限性,这表现在由于缺乏竞争实体规则,在对外签订自由贸易协定时,其所面对的缔约国经济发展水平和国内竞争法发展水平各有不同,②相对不发达的国家,一方面可能尚未建立竞争法体系,另一方面其国内竞争法可能尚未将滥用市场

① 资料来源:《美利坚合众国与大韩民国自由贸易协定》竞争政策章节。

② See Solano, O. and A. Sennekamp, "CompetitionProvisions in Regional Trade Agreements", *OECD TradePolicy Papers*, 2006, No. 31.

支配地位、垄断和企业兼并纳入其管辖范围,仅建立反不正当竞争合作机制掩盖了缔约双方国内竞争法的实质不同,有可能为跨国企业在另一缔约国境内实施不正当竞争活动提供法律漏洞。

如上所述,美式跨区域贸易协定中竞争政策侧重于程序性合作机制的建立,这也相应地产生了在竞争合作过程中的执法透明度和争端解决问题,而相比于欧式跨区域贸易协定中竞争政策,美式竞争政策章节竞争执法的透明度和因竞争政策而产生的争议解决程序更加完备。在竞争政策执法透明度要求主要体现为:缔约双方均认识到政府竞争政策执法透明度的重要性,经缔约方请求,各缔约方应向另一缔约方公布关于下列内容的信息:(1)竞争执法活动;(2)国有企业和各级别政府指定的公共或私人垄断;(3)依竞争法可享有的豁免权。各缔约方还须确保任何发现违反竞争法的最终行政裁决以书面形式呈现,并说明判决所给予的事实认定、法律推理和法律分析,并且需要进一步确保发布决定和任何执行命令,以一种使利害关系人和另一方能够知晓的方式予以公开。① 在因竞争政策而产生的争端解决方面,多数自由贸易协定将此类争端排除在争端解决机制所适用的范围之外,而《美国—韩国跨区域贸易协定》中只是部分排除了争端解决机制的使用,规定了因协议中竞争法和不正当商业活动、跨境消费者保护和磋商的实施而产生的争议,各缔约方不得诉诸争端解决程序,而对于因指定垄断、国有企业、定价差异、透明度而产生的争议,缔约方可以依协定的争端解决程序解决。②

此外,美式跨区域贸易协定中竞争政策章节的特点还表现为各缔约方认识到就有关消费者保护法问题进行合作的重要性,并确定了各缔约方须在相互关切的适当情况下就执行消费者保护法进行合作,尽力查明与另一缔约方在执行消费者保护法方面有效合作的障碍,并考虑通过修改国内法律体制来减少此类障碍,③这体现在《美国—韩国跨区域贸易协定》中。在竞争政策章节中加入消费者保护相关条款是美式跨区域贸易协定中的特有内容,体现出美国在追求公平竞争市场的同时将消费者福利置于重要位置,为竞争政策章节设定了更高的标准。

---

① 参见《美利坚合众国与大韩民国自由贸易协定》第16章第16.5条。
② 参见《美利坚合众国与大韩民国自由贸易协定》第16章第16.8条。
③ 参见《美利坚合众国与大韩民国自由贸易协定》第16章第16.4条。

(二)欧式跨区域贸易协定竞争政策的形式特征

欧盟竞争法发展十分完善,欧盟一体化催生了统一的竞争法,同时在欧盟一体化的过程中,各个国家的竞争法相互合作促进,使欧盟内部竞争法向实体合作的方向发展。[①] 因此,欧盟在对外签订自由贸易协定时,以欧盟内部竞争法为基础,对双边情形下的竞争政策合作作出了一些设计,但从总体来看,其还是向实体化方向发展的。竞争政策章节中明确列明了与自由贸易协定正常实施相悖的限制竞争行为。以《欧盟—韩国跨区域贸易协定》为例,具体包括:(1)垄断协议;(2)滥用市场支配地位;(3)经营者集中。此外,各缔约方承诺在其本国领域内施行能够有效解决以上行为的竞争法,对于欧盟来说,其所实施的规制限制竞争行为的竞争法包括《关于欧盟运行条约》第101条、第102条和第106条,关于企业集中控制的《第139/2004号理事会(EC)条例》,以及它们的实施规定和修正案,这几条规定与上文列明的限制竞争行为相配合,目的在于对以上行为进行规制。以上对限制竞争行为的认定触及到了竞争法实体方面的内容,欧盟意图通过竞争政策条款中的实体规范,建立双边层面的反垄断机制,以解决限制性垄断协议、滥用市场支配地位和有效控制经营者集中问题,这是欧盟对外自由贸易协定中竞争政策的最显著特点。

但是,与之相对,欧式跨区域贸易协定中竞争政策部分内容对竞争法实施所应遵循的程序、透明度、争端解决等方面内容略显不足。没有建立美式跨区域贸易协定中完备的程序保障体系,仅声明各缔约方认识到透明、及时、平等适用其各自竞争法的重要性并尊重程序平等原则和相关缔约方辩护权;在透明度方面没有要求各缔约方应当披露国有企业和各级别政府指定的公共或私人垄断;在因竞争政策章节的内容产生争议时,也完全排除了协定中争端解决机制的适用。

《欧盟—韩国跨区域贸易协定》的另外一个特点在于,其将补贴(subsidiary)纳入竞争政策范围,确立了竞争政策优先的地位,表明双方同意尽最大努力通过适用其竞争法或其他方式弥补或消除由补贴所引起的竞争扭曲。欧盟的国家援助(state aid)政策内容完备,相较于世界贸易组织补贴规则具有适用范围广、实施更为严格的特点。在对外签订自由贸易协定时,竞争政策补贴分节内容以《补贴与反补贴措施协议》(Agreement on Subsidies and

---

① 参见王中美:《以反垄断替代反倾销研究》,载《国际经贸探索》2008年第10期。

Countervailing Measure Agreement）为蓝本，对补贴的定义和特点、禁止性补贴、补贴的透明度、适用范围作出更加具体的规定，并规定了自由贸易协定中补贴的规定不影响一缔约方根据世界贸易组织协议有关规定申请贸易救济措施或争端解决，或者采取合适措施应对其他缔约方补贴的权利。① 其中，能够反映欧盟高标准国家援助政策外扩的内容为第 11.15 条第 2 款：各缔约方应当尽最大努力发展适用于服务补贴的规则，并考虑到多边贸易发展水平，同时应就任何一方的要求进行信息交换。缔约方同意在本条约生效 3 年后对服务补贴进行第一次意见交换。虽然文本采用了“尽最大努力”的软性语言，但是协定规定缔约方应当在 3 年后针对服务补贴进行意见交换，这大大增加了将国家补贴拓展至服务贸易领域的确定性。最后应当注意的是，将补贴的规制措施纳入竞争政策是欧盟对外自由贸易协定的特点之一。但并非其对外签署的所有协定中竞争政策都包含了补贴条款，如《欧盟—哥伦比亚和秘鲁跨区域贸易协定》反补贴与竞争政策还是处于分立状态，并未将其纳入竞争政策范围。

三、美式和欧式跨区域贸易协定竞争政策差异化的内在原因

美国和欧盟对外签订的自由贸易协定中竞争政策的差异化，追根溯源来自其内部竞争政策理念的不同。美国和欧盟各自在其区域贸易协定中制定了竞争政策，美国与墨西哥、加拿大建立了北美自由贸易区，而欧洲各国在欧共体的基础之上建立了欧盟，通过《北美自由贸易协定》和建立欧盟的一系列条约，世界上最大的两个区域经济体分别建立了其各具特色的竞争政策体系。此后，美国和欧盟在对外签订自由贸易协定时，在竞争政策的制定过程中往往以其已建立的竞争体系为蓝本，而两者由于历史渊源、经济状况的不同，其竞争政策朝两个不同的方向发展：《北美自由贸易协定》侧重于程序性合作框架的建设；EU 则更侧重于竞争法实体的一体化。因此，美国和欧盟在所签订的双边自由贸易协定竞争政策条款中不可避免地存在差异性。除受区域经济体内竞争政策影响之外，美国和欧盟在对外自由贸易协定竞争政策还受其内部发展政策的影响。以欧盟为例，在欧盟委员会发布的未来 10 年欧盟经济发展计划《欧洲 2020 年战略》中，欧盟强调双边自由贸易协定不但应为其出口商打开或改善境外市场，而且更应深化缔约双方在服务、竞争政策等议题方面的法规合作。通过在双边

① 参见《欧洲联盟及其成员国与大韩民国自由贸易协定》第 11.13 条。

自由贸易协定中建立竞争政策，其目的在于在国际层面推行其各自认可的竞争标准，进而主导多边竞争秩序的建立。

(一)美式跨区域贸易协定竞争政策理论渊源——《北美自由贸易协定》竞争政策

北美自由贸易区竞争政策主要体现在北美自由贸易区的基本文件《北美自由贸易区协定》中。它主要由第1章第102条和第15章两个部分组成。[①] 第1章原则性地规定了协定设立的目的，第15章则涉及了竞争法相关事宜，内容如表35所示。

表35　《北美自由贸易协定》竞争政策章节结构框架[②]

内容	备注
1501.a 各方应采取反不正当竞争措施以促进本协定的实施	各方应随时沟通其所采取措施的有效性
1501.b 各方应就竞争法的强制执行进行合作	合作方式包括通过双边司法协助、通知、协商和信息交换等方式
1501.c 不以争端解决机制解决竞争政策争端	—
1502.指定垄断	该条规定了各方指定一个垄断企业时应当满足的程序性条件
1503.国有企业	该条为国有企业设定了义务
1504.贸易和竞争政策工作组	工作组具有报告、建议职能
Annex 1505 各国对国有企业的定义	—

其中，《北美自由贸易协定》中竞争政策独到之处为建立了有关的贸易和竞争政策工作组，但是贸易和竞争政策工作组并非协定成员国竞争法的执法机关，而是咨询和建议机关，其工作职能是调查研究区域内贸易和竞争政策之间的关系，并向贸易委员会提交书面报告。

通过分析《北美自由贸易协定》中竞争政策内容，可以发现其具有以下几个

① 参见杜国胜：《北美自由贸易区竞争政策特征初探》，载《韶关学院学报》(社会科学版)2005年第7期。

② 资料来源：《北美自由贸易协定》第15章。

特点:(1)内容空洞,仅督促缔约国采取或维持措施规范限制竞争行为,并就竞争法的执行展开合作,但无明确的规制对象;(2)避免法律漏洞,无明确的规制对象无形中扩大了限制竞争行为的范围,市场经济的发展促生了更多新型不正当竞争行为,"限制竞争的商业行为"这一表述可以有效防止法律规则缺位;(3)争端解决,对于因竞争政策而产生的争端需要依靠缔约方的相互合作,而不能通过协定的争端解决程序解决。《北美自由贸易协定》中的竞争政策章节成为美国对外签署自由贸易协定的蓝本,美国在此后所签订的自由贸易协定中有关竞争政策的规定基本与《北美自由贸易协定》竞争政策保持一致。

(二)欧式跨区域贸易协定竞争政策理论渊源——欧盟竞争政策

欧盟竞争政策是第一例行之有效的跨国性竞争政策。① 在其产生和发展的过程中,欧盟竞争政策经历了半个多世纪的考验,②逐渐形成了较为完善的体系。其发展过程见表36。

表36 欧盟竞争法发展过程

不同阶段	内容特征	法律效力
第一阶段:1951年4月18日签订《巴黎条约》(《欧洲煤钢联营条约》)	首次将限制竞争、企业集中、不当价格惯例纳入条约规制范围	效力最高
第二阶段:1957年3月25日签订《罗马条约》(《欧洲经济共同体条约》和《欧洲原子能共同体条约》)	反不正当竞争的规定已成为该条约的主要内容,包括对限制性商业做法以及滥用优势地位等行为所作的原则性规定以及特别禁止行为	
第三阶段:1991年12月签订《马斯特里赫特条约》(《欧洲联盟条约》)	第81条规定:企业间任何影响到共同体内部贸易且妨碍、扭曲或限制竞争的协定、决定或一切协同措施均应予以禁止。 第82条规定:禁止在共同体市场通过滥用市场支配地位限制或者妨碍成员国间的贸易活动	

① 参见刘文秀、朱建军:《欧洲联盟的竞争政策》,载《国际问题研究》2001第3期。
② 参见于立等:《欧盟竞争政策及其发展趋势》,载《世界经济研究》2005年第4期。

续表

不同阶段		内容特征	法律效力
第四阶段	欧盟部长理事会制定的规则	其制定的最重要的规则为:《关于实施建立 EU 条约第 81 条和第 82 条竞争规则的规定》;《关于控制企业合并的第 139/2004 号条例》。为第 81 条、第 82 条的实施设定程序性规定,并弥补其缺漏	二级效力
	欧盟委员会制定的竞争规则、制度和决定;欧盟法院的判决及现行裁决	通过颁布针对各行业的可操作性规则和指令。 并通过判例的形式弥补法律规定的不足	三级效力

经过半个世纪的发展,欧盟形成了十分完备的竞争法体系,尤其在一体化进程中形成的实体法规范具有鲜明的区域合作特征。在超越成员国国内竞争法规范的基础上,欧盟建立了共同体层面上统一的竞争政策,其对于垄断协议、滥用市场经济地位、企业合并的实质性规定为公共体内部成员实施反不正当竞争行为提供了法律框架。随着多边模式的踟蹰不前和区域贸易协定的不断发展,欧盟在对外签订自由贸易协定时基本上以欧盟竞争法为蓝本,呈现类似实体化的特征。

四、中国区域贸易协定中竞争政策章节完善建议

(一)将竞争政策纳入我国对外签订的自由贸易协定

从目前我国缔结自由贸易协定的实践来看,在已有的对外所签订的 11 个自由贸易协定中,仅《中国—韩国区域贸易协定》包含了完整的竞争政策章节(在中国—秘鲁、中国—冰岛自由贸易协定中仅象征性地涉及了竞争),竞争政策涵盖率仅为 9%,远远低于欧盟和美国的水平。由此可见,中国在竞争政策议题上往往采取较为保守的态度。但随着区域贸易协定时代的来临和中国对外投资与贸易的不断增长,维护公平正当的市场竞争秩序对中国的发展尤为重要。从我国目前竞争法的制定和执行上看,中国已经建立起完整的竞争法律体系,具备了在自由贸易协定中纳入竞争政策章节的国内法律基础。目前,中国国内关于竞争政策的规定主要体现在《反垄断法》《反不正当竞争法》《消费者

权益保护法》《最高人民法院关于审理不正当竞争民事案件应用法律若干问题的解释》等法律和司法解释中,违反上述法律规定,从事垄断或不正当竞争行为的,视情节轻重,将受到罚款、吊销营业执照和刑事处罚。我国目前配套的反垄断执法机构是指国家工商局(负责非价格垄断协议、非价格滥用市场支配地位、滥用行政权力排除限制竞争行为的反垄断执法)、国家发改委(负责价格垄断协议)、商务部(负责经营者集中行为的反垄断审查)。国务院反垄断执法机构之上设有反垄断委员会。因此,我国已建有相对完备的反不正当竞争法的法律制度,能够有效地对垄断行为以及不正当竞争行为予以规制,这为中国将竞争政策纳入自由贸易协定奠定了法律基础。从国际层面来看,美国和欧盟竭力在国际上推行"竞争中立"原则,希望在区域贸易协定浪潮中主导竞争政策国际标准的制定,并以此遏制中国"走出去"战略。在世界贸易组织法律框架制定的过程中,中国由于没有及时参与而被迫在加入时作出较大让步,这是我们应当吸取的教训。因此,中国应当以更加积极的姿态对竞争政策议题与其他国家展开谈判,提高中国与其他国家就竞争法进行合作的能力。

(二)将竞争政策由程序合作拓展至实体合作

我国在将竞争政策章节纳入自由贸易协定时应注意该章节内容。根据以上论述可以发现:美式跨区域贸易协定中竞争政策章节侧重于成员方境内竞争法的程序性合作,而欧式跨区域贸易协定中竞争政策章节侧重于竞争政策的实体性合作。而美国通过程序性合作的模式存在一定的局限性,例如,《美国—韩国跨区域贸易协定》中竞争相关事项提到,各缔约方需维持或采取国家竞争法,禁止反竞争商业行为,促进和保护市场竞争,各缔约方须以提高经济效率和消费者福利为目标对反竞争行为采取适当措施。该模式虽约定了缔约双方应当禁止反竞争商业行为,但却未明确规定反竞争行为的范围。禁止垄断协议,禁止滥用市场支配地位,控制企业合并作为反垄断法的核心内容已在世界范围内被广泛接受,①但并非世界上每一个国家都具备完整的竞争法法律体系,都对上述3种反竞争行为做出规制。

除垄断协议、滥用市场支配地位和企业合并这三大反垄断法支柱外,竞争政策还包含大量的不正当竞争行为,各个国家或地区由于经济现实、历史条件和社会状况等具体条件的不同,其竞争法的立法模式必然存在差距,总体上,竞

---

① 参见王晓晔:《完善竞争法建立自由公平的市场竞争秩序》,载《工商行政管理》2004年第5期。

争法的立法模式包括3种:一是分立式,即将垄断行为或限制竞争行为和不正当竞争行为区别开来分别立法,规范垄断或限制竞争行为的法律称为《反垄断法》,制止不正当竞争行为的法律称为《反不正当竞争法》,我国采取的即为此种模式。二是合立式,即将反垄断行为或反限制竞争行为和反不正当竞争行为合并立法,制定统一的竞争法,调整范围涉及一切反竞争行为。三是综合式,及对垄断或限制竞争行为不作明确区分,也不制定以"竞争""交易"直接命名的法律,但法律的实质内容却是调整竞争监管关系,维护有效竞争。[①] 这3种不同的竞争立法模式下对除垄断协议、滥用市场支配地位和企业合并这3种主要类型的限制竞争行为外的不正当竞争行为没有统一的认定,会导致在一成员国被视为合法的行为在另一成员国被视为不正当竞争行为。

因此,我国在对外签订自由贸易协定时要注意相对国国内竞争法制定情况,尤其要注意观察相对国竞争法是否对垄断协议、滥用市场支配地位和经营者集中这三方面的内容有实质性的规定。在此,中国可以在以后所签订的自由贸易协定中改进并推广《中国—韩国区域贸易协定》中竞争政策章节的做法,一方面在竞争政策章节中加入定义条款。[②]

此外,可以将协定中所指竞争法的法律范围拓展到中国《反不正当竞争法》。《中国—韩国区域贸易协定》中指出,对于我国而言,竞争法是指《反垄断法》及其实施规定和修正案;而对于韩国而言,竞争法是指《垄断规制和公平交易法》(Monopoly Regulation and Fair Trade Act),以及其实施规定和修正案。韩国《垄断规制和公平交易法》中既包含传统上对垄断协议、滥用市场支配地位和经营者集中的规制,又包含一系列不公平的贸易行为,诸如拒绝与特定交易对象交易或歧视特定交易对象、欺诈或强迫消费者与其进行交易、不合理地利用在交易中的优势地位、不合理地限制交易对象商业活动或不合理地干扰其他商户的商业活动等。[③] 相比而言,中国在自由贸易协定中对于垄断行为之外的不正当竞争行为缺乏规制,可能产生竞争政策实施过程中的漏洞。因此,建议我国在对外签订自由贸易协定时将竞争法拓展至中国《反不正当竞争法》以将传

---

① 参见杨紫煊主编:《经济法》(第4版),北京大学出版社、高等教育出版社2012年版,第28页。

② 参见《中华人民共和国政府与大韩民国政府自由贸易协定》第14.13条。

③ See "Monopoly Regulation and Fair Trade Act article 23", Accessed July 4, 2016. http://eng.ftc.go.kr/files/static/Legal_Authority/Monopoly%20Regulation%20and%20Fair%20Trade%20Act_mar%2014%202012.pdf.

统垄断行为之外的不正当竞争行为纳入成员国竞争法合作框架之内,从而避免出现双边竞争法漏洞。

第二节 美国和欧盟对补贴政策与竞争政策关系的比较研究

一、欧盟和美国补贴政策结构上的不同定位

欧盟在其所签订的自由贸易协定中采取了两种不同的路径来处理补贴和竞争政策的关系。以欧盟与哥伦比亚、秘鲁自由贸易协定为例,该协定中设有贸易救济专章,包括了反倾销和反补贴措施、多边保障措施和双边保障措施,结构上并没有将补贴政策纳入竞争政策章节,两者在内容和结构上相关性较低。但在欧盟与韩国自由贸易协定中,虽同样包括贸易救济专章,内容包括双边保障措施、农业保障措施、全球保障措施和反倾销和反补贴税,但是该协定竞争政策章节独具一格地纳入了补贴小节,内容包括双方处理补贴问题时应当遵循的原则、补贴的定义、禁止性补贴、透明度、监管和审查等,十分完备地规定了补贴的内容。尤其是在双方处理补贴问题时应当遵循的原则中双方强调:双方同意尽彼此间最大努力通过适用其竞争法或其他方式,弥补或消除影响国际贸易的补贴引起的竞争扭曲。这反映出欧盟意图通过竞争法来处理因补贴所导致的竞争扭曲问题,也就是说,当成员国的补贴政策与竞争政策出现冲突时,要坚持竞争政策的优先适用。

而美国以单独设专章的方式对补贴措施进行规定,以《美国—韩国跨区域贸易协定》为例,缔约方重申了双方保留其在世界贸易组织协定中所享有针对反补贴措施的权利和义务,除在第 3 款和第 4 款中规定的通知和协商义务和特殊承诺外,协定并未增加缔约国所负义务。此种方法沿用了大部分区域贸易协定中对于补贴措施的规定方法,但并未就补贴与竞争政策的关系作出阐述。

二、欧盟和美国补贴政策内容上的不同要求

以《欧盟—韩国跨区域贸易协定》为例,欧盟除了在结构上对补贴制度作出调整外,在补贴制度的内容上欧盟也极大地超越了《补贴与反补贴协定》所设立的标准,具体体现在透明度制度和范围两部分。以透明度制度为例,协定中规定:各缔约方应当确保补贴的透明。为此,每一缔约方(1)应每年向他方报告可

能影响国际贸易的具体补贴的总量、种类和部门分布情况。报告的情况应当包括补贴的目的、形式、数量和预算方面的信息,以及在可能的情况下,由政府或其他公共机构授予补贴的接收者。(2)如果报告意向另一缔约方发送,或者有关信息在之后日历年12月31日之前可以在公众可访问的网站上查询到,则此报告将被视为已经提供。(3)根据一缔约方的申请,另一缔约方应当就任何补贴方案和具体补贴的特定单独情况提供进一步的信息。缔约方在交换信息时,应该考虑到行业要求和商业秘密所施加的限制。① 该条款要求各缔约方就其实施的补贴总量、种类和部门分布情况向另一方作出通报,极大地提高了国内补贴政策的透明度。

而美式跨区域贸易协定中各缔约方仅重申了其将保留世界贸易组织协定中有关反倾销和反补贴义务适用的权利与义务,并且进一步指出,除了第3款"通知和协商"和第4款"承诺",协定中的任何条款都不应该被解释为增加缔约方义务与反倾销和反补贴措施。此规定实际上仅重申了《补贴与反补贴协定》中的相关规定,并未就补贴制度创设更高的标准。

三、欧盟和美国对补贴政策和竞争政策关系差异化的原因

从欧盟和美国竞争政策的历史起源来看,欧盟的竞争政策起源于欧共体时期,第二次世界大战后以后,欧洲各国希望通过一体化的道路,相互合作尽快摆脱战争所带来的困境。但欧洲各国由于国家政策和经济状况的原因,存在各种补贴,为了实现企业间的公平竞争,促进欧洲整体经济的恢复,在建立欧盟之初,对于补贴问题的规则就成了欧洲各国必须考虑的问题。② 对国家援助的规制也成为欧盟竞争政策的重要内容之一。欧盟因此在区域内建立了十分完善的补贴政策,既包括违反性补贴又包括合法性补贴。一方面,制止了各成员国内存在的各种不合理的,有悖于市场竞争的补贴;另一方面,支持了目的在于促进区域间协调发展的具有积极意义的补贴。③

此外,补贴政策和竞争政策的关系向来是一个敏感的问题,补贴和竞争政策都具有促进和保护竞争的特性,但是补贴又具有限制竞争的特性。尽管欧共

---

① 参见《欧洲联盟及其成员国与大韩民国自由贸易协定》第11章第11.13条。

② 参见周牧:《欧盟国家援助制度研究》,中国社会科学院2012年博士学位论文,第15页。

③ 参见刘夏云:《欧盟竞争政策与由工业政策所引致的补贴政策的关系》,对外经济贸易大学2012年硕士学位论文,第7页。

体的竞争政策与产业政策存在冲突和矛盾,但欧共体条约第 3 条提出的在欧共体市场建立一个保护竞争不受歪曲的制度较该条提出的其他任务和措施有着优先适用的地位。也就是说,在欧共体其他政策与欧共体竞争政策发生冲突时,优先适用欧共体竞争政策。除此之外,欧共体条约第 157 条最后还强调指出,欧共体产业的竞争力“不得成为共同体实施任何可能歪曲竞争的措施的基础”。[①] 至此,欧盟确立了竞争政策的优先适用地位。

因此,欧盟采取了将反补贴纳入竞争政策的方式来调和两者之间的矛盾。例如,《欧盟—韩国跨区域贸易协定》中约定,双方同意尽彼此最大努力通过适用竞争法或其他方式弥补或消除因补贴而产生的竞争扭曲,并阻止此种情形的再次发生,此举目的在于调和国家补贴与竞争政策的关系。在《欧盟—韩国跨区域贸易协定》中,缔约国在世界贸易组织反补贴协定《补贴与反补贴协定》的基础上进一步对补贴做出声明,特别列明了禁止性补贴、补贴的透明度、对补贴所涉及事项的监管和审查。把补贴或反补贴纳入竞争政策表明双方认为反补贴是竞争政策,而不是贸易政策,受竞争法的规制,从而降低或消除了当局贸易政策的干预,[②]为限制国家滥用反补贴措施起到了积极的作用。

四、中国区域贸易协定中就补贴政策与竞争政策冲突问题的完善建议

根据中国贸易救济信息网统计,2015 年共有 17 个国家(地区)对华启动了 75 起反倾销和反补贴调查,与 2014 年持平,其中反倾销 67 起,同比增加 6 起,增幅为 9.8%;反补贴 8 起,同比减少 6 起,降幅为 42.9%。其中,发达国家(地区)启动 25 起反倾销和反补贴调查,比 2014 年减少 5 起,降幅为 16.7%;发展中国家(地区)启动 49 起,同比增加 9 起,增幅为 22.5%。[③] 由此可见,我国在国际市场中面临极大反倾销与反补贴压力,且面临越来越多的发展中国家对我国启动反倾销与反补贴调查的压力。因此,我国应当充分重视贸易救济措施在国际贸易中的地位。相比于反倾销调查,补贴作为一种政府行为,在补贴的调查和反补贴措施的执行上更复杂,更需要政府间的相互合作。我国作为世界上

---

① 王晓晔:《竞争政策优先——欧共体产业政策与竞争政策》,载《国际贸易》2001 年第 10 期。

② 参见刘计亭:《自由贸易协定竞争政策研究》,广东商学院 2013 年硕士学位论文,第 23 页。

③ 参见《2015 年六成以上对华反倾销和反补贴调查由发展中国家发起》,载中国国际贸易促进委员会网:http://www.ccpit.org/Contents/Channel_3674/2016/0203/577221/content_577221.htm,最后访问日期:2016 年 7 月 8 日。

收到反倾销、反补贴调查最多的国家，应当加强对补贴和补贴政策的规范，在积极参与国际贸易的同时提高自身抵御反倾销调查的能力。

相较欧盟的补贴政策，我国的反补贴立法起步较晚，且在补贴立法体制上与其有显著区别。如表 37 所示，中国反补贴立法经历了 3 个阶段。

表 37　中国反补贴立法发展过程

阶段	特点
1994 年《对外贸易法》	首次以法律的形式对补贴进行表述，为反补贴立法奠定了基础
1997 年《反倾销和反补贴条例》	第一次在法律上明确地提出了反补贴措施
2002 年《反补贴条例》	在内容上严格与《补贴与反补贴协定》保持一致，是较为成熟和完善的反补贴法律
2004 年对《对外贸易法》和《反补贴条例》的重新修订	至此，以《对外贸易法》为基础，以 2004 年《反补贴条例》为核心，其他实施细则的部门规章为补充，司法审查为法律保障的反补贴法律体系已经形成

除此之外，中国《反垄断法》和《反不正当竞争法》这两部规范市场的竞争立法并未涉及补贴与反补贴制度，因此在形式上，竞争政策和补贴政策分属于不同的法律层面。而欧盟补贴政策与竞争政策均体现在《欧洲联盟条约》中，其联系更为紧密。在内容上，中国目前尚无针对政府补贴措施的专项立法，中国《对外贸易法》和《反补贴条例》的内容均针对国际贸易中的补贴，并未涉及国内补贴政策。从目的上看，中国竞争政策和补贴政策规范不同的行为，竞争政策是为了促进和维护有效竞争而制定，以效率优先、兼顾公平为政策目标，旨在形成有效竞争、有序竞争，维护消费者的利益和维护社会经济秩序，促进社会总福利水平的提高。① 而补贴政策则是一种贸易政策，是一国政府基于国内经济发展与安全而制定，目的在与维护国家利益。而欧盟将补贴政策内化为竞争政策的一部分，扩大了竞争政策的内涵，使竞争政策的内涵既包括国家利益又包括企业和消费者利益，且国家产业政策的实施不能损害市场竞争。

因此，一方面，基于中国受到越来越多的反补贴调查的现状，中国可以与另

① 杨紫煊主编：《经济法》（第 4 版），北京大学出版社、高等教育出版社 2012 年版，第 58 页。

一成员方就补贴政策展开磋商,达成双方对于补贴的一致意见之后将其纳入自由贸易协定文本。此举措可最大限度地就成员国有关补贴的政策达成一致,在就补贴问题出现争议时,相应的磋商和沟通机制也可以促进争议的提早尽快解决,避免由争议上升至政府间反补贴程序进而耗用大量的人力物力。另一方面,基于中国与欧盟对于补贴政策和竞争政策理念的不同,中国在对外签订自由贸易协定,尤其是与欧盟签署自由贸易协定时,应注意如何妥善处理两者关系。虽然中国在已签署的11个自由贸易协定中均包含补贴政策相关的规定,但仅有一个协定包含竞争政策章节。有关中国自由欧贸易协定中竞争政策合作的范围、方式以及未来走向均处于试验期,因此,在处理补贴政策与竞争政策之间关系时,应注意中国与欧盟竞争政策发展程度的差距和中国出口补贴政策的现状,避免将补贴政策直接纳入竞争政策。欧盟所签订自由贸易协定中竞争政策优先于补贴政策的做法并未推广至所有协定,仅出现于《欧盟—韩国跨区域贸易协定》中,是欧盟区域内竞争政策输出外扩的一次尝试,将来是否能得以推广适用尚不确定,就2016年生效的欧盟与加拿大所签订的《全面经济贸易协定》而言,双方并未将补贴政策纳入竞争政策。因此,将补贴政策纳入竞争政策并非欧盟所一贯坚持的做法,中国可以在磋商过程中对此提出保留。

第三节　美国和欧盟所签署自由贸易协定中竞争政策的争端解决机制比较研究

一、美国和欧盟所签署自由贸易协定中竞争政策争端解决机制比较

如表38所示,美国在其所签署的区域贸易协定中,对因竞争政策而产生的争议往往部分保留协定的争端解决程序,部分排除协定争端解决程序。

表38　美国所签订的自由贸易协定竞争政策争端解决条款

协定	相关规定
美国—澳大利亚自由贸易协定	第14.11条争端解决:任何缔约方不得将因本章第14.2条、第14.42条、第14.43条、第14.6条、第14.7条、第14.9条或第14.10.2条产生的争议诉诸协定争端解决程序解决

续表

协定	相关规定
美国—智利自由贸易协定	第16.8条争端解决:任何缔约方不得将因本章第16.1条、第16.2条、第16.7条产生的争议诉诸协定争端解决程序解决
美国—哥伦比亚自由贸易协定	第13.10条争端解决:任何缔约方不得将因本章第13.2条、第13.3条、第13.4条和第13.9条产生的争议诉诸协定争端解决程序解决
美国—韩国自由贸易协定	第16.8条争端解决:任何缔约方不得将因本章第16.1条、第16.6条、第16.7条产生的争议诉诸协定争端解决程序解决
美国—秘鲁跨区域贸易协定	第13.10条争端解决:任何缔约方不得将因本章第13.2条、第13.3条、第13.4条、第13.9条产生的争议诉诸协定争端解决程序解决
北美自由贸易协定	第1501条第3款争端解决:任何缔约方不得将因第1501条产生争议诉诸协定争端解决程序解决

而欧盟与美国对因竞争政策产生争议所采取的解决程序不同,如表39所示,欧盟在所签订的自由贸易协定中,对因竞争政策章节产生的争端往往排除协定争端解决程序的适用的方法,在近年来欧盟所签署的自由贸易协定中,均排除了通过协定整顿解决程序解决竞争政策争端的可能性,这是欧式跨区域贸易协定中竞争政策的特点之一。

表39　欧盟所签订的自由贸易协定中竞争政策整顿解决条款

协定	相关规定
欧盟—韩国自由贸易协定	第11.8条争端解决机制规定:任何一方不得诉诸第十四章“争端解决”来解决本节出现的任何问题
欧盟—哥伦比亚,秘鲁自由贸易协定	第226条争端解决:任何一方不得诉诸第十二编“争端解决”方式解决本编的任何问题
欧盟—加拿大自由贸易协定	第17.4条规定,任何一方不得诉诸本协定下的任何任何争端解决方法

除此之外,以《欧盟—韩国跨区域贸易协定》为例,该协定第11.7条第2款规定了缔约各方应当就各自执法政策和竞争法执法进行合作,包括通过执法合作、通报、磋商以及交换非机密信息等方式,这些方式必须基于欧盟和韩国2009

年5月23日签署的有关反竞争活动方案的合作协定。① 该条款中提到的《欧盟和韩国反竞争合作协定》(Agreement between the European Community and the Government of the Republic of Korea Concerning Cooperation on Anti-competitive Activities)中包含诸多与竞争法合作相关的条款,例如,通知、执法合作、执法活动的协调、冲突的避免(消极礼让)、积极礼让、机密信息、磋商等。但该协定中也未包含争端解决程序。② 由此可见,无论是综合性的自由贸易协定还是专门性的竞争法合作协定,欧盟倾向于排除争端解决机制的适用。

二、竞争政策争端解决程序的重要性

争端解决程序是确保自由贸易协定得以运行所不可缺少的部分,无论是在美国所签订的自由贸易协定还是在欧盟所签订的自由贸易协定中,均包含完整的争端解决程序。目前,国家间贸易争端主要通过多边世界贸易组织体制下《关于争端解决规则与程序的谅解》(Understanding on rules and procedures governing the settlement of disputes,DSU)和区域自由贸易协定下的争端解决章节解决。对于因竞争政策的实施而产生的争议,由于争端解决协定管辖权的瑕疵,区域贸易协定中竞争政策的争端解决程序就显得尤为重要。

《关于争端解决规则与程序的谅解》第1条范围和适用中提到:本谅解书的各项规则与程序应适用于按照本谅解书附件1所列各项协议的磋商与争端解决规则(以下简称有关协议)所提出的争端。该谅解书的各项规则程序也应适用于世界贸易组织协定条款以及单独或与其他任何有关协议相结合使用的本谅解书之下涉及各成员方之间权利与义务的磋商与争端解决事项。③ 其中,谅解书附件1中提到本谅解书所包含的协定包括以下几种。

1. 建立世界贸易组织协定(Agreement Establishing the World Trade Organization)。

2. 多边贸易协定(Multilateral Trade Agreements)包括:附件1A,关于货物贸易的多边协议;附件1B,服务贸易总协定;附件1C,与贸易有关的知识产权协议;附件2,关于争端解决的规则与程序之谅解。

---

① 参见《欧洲联盟及其成员国与大韩民国自由贸易协定》第11.7条。

② 参见《欧盟和韩国反竞争合作协定》,载欧洲委员会网:http://trade.ec.europa.eu/doclib/docs/2010/october/tradoc_146718.pdf,最后访问日期:2016年7月16日。

③ 参见《关于争端解决规则与程序的谅解》第1条。

3. 诸边贸易协定(Plurilateral Trade Agreements)包括:附件4,民用航空器贸易协议;政府采购协议;国际乳制品协议;牛肉协议。且本谅解书对多种单项贸易协议的适用,应以由每项协议的各签约方作出的阐述本谅解书对包括附录2中所含之专门或附加规则或程序在内的该单项协议适用条件的决议(像通报给争端解决机构那样)之通过为前提。[①]

由此可见,世界贸易组织体系下争端解决机制的管辖权仅包括在附件1中所列明的多边贸易协定、诸边贸易协定和已通过的单项贸易协议。而竞争政策议题作为21世纪新兴议题,于1996年的新加坡部长级会议上首次提出,并在2001年举行的世界贸易组织第4次部长级会议上决定在"多哈回合"中加入竞争政策谈判。但截至目前,由于各成员国对竞争政策议题分歧较大,世界贸易组织体系下并未就竞争政策形成任何协定。这意味着自由贸易协定成员国因竞争政策而产生的争议不能诉诸世界贸易组织争端解决机制解决。[②] 因此,在涉及竞争政策的争议解决过程中,自由贸易协定中竞争政策的争议解决条款就显得尤为重要。

三、欧式跨区域贸易协定中的竞争政策争端解决机制

欧式跨区域贸易协定中竞争政策章节完全排除了协定争端解决程序的适用,同时由于竞争政策不属于世界贸易组织体系下多边贸易规则。因此,因竞争政策而产生的争议既不能通过世界贸易组织争端解决机制,又不能通过协定争端解决程序解决,仅能通过协定成员国的合作和磋商解决。[③] 以《欧盟—哥伦比亚、秘鲁自由贸易协定》为例,竞争政策章节中合作条款规定:在涉及竞争法实施的事项上,每一缔约方应当尽最大努力通过其竞争机构进行合作,该竞争机构有权根据其利益和能力以适当的方式和工具进一步加强合作。[④] 并且为了促进缔约方相互了解、解决因竞争政策而出现的具体问题,一缔约方依据其他

---

① 参见《关于争端解决规则与程序的谅解》第1条。

② 此处竞争政策指普遍意义上的竞争政策,《欧盟—韩国跨区域贸易协定》将补贴纳入竞争政策章节,属于区域贸易协定的特例,因此,在《欧盟—韩国跨区域贸易协定》中因补贴政策而产生的争端仍有权适用WTO争端解决机制。

③ See Simon Baier, "The Korea-EU FTA: Implications for the Enforcement of Korean and European Competition Law", *Yonsei Law Journal* 2, 2011, pp. 39 – 50.

④ 参见《欧洲联盟及其成员国与哥伦比亚共和国、秘鲁共和国自由贸易协定》第216条第6款。

缔约方的请求,应当接受协商行动,但不妨碍其依照其竞争法采取行动,同时保持其对受磋商问题作出最终决定的充分自主权。且按照上款请求磋商的缔约方,应注明问题如何影响市场的正常运行,被请求国也应当充分考虑请求方的诉求。①

欧式跨区域贸易协定竞争政策章节中争端解决机制的缺乏使因竞争政策而产生的争议仅能通过该章节的合作与磋商条款解决,这减损了竞争政策章节的执行力,使具备准司法性质的争端解决程序演化为政治性的磋商。

四、美式跨区域贸易协定中的竞争政策争端解决机制

美式跨区域贸易协定中竞争政策章节仅部分排除协定争端解决程序的适用,竞争政策中被排除适用协定争端解决程序的项目主要包括:竞争法和反竞争商业行为、合作、磋商。除此之外,因国有企业、指定垄断、透明度、价格差异等项目而产生的争议均可以通过协定的争端解决程序解决。

美式跨区域贸易协定中的争端解决程序主要分为 4 个步骤:磋商、联合委员会审理、专家组审理、专家组最终报告的实施。同时,争端的解决还需要遵循一系列严格的程序规则。

首先,缔约一方可以将因竞争政策而产生的整顿书面要求与另一缔约方进行磋商。在这一过程中,各缔约方应当提供充足的信息以便对事实或拟议措施或其他行为是否影响本协定的执行或适用进行全面评估。

其次,如果通过磋商缔约双方在递交磋商请求后一段时间内,争端未能解决,任何一缔约方均可通过书面通知将此争议提交联合委员会,联合委员会将召开会议并努力解决此争议。

再次,如果联合委员会在缔约方递交通知后一段时间内未能解决问题,起诉方可以通过向另一缔约方作出书面通知将该事项提交争端解决专家组。专家组将由 3 名专家组成。且除非缔约方另行规定,专家组应在任命主席之后 180 日内提交给缔约方一个包含事实调查的原始报告和决定。

最后,争端双方在收到专家组的最终报告后,应对争端的解决达成合意,如争端双方就争端的解决未达成合意,则被起诉方应与起诉方就赔偿进行协商。如果争端当事方未能在作出该赔偿的协商开始后 30 日内达成赔偿协议,或者

① 参见《欧洲联盟及其成员国与哥伦比亚共和国、秘鲁共和国自由贸易协定》第 265 条。

达成赔偿协议后被起诉方未能遵守该协议,任何起诉方可在任何时候向被起诉方书面通知其中止对被起诉方适用效果相等的利益。

综上,与欧式跨区域贸易协定中竞争政策的争端解决程序相比,美式跨区域贸易协定中因竞争政策的争端解决程序更完备。争端的解决需遵循严格的程序要求,极大地促进了争端解决程序的正当性,配套的强制执行措施也赋予了起诉方采取反报措施以督促被起诉方执行赔偿协议的权利,更有利于因竞争政策而产生的争端的解决。

五、中国区域贸易协定中竞争政策争端解决机制的完善建议

截至目前,中国对外签署的11个自由贸易协定中,只有《中国—韩国区域贸易协定》中包含了竞争政策章节,该协定第14.16条争端解决规定:如果一缔约方认为,某一行为持续影响本章所指双边贸易,该方可以要求在联合委员会进行磋商,以促进该问题的解决;同时,自由贸易协定中也规定了对于因竞争政策而产生的任何事项,任一缔约方不得诉诸本协定第二十章"争端解决"。

依该协定规定,当中国和韩国因竞争政策而产生争议时,双方均不得将争端诉诸协定争端解决程序解决。但该协定的进步之处在于在排除争端解决程序的同时为空洞的磋商程序设定了标准,使磋商在联合委员会的引导下进行。联合委员会是依据协定第十九章设立的,由部长级的双方代表组成,其职能包括致力于解决可能因解释或应用本协定所产生的分歧及考虑其他可能影响本协定实施的事宜。并且该联合委员会有明确的议事规则,更有利于因竞争政策而产生的争议。与美式跨区域贸易协定中竞争政策争端解决机制相比,中国在协定中的做法仅局限于争端的磋商的阶段,当双方就争端无法达成一致时,并无配套的专家组审理以及执行程序,这使得协定磋商程序相对缺乏确定性。但与欧式跨区域贸易协定中竞争政策争端解决机制相比,中国在协定中的做法为争端的磋商设定了相应的机构和规则,是对欧盟以往协定中竞争政策争端解决机制的补充。

美国、欧盟、中国在对外签署的自由贸易协定中针对竞争政策争端解决机制的做法大致可以分为两类,即通过协定完整的争端解决程序解决(美国)和通过双方磋商解决(欧盟和中国)。就中国而言,一方面,竞争政策属于新型议题,将其纳入中国所签订的自由贸易协定的经验尚不丰富,仅《中国—韩国区域贸易协定》中纳入竞争政策章节。该章节的实施为中国所带来影响以及该章节下

争端解决机制的有效性尚未得到检验，该章节的相关规定对中国企业所产生的潜在风险也未显现。另一方面，竞争政策章节内容核心内容之一为国有企业和竞争中立原则，而目前中国国有企业在管理体制和市场竞争以及透明度方面都有待完善，且并未建立“竞争中立”制度，由于这些隐性因素的影响，当国有企业在参与市场竞争时面临受诉风险。因此，中国在签订自由贸易协定时可以参考《中国—韩国区域贸易协定》中的相关规定，排除协定争端解决机制的适用，但加强磋商程序的构建，争取通过协商对话解决因竞争政策产生的争端。

第四节　美式与欧式跨区域贸易协定“国有企业”和“竞争中立”制度比较研究

竞争中立原则是源于澳大利亚的一项法律制度，其内涵主要包括税收中立、管制中立、债务中立。美国和欧盟也逐渐认识到规范国有企业经营活动的重要性，在其对外已签署的自由贸易协定中，对国有企业的规制和“竞争中立”制度也越来越多地体现在竞争政策章节中。实际上，虽然竞争中立制度最早由澳大利亚提出，但近年来却一直由美国积极推进，美国在国际范围内极力鼓吹竞争中立是出于国家利益的考量，因为美国的国有企业仅占美国国民经济的很少一部分，而中国作为美国最大的竞争国，有大量的国有企业。因此，将美国和欧盟“竞争中立”的国际主张进行比较研究并提出对中国的建议具有一定的现实意义。

一、美式跨区域贸易协定中的“国有企业”和“竞争中立”制度

在《美国—韩国跨区域贸易协定》中，有关国有企业的规制基本上延续了《北美自由贸易协定》中的规定。主要内容包括：各缔约方有权建立或维持国有企业，但是缔约方必须确保其所建立或维持的任何国有企业在行使批准商业交易、征收配额、规费或其他费用的权力时，不能违背协定下缔约国应当承担的义务；并且应确保因本协定所涉投资而销售的货物和提供的服务均享受非歧视待遇，并规定了国有企业基于商业考虑在同一市场或不同市场实行区别定价并不违背国有企业在市场竞争中的非歧视待遇。美国的这种做法侧重于强调规制国家补贴的结果，即国有企业不能凭借其优势竞争地位而破坏市场竞争环境。

二、欧式跨区域贸易协定中的“国有企业”和“竞争中立”制度

在《欧盟—韩国跨区域贸易协定》中，有关国有企业的规制在美式跨区域贸易协定基础上增加了国家补贴的内容。有关补贴的规定主要体现为各缔约方同意尽最大努力通过适用竞争法或其他方式弥补或消除因补贴而引起的竞争扭曲，并阻止此种情形的再次发生。在双边层面上，欧盟和韩国就双方均应禁止的补贴达成一致并就国家实施补贴时所应遵循的透明度作出规定。该补贴政策即适用于私营企业又适用于国有企业，但结合协定文本和欧盟内部竞争法《欧洲联盟运作条约》分析可以发现，该补贴政策较多引用了世界贸易组织《补贴与反补贴协定》内容，对缔约国给予国有企业的特殊待遇并未做详细说明。欧盟的这种做法是对以上美国做法的有益补充，将补贴制度纳入竞争政策进而确定竞争政策的优先地位，使国家补贴以不能损害市场竞争为限，具有明显的先进性。但与《跨太平洋伙伴关系协定》相比，其补贴政策并非完全针对国有企业，从而使得其对国有企业规制力度略有不足。

三、中国区域贸易协定中“国有企业”和“竞争中立”制度完善建议

中国有关国有企业的立法主要见于《反垄断法》《反不正当竞争法》及其司法解释中，与上述区域贸易协定中关于国有企业和指定性垄断企业的区别主要在于对国有企业规制的力度。首先，中国和区域贸易协定标准都不禁止上述企业的建立和运营，但中国标准侧重于原则性、呼吁性的表述，相比之下，上述区域贸易协定标准细化了竞争政策的内涵，对政府扶持进行了明确规定，把政府扶持力度限制在不对缔约方的利益和国内产业造成不利影响和损害的框架内，而中国没有对此设限。其次，上述区域贸易协定标准建立了国有企业和指定性垄断企业的信息披露制度，缔约国必须披露国内哪些企业属于国有企业、国有资本参股份额、非商业性扶持的具体措施等内容。而中国目前没有涉及此方面信息。最后，在上述区域贸易协定标准下，国有企业和指定性垄断企业进行商业活动时，应进行商业考量。中国目前没有就上述企业进行商业活动设立行为准则。

截至目前，中国在对外所签署的自由贸易协定中尚未引入“竞争中立”原则，在唯一包含完整竞争政策章节的《中国—韩国区域贸易协定》中，竞争政策章节同样没有纳入国有企业以及指定垄断企业相关的措施。因此，与美式、欧

式跨区域贸易协定相比,协定中竞争政策缺乏对国有企业的规制是我国对外签订自由贸易协定的特点之一。在世界范围内,将竞争政策纳入区域贸易协定的国家并不多,大多数国家间竞争政策的合作是通过单独签订一个双边竞争法合作协定实现的。美国和欧盟国内私营经济发达,国有企业仅占国民经济的很少一部分,但随着发展中国家经济的崛起和国有企业经济实力的增强,欧盟和美国的私营企业在与其竞争时处于不利地位。因此,其在世界范围内主张将竞争政策纳入双边、多边贸易体制,谋求国家利益的最大化。① 在此进程中,中国对国有企业和竞争中立问题上的立场至关重要,中国拥有大量的国有企业和指定垄断企业,根据经济合作与发展组织学者所统计的国有企业产值占一国前10大企业总产值的比重,中国以96%的高比例居世界第一位。2013年7月公布的《财富》世界500强企业中,中国企业占据95席,仅次于美国,且国有企业占据绝对主体;在世界前10大企业中,中国大型国企更是占据3席。② 引入竞争中立原则可能对我国国有企业的国际竞争力和国家产业安全造成严重损害。因此,中国在国有企业和竞争中立问题上应审慎考虑其可能产生的影响。

首先,我们应该认识到竞争中立原则的积极作用。竞争中立原则核心在于强调国有企业在参与市场竞争时遵循非歧视的原则,且经营活动需遵循"商业考量"(commercial consideration),不能利用其享有的垄断地位对市场竞争造成负面影响。这对促进中国国有企业改革有积极的促进作用,2015年9月中国中共中央国务院发表了《关于深化国有企业改革的指导意见》,意见指出目前我国国有企业存在一些亟待解决的突出矛盾和问题,一些企业市场主体地位尚未真正确立,现代企业制度还不健全,正面临日益激烈的国际竞争和转型升级的巨大挑战,因此要继续坚持进一步深化国有企业改革。该意见推动国企改革的愿景与竞争中立原则的目标相一致,皆为提高我国国有企业的国际竞争力,且竞争中立本身即包含鼓励国有企业以平等主体身份参与市场竞争的属性,此原则的引入有利于规范国有企业的运营,进一步释放私营经济主体参与市场竞争的活力,是中国国有企业走向国际化的改革方向与路径。

其次,我们也应该注意到"竞争中立"背后所潜伏的国家利益的博弈。中国

---

① 参见应品广:《中国需要什么样的竞争中立(上)——不同立场之比较及启示》,载《中国价格监管与反垄断》2015年第2期。

② 参见李晓玉:《"竞争中立"规则的新发展及对中国的影响》,载《国际问题研究》2014年第2期。

经济的持续增长使美国与欧盟面临极大的竞争压力，为了遏制中国企业“走出去”战略，“竞争中立”规则成为美国和欧盟继“国家安全审查”后的又一工具。中国竞争政策的选择必须与我国企业竞争力现状相结合。如果仅重视“竞争中立”规则的积极作用，将其纳入自由贸易协定，以期借此倒逼中国国有企业改革，可能会对我国国有企业的经营造成冲击。因此，中国在对外尤其是与欧盟和美国签订自由贸易协定时，对“竞争中立”或“国有企业”相关规则不能掉以轻心。在此，本书对中国自由贸易协定中所面临的“竞争中立”问题提出以下4点建议：

1. 尽量在竞争政策章节的谈判中将“竞争中立”或“国有企业”相关内容排除在协定内容之外。如果相对缔约方不接受排除此议题，那么中国应争取为竞争政策章节设定尽可能长的过渡期。

2. 通过“例外”或者附件的形式，对目前中国国有企业不符合协定的行为作出保留，并尽量对国有企业以及“竞争中立”作限缩解释。

3. 完善中国竞争法律体系。在立法方面，目前中国国内关于国有企业以及指定垄断企业竞争有限，没有专门的立法或专门的章节对国有企业参与市场竞争所应遵循的准则作出规定。与私营企业相比，国有企业在市场竞争中的商业行为往往受国家政策导向的影响，而不是受国家竞争法的左右。因此，完善中国竞争法律体现首先要将国有企业纳入我国竞争法，使国有企业的市场活动能够有法可依。在执法方面，中国国有企业分为国有独资公司、国有控股公司、国有参股公司，其级别有正部级、副部级、正厅副厅、正处副处、正科副科级。此类企业由于具有强烈的行政色彩以及经济实力，在地方税收以及当地人事组织机构中占据强势地位，因此中国的反垄断执法机构（国家工商局、国家发改委、商务部）在进行执法活动时难免会遇到较大阻力，这就要求不断深化我国的国有企业改革，使国有企业“去行政化”。

第五节　美国和欧盟境内竞争政策比较研究

相对于货物贸易、服务贸易等区域贸易协定传统议题而言，竞争政策议题是21世纪区域贸易协定的新型议题，其特点之一在于将本属一国国内法范畴的竞争法纳入双边合作框架。这对协定成员方的合作提出了更高层次的要求，一方面，成员国需要在双边层面就国内竞争法的实施展开合作；另一方面，成员方必须妥善实施本国竞争法，由于各国历史文化、经济发展水平的不同，各国国内竞争法的内容也各不相同。在此基础上,对协定成员方境内竞争法进行比较研究是十分必要的。例如,美国和欧盟对外签订的自由贸易协定均强调了各缔约方为了实现公平、自由的竞争,需要在其国家境内施行能够有效解决反竞争商业行为的法律。但美国和欧盟境内所实施的反竞争法在规制此类行为的实体内容上还存在明显差距。因此,对两者境内实体法进行比较研究,可以探索美式与欧式跨区域贸易协定中竞争政策差异化的渊源,也可以为中国国内竞争法的修订出谋划策,同时还可以为中国与欧盟、美国签订自由贸易协定时决定采取何种竞争政策提供理论支持。

一、美国和欧盟竞争政策立法及实施机关比较

美国的竞争政策体系由成文法和法院判例构成。但美国的竞争法并未明确区分反垄断法与反不正当竞争法,统称为反垄断法(Antitrust Law),美国现行反垄断法由《谢尔曼法》(The Sherman Act)、《克莱顿法》(The Clayton Act)和《联邦贸易委员会法》(The Federal Trade Commission Act)组成。1890 年通过的《谢尔曼法》作为现代竞争政策的起源,禁止企业参与共谋和垄断行为,该法由美国司法部(Department Of Justice DOJ)负责实施,司法部对不正当竞争行为进行调查后,需要将案件递交法院,由法院作出判决,法院所作判决结果由此作为先例对将来的类似案件具有法律约束力。1914 年通过的《克莱顿法》则重点对滥用市场支配地位的行为进行约束,此类行为包括价格歧视、掠夺性定价、捆绑性销售行为,并且对《谢尔曼法》未涉及的兼并和连锁董事制度作出规定。① 1914 年通过的《联邦贸易委员会法》则创立了一个新的政府机构——联邦贸易委员会(Federal Trade Commission,FTC)负责执行《克莱顿法》,联邦贸易委员会一方面有权在法院提出针对不正当竞争行为的民事诉讼,另一方面其作为政府机关针对反竞争行为有权作出行政处罚决议,但该决议并非司法判例,在作出时必须经过行政法法官的审查并可上诉至上诉法院。至此,美国的反竞争行为执法活动形成了“双轨制”的分工:美国司法部负责刑事领域内竞争法的实施,而联邦贸易委员会负责非刑事领域(包括行政和民事领域)竞争法的实施。除此之外,美国联邦各州还有其各自的竞争法。

欧盟的竞争政策体系既包括条约、欧盟部长理事会制定的规则、欧盟委员

① See U. S. International Trade Administration, Accessed July20, 2016, https://www.ftc.gov/tips-advice/competition-guidance/guide-antitrust-laws/antitrust-laws.

会制定的竞争规则、欧盟法院的判决,又包括各成员国内的竞争法。1957 年《罗马条约》仅对卡特尔(Cartel)和垄断(Monopolies)作出规制,1989 年《欧盟并购规则》①出台使企业合并有了相应的竞争法规制,1992 年签订的《欧盟条约》(对《罗马条约》的修订)第 101 条包含了对企业共谋和卡特尔的规制;第 102 条对垄断和滥用市场地位的行为作出规制;第 139 条对企业合并作出了规制。欧盟内竞争政策的实施机构包括欧盟委员会下设的竞争理事会(Directorate General For Competition Of The European Commission, DGIV),该部门行使行政管理职能,在涉及竞争的案件中集调查、起诉、裁决职能为一身。此外,如果企业认为该理事会所作决议存在错误或赔偿数额过高,可通过欧盟综合法院(The General Court)和欧盟法院(European Court of Justice)请求司法审查以撤销该裁决或减少赔偿数额。

二、美国和欧盟反垄断法私人诉讼制度比较

如上所述,美国竞争法在实施过程中采取"双轨"模式,从事反竞争商业行为既可能承担刑事责任又有可能承担行政处罚或民事责任。另外,私人同样有权就反垄断行为提起诉讼,实际上,依据《谢尔曼法》或《克莱顿法》起诉并要求损害赔偿的主体大多数都是私营企业或私人。

欧盟层面的竞争法主要体现在《建立欧盟条约》(Treaty on the Functioning of the European Union)的第 101 条和第 102 条,其中主要包括垄断协议、滥用市场支配地位和其他限制行政行为。此外,欧盟层面竞争法的实施采取了单一的"行政控制模式",并未引入刑事诉讼和私人诉权的概念。这意味着欧盟成员国的国民受到限制竞争商业行为侵害时,无法通过欧盟综合法院或欧盟法院提起民事诉讼并获得 3 倍赔偿,仅能够向欧盟委员会提出申诉,由欧盟委员会对该行为进行调查惩处。② 虽然目前欧盟层面并未赋予受害者私人诉权,但生效于 2014 年并预计于 2016 年 12 月 27 日之前,被各成员国转化为国内法的 2014/104/EU 指令(Rules to Compensate Victims of Cartels and Anti-Competitive Practices)赋予了反竞争行为的受害者在欧盟成员国国内法院的私人诉权,并规

① See European Union explained-competition, Accessed March 21, 2016, http://europa.eu/pol/pdf/flipbook/en/competition_en.pdf.

② Ibid.

定受害者有权获得与实际损失或可预期损失数额相符的赔偿。① 此指令的定义部分声明,“受损方”(injured party)是指因违反竞争法而受到损害的当事人,在此,该当事人既包括法人又包括自然人。而“违反竞争法”(infringement of competition law)是指违反《建立欧盟条约》第 101 条和第 102 条以及违反成员国竞争法的行为。即私人诉权的范围既包含垄断行为又包含限制竞争行为。因此,欧盟也建立起反垄断法的私人诉讼制度,但与美国反垄断法的私人诉讼制度相比,在赔偿的数额上有所不同。美国给予利益受损方不论损害大小,损害额的 3 倍赔偿、诉讼费和合理的律师费,而欧盟在此强调应当给予受损方充分的赔偿(full compensation)。

三、中国国内竞争法完善建议

从中国竞争政策的立法层面上看,中国国内关于竞争法的规定主要体现在《反垄断法》《反不正当竞争法》《消费者权益保护法》《最高人民法院关于审理不正当竞争民事案件应用法律若干问题的解释》等法律和司法解释中。由此可见,中国竞争法采取了分立式的结构,即将垄断行为或限制竞争行为和不正当竞争行为区别开来分别立法,分别制定了《反垄断法》和《反不正当竞争法》。

从中国竞争政策的司法以及执法层面上看,竞争法的司法和执法机关包括各级人民法院和反垄断执法机构。其中,垄断行为的执法活动由我国国务院反垄断执法机构主持,我国我国国务院反垄断执法机构是指国家工商局(负责非价格垄断协议、非价格滥用市场支配地位、滥用行政权力排除限制竞争行为的反垄断执法)、国家发改委(负责价格垄断协议)、商务部(负责经营者集中行为的反垄断审查),国务院反垄断执法机构之上设有反垄断委员会。同时,不正当竞争行为由县级以上人民政府工商行政管理部门进行监督检查,同时被侵害的经营者的合法权益受到不正当竞争行为损害的,可以向人民法院提起诉讼。

以上两点是中国竞争政策立法和实施的现状,由于竞争政策属于国内法领域范畴,受国家政策、经济发展水平以及法律体系等因素的影响,因此各个国家的竞争政策存在一定差异。中国现行竞争政策体系与美国、欧盟相比有其特殊性,但此特殊性并不意味着中国竞争政策的立法和实施滞后于美国或欧盟,1 个国家所采取竞争政策的修订与完善涉及该国家法律体系和国家机构的方方面

① See “Directive 2014/104/EU”, Accessed March 21, 2016, http://eur-lex. europa. eu/legal-content/EN/TXT/? uri = uriserv:08_1.

面，是一个宏大的结构和过程，难以一言以蔽之，因此，本书仅就反垄断的私人诉权制度为中国竞争政策的完善提出有限建议。

中国《反垄断法》第10条规定：国务院规定的承担反垄断执法职责的机构依照本法规定，负责反垄断执法工作。第50条规定：经营者实施垄断行为，给他人造成损失的，依法承担民事责任。由此可见，我国反垄断法的实施实际上采取了公力救济和私力救济相结合的手段，一方面，国务院反垄断执法机构对垄断行为进行执法；另一方面，垄断行为的受害人有权追究垄断企业的民事责任。目前，反垄断私人诉讼虽然在我国已经取得了一定的成就，但也存在着案件类型单一、成功率不高、损害赔偿的象征性等诸多不足之处。[①] 就目前中国出现的反垄断私人诉讼先例而言，私人当事人起诉反垄断诉讼的案例非常少，见诸报端的不过10多个案例，而且原告几乎都是律师，也就是说私人完全缺乏提起诉讼的动力；就笔者所掌握的资料而言，在少量的私人诉讼案例中，除了极少数的以和解结案的情况外，至少尚未有原告胜诉的案例。[②] 此外，中国《反垄断法》第50条是对私人诉权的唯一规定，并且此规定十分笼统，缺乏实际可操作性，这为中国反垄断法的私人诉讼设置了障碍。

基于以上现状，可从以下几点为中国反垄断法私人诉讼制度的完善提出建议：

首先，完善反垄断法私人诉讼的举证责任制度，举证责任的分配直接关系到案件的胜负。但对于垄断行为的受害者，尤其是消费者而言，要想举证证明垄断企业实施了垄断行为是十分困难的。另外，如果采用"举证责任倒置"—由企业证明自己没有从事垄断行为，又有可能造成当事人的滥诉，挫伤企业生产积极性。因此，反垄断法的私人诉讼程序中可尝试引入新的举证责任制度，对当事人双方的举证责任进行分配。在此，我们可以学习欧盟指令（2014/104/EU指令）中的相关规定，即"当事人应提供有效的证据来证明其主张，但法院同时有权要求被告或第三人披露在其控制下的相关信息和证据"。

其次，引入美国鼓励私人诉讼的机制。一旦企业的行为被认定为垄断行为，利益受损方即有权获得不论损害大小，损害额的3倍赔偿、诉讼费和合理的律师费补偿。

---

① 参见王健：《关于推进我国反垄断私人诉讼的思考》，载《法商研究》2010年第3期。

② 参见颜运秋等：《我国反垄断法私人诉讼制度的障碍及其克服》，载《政治与法律》2011年第3期。

最后,为中国《反垄断法》第 50 条私人诉讼制度建立配套的程序保障措施。以欧盟 2014/104/EU 指令为例,该指令为反垄断的私人诉讼设立了完善的诉讼程序,指令第一章列明了该指令的主旨、范围和定义;第二章列明了证据披露规则;第三章列明了成员国国内法院决议的效力,诉讼时效和连带责任;第四章列明了垄断行为的赔偿规则;第五章列明了对损害的定量规则;第六章列明了解决争议的规则。通过以上内容,可以发现欧盟对垄断行为的私人诉讼制度建立了完善的程序保障。中国可以通过《反垄断法》的司法解释对以上条款进行转化适用,为我国垄断行为的私人诉讼制度建立程序保障。

第六章　劳工政策

第一节　跨区域自由贸易协定中劳工条款[①]现状

一、劳工条款在国际贸易规则中的历史演进

(一)前世界贸易组织时代中劳工条款的萌芽

自20世纪开始,国家或地区间相互依赖的程度加强,国际贸易也由于关税与其他贸易障碍的削减变得越来越频繁。跨国公司的产生加速了国际贸易中货物的全球流动,也增加了竞争的激烈性。随着技术革新的深化,国际交通成本大幅下降,许多跨国公司将离岸工厂开设到诸如印度、巴基斯坦等发展中国家,以求在越来越开放的国际政策中获取更为廉价的劳动力,在全球竞争中取得价格优势。逐渐地,一些跨国公司将价格优势更多根植于降低或剥夺劳工的合法权利,以残酷的工作环境和低廉的工资为代价获取最大限度的利润,“逐底

① 贸易协定中的劳工条款是国际劳工规则的重要组成部分。本文所称劳工条款,系指在区域贸易协定中成员国规制劳工权利与劳工地位的相关劳工规则与政策的统称。

竞争”(race to the bottom)①现象日渐凸显。

早在世界贸易组织建立之前,国际社会便意识到国际贸易自由化的显著发展不可避免地会带来社会问题。将劳工问题纳入国际贸易规则的最初目的,就是在自由贸易框架内设置最低的劳工标准,阻止上述损害人权的恶性低价竞争。② 第一次世界大战后,处理国际劳工问题的主要机构国际劳工组织(International Labor Organization)建立,推动了越来越多的国家签署《国际劳工公约》并促进了国际核心劳工标准③的产生,但是它并不存在有效的执行与监督机制,④也未能对贸易劳工问题作出明确规制。1948 年哈瓦那集会通过的设立国际贸易组织的《哈瓦那宪章》规定,所有国家在获得和维持与生产率相关的公平的劳动标准上具有共同利益,因此应在生产率允许的范围内改善工资和工作环境。⑤《哈瓦那宪章》正式建议参与国际贸易组织的 56 个国家或地区在国际贸易中将劳工问题纳入政策考量,是劳工规则出现在多边贸易规则文件的首次尝试。

(二)劳工条款在多边贸易体制中的缺失与僵局

世界贸易组织与《关税及贸易总协定》对于国际货物市场与服务市场一体

---

① “逐底竞争”现象亦称为“竞次”现象,为西方经济学理论中“race to the bottom”的译文。意指在贸易竞争中不依赖先进技术与产品质量,反而以牺牲环境或劳工权利为代价,以更低的成本与价格获取竞争优势。“race to the bottom”最初于 19 世纪末 20 世纪初产生于美国,由 Louis Brandeis 法官提出,用于描述各州之间为吸引公司在其州域内设立住所而展开的激烈竞争。参见 Meisel, Nicolas,“Governance Culture and Development: A Different Perspective on Corporate Governance”, *Organisation for Economic Co-operation and Development*, 2004, p. 41。国内首次详细介绍该理论的学者为袁剑先生。参见袁剑:《竞争还是竞次》,载《IT 经理世界》2013 年第 19 期。

② See Haoqian Chen,“Social Clause in Trade Agreements and China's Experience”, *Beijing Law Review* 6, 2015, p. 4.

③ 国际核心劳工标准是指 1988 年 6 月的国际劳工组织《关于工作中基本原则和权利宣言及其后续措施》,该宣言是 1995 年哥本哈根社会发展世界峰会中国际社会共同呼吁为全球化树立统一的社会规则的成果,包含 8 个公约,亦即国际社会公认的国际核心劳工标准。这些核心劳工标准涉及四个主题,分别为:关于“自由结社与集体谈判”的国际劳工组织第 87 号《1948 年自由结社和保护组织权利公约》,第 98 号《1949 年组织权利和集体谈判权利公约》;关于“废除强制劳动”的第 26 号《1930 年强制劳动公约》,第 105 号《1957 年废除强制劳动公约》;关于“同等报酬与就业职业非歧视”的第 100 号《1951 年同等报酬公约》,112 号《1958 年就业与职业歧视公约》;和关于“禁止使用童工”的第 138 号《1973 年最低劳动年龄公约》,182 号《最恶劣形式童工公约》。

④ 应 1988 年宣言要求,各成员国应向国际劳工组织提供年度报告,雇员、第三方国家或者国际劳工组织委托的其他代表均可就缔约国不符合国际劳工组织核心公约的行为进行投诉,但是除此之外,国际劳工组织不存在具有执行力的执行与监督机制。

⑤ 关于建立国际贸易组织的《哈瓦那宪章》第 7 条。

化进程中的劳工问题与人权问题在实质上是沉默的。就贸易与劳工的关系问题而言,世界贸易组织既没有相关委员会和工作组,也没有规定贸易问题与劳工问题的相互作用方式,更没有专门阐述劳工问题的协定。①

2003 年世界贸易组织总理事会颁布了"关于金伯利毛坯钻石工艺认证弃权书"。金伯利进程用于认证钻石的生产并非源于违反人权的非法贸易,并允许参与金伯利进程的世界贸易组织成员不进口那些未经认证且违反了世界贸易组织宪章非歧视原则的钻石。尽管范围较为特定,但该进程在一定程度上关注了钻石矿劳工的劳工权利。除此之外,世界贸易组织设立及运行过程中涉及劳工条款的谈判均没有正面发展(见表 40)。

表 40 世界贸易组织(包含《关税及贸易总协定》谈判)劳工条款协商进展

年份	会议	劳工条款提议	结论
1978	《关税及贸易总协定》东京回合谈判	建立国际公平劳动基准制度	失败
1986	《关税及贸易总协定》乌拉圭回合谈判	禁止出口工业区较低劳工标准	失败
1996	世界贸易组织新加坡部长会议	成立贸易与劳工工作组	失败,承认重要性
1999	世界贸易组织西雅图部长会议	重申工作组;国际劳工组织 & 世界贸易组织联合论坛	失败
2001	世界贸易组织多哈部长会议	重申新加坡部长会议宣言	无进展
2003	世界贸易组织坎昆部长会议	再次主张纳入劳工条款	无进展

在 1978 年《关税及贸易总协定》东京回合谈判中,美国提议建立国际公平劳工标准(International Fair Labor Standards,IFLS)。发展中国家以该提议是新形式的贸易保护主义为由集体反对,提议搁浅。1986 年美国在《关税及贸易总协定》乌拉圭回合谈判中继续提议将劳工问题纳入国际贸易规则。以其为首的

① See Andrew T. Guzmant,"Trade,Labor,Legitimacy",*California Law Review* 91,2003,p. 885.

发达国家主张应禁止一国出口工业区采取低于国内其他区域的劳动标准的做法。① 这些主张依然未被接受。在1996年的新加坡部长会议中,美国建议成立一个贸易与劳工工作组,由于相当发展中国家认为,美国对劳工标准的一味煽动更多的是基于对国内劳工权利的保护而并非基于全球供应链中公认的人道主义关怀,②该提议未能通过。在美国和欧盟的压力下,新加坡部长会议承认了国际劳工标准的重要性,并再次声明尊重国际劳工组织核心劳工权利,承认发展中国家比较优势,拒绝将劳工标准用于贸易保护主义。但是这一宣言也明确澄清了国际劳工组织才是设立和监管劳工标准的适格主体,也态度清晰地表明了世界贸易组织意图与劳工问题保持距离。③ 自此,多边贸易体制内关于将劳工标准纳入贸易规则已成僵局。

1999年在世界贸易组织西雅图部长会议的准备期间,美国再次建议成立“处理贸易与劳工问题工作组”,时任美国总统克林顿受其党派及当时美国国内政治取向影响,坚持呼吁应在贸易协定中对不遵守核心劳工标准的成员进行制裁。欧盟则建议,成立一个国际劳工组织与世贸组织的联合论坛,促进贸易自由化、核心劳工标准与发展的实质性对话。④ 西雅图会议谈判最终以破裂告终,劳工与贸易关系问题依然没有进展。2001年多哈部长会议,发展中国家重申《新加坡部长宣言》,拒绝在今后的部长会议中讨论应由国际劳工组织处理的贸易劳工问题。多哈部长会议制定了多哈发展议程,授权对贸易与发展的农业、服务等各领域进行协商。这些议题分别于2003年和2005年在维也纳、中国香港特别行政区做出了更新。然而几经协商,多哈议程依然不包括劳工议题。⑤以至于许多西方国家受到打击,做出了“不包括贸易在劳工问题上影响的议程根本不能视作一个贸易与发展的议程”的抗议。⑥ 2003年世界贸易组织坎昆部

---

① 参见汪玮敏:《晚近美式自由贸易协定中的劳工标准问题》,载《安徽大学法学评论》2009年第1期。

② See Drusilla K. Brownet al. ,“Labor Standards and Human Rights: Implications for International Trade and Investment”, *IPC Working Paper Series Number* 119, 2011, p. 2.

③ 参见1996年世界贸易组织部长级会议《新加坡部长宣言》,载世界贸易组织官网:https://www.wto.org/english/thewto_e/minist_e/min96_e/wtodec_e.htm,最后访问日期:2016年6月28日。

④ 参见刘超:《欧盟对外贸易优惠中的劳工标准问题》,载《学术界》2008年第6期。

⑤ See Zolomphi Nkowani,“International trade and labour: a quest for moral legitimacy”, *Journal ofInternational Trade Law and Policy* 8, 2009, pp. 4 – 24.

⑥ See Neal, A. and Wright, F. B. ,“The European Communities Health and Safety Legislation”, *Taylor & Francis*, 1992, p. 118.

长会议召开,西方国家反复提及劳工标准问题均告未果,没有达成任何实质性协议,成为继西雅图会议之后第二次失败的世界贸易组织部长级会议。[①]

(三)劳工条款在区域贸易协定与跨区域贸易协定中的兴起与发展

劳工问题纳入国际贸易规则在多边贸易体制内的受挫,特别是多哈回合的死局,促使了欧美及其他国家间接通过规制关税同盟和设立自由贸易协定的《关税及贸易总协定》24 条,以及 1971 年"允许对发展中国家实施特别而有区别对待的普惠制安排"找到了就劳工问题设置规则的途径。多哈回合进展受限是整个多边贸易体制面临的挑战。由于国际社会尚不具有一个完善且统一的国际贸易制度,各个经济体出于自身贸易因素考量签订的区域贸易协定成为贸易主旋律,也逐渐成为这个时代的特征。欧美国家开始大力在区域贸易协定中推行其各自主张的劳工政策,与世界贸易组织部长会议相反,劳工条款已越来越多地存在于各种类型的区域贸易协定之中,在市场准入和优惠关税待遇中有渐成惯例的趋势。

如图 6 所示,1995 年全球只有 4 个贸易协定包含劳工条款,2005 年包含劳工条款的贸易协定达到了 21 个,2011 年全球已有 47 个贸易协定中包含了劳工条款。[②] 根据世界贸易组织数据库,截至 2016 年 5 月,在申报世界贸易组织的 278 个区域贸易协定中,有 48 个包含劳工条款,占全部自由贸易协定总数的 17%,其中包含劳工条款的跨区域自由贸易协定达到了 39 个。[③] 在美国对外签订 14 个区域贸易协定中,包含劳工条款的有 13 个(计入《北美自由贸易协定》副协定)。在欧盟对外签订的 36 个区域贸易协定中,包含劳工条款的有 6 个。美国与欧盟签署的包含劳工条款的区域贸易协定分别占据各自所签订总数的 93% 和 17%。[④] 值得注意的是,签订该类自由贸易协定的国家不仅包括发达国家,还包括大量的发展中国家或地区。区域贸易协定中的劳工条款无论是在数

---

① 参见刘超:《欧盟对外贸易优惠中的劳工标准问题》,载《学术界》2008 年第 6 期。

② 参见"Labour Provisions in Free Trade Agreements: Fostering their Consistency with the ILO Standards System",载国际劳工组织官网:http://www.ilo.org/wcmsp5/groups/public/—dgreports/—inst/documents/genericdocument/wcms_237940.pdf,最后访问日期:2016 年 6 月 30 日。

③ 参见《区域贸易协定数据库》,载世界贸易组织官网:http://rtais.wto.org/UI/PublicSearchByCrResult.aspx,最后访问日期:2016 年 6 月 15 日。

④ 参见《区域贸易协定数据库》,载世界贸易组织官网:http://rtais.wto.org/UI/PublicSearchByMemberResult.aspx?MemberCode=840&lang=1&redirect=1,最后访问日期:2016 年 6 月 15 日。

量还是签订国家的广度均呈上升趋势。劳工条款即将成为国际贸易新规则的重要组成部分。

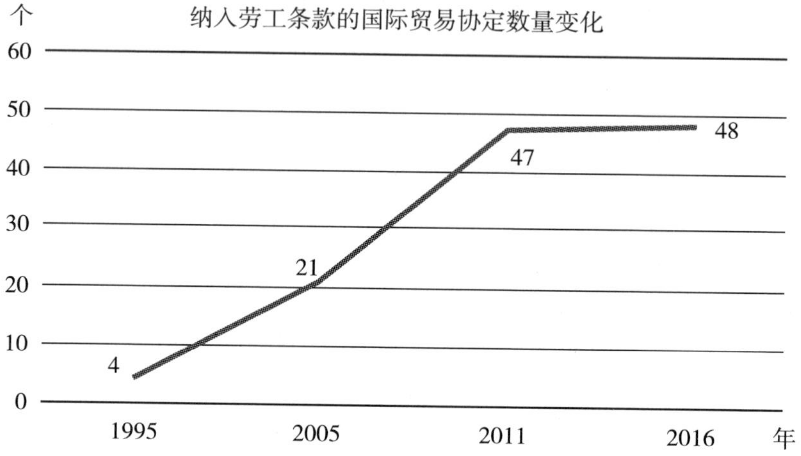

图 6　纳入劳工条款的国际贸易协定数量变化

二、跨区域贸易谈判中劳工条款范式的研究意义

(一)包括劳工条款在内的新议题是我国必须应对的国际贸易焦点

2014 年 12 月习近平总书记指出要“加快新议题谈判”。① 所谓新议题是指世界贸易组织多边贸易体制中尚未包含的贸易问题,如《与贸易有关的知识产权协定》之外的知识产权问题,竞争政策问题、环境问题与劳工问题。新议题的产生起源于 1994 年《北美自由贸易协定》,作为区域贸易协定发展新阶段的代表,它首次在贸易协定中纳入了上述问题,引发了新议题国际贸易大讨论的开端。

劳工问题是新议题的重要组成部分。《北美自由贸易协定》的附属协定《北美劳工合作协定》是美国关于劳工问题的第一个协定,自此之后,美国所有的自由贸易协定都包含劳工条款。尽管 2001 年多哈部长会议指定的《多哈发展议程》并不包含劳工议题,但是《多哈部长宣言》对时下自由贸易协定讨论焦点的新议题均有提及(《多哈部长宣言》包括了投资、竞争、环境、劳工、电子商务、贸

① 《习近平:加快实施自由贸易区战略,加快构建开放型经济新体制》,载新华网:http://news. xinhuanet. com/city/2014 - 12/07/c_127283496. htm,最后访问日期:2016 年 7 月 16 日。

易便利以及政府采购透明度等问题）。[①] 包含劳工条款在内的新议题不仅是时代经济的产物，而且是不同经济体不同经济需求急需协调的反映。在发达国家推动下，劳工条款的维度早已超越北方市场，大量发展中国家也开始接受这一新的趋势。发达经济体达成的包含新议题在内自由贸易协定甚至已正成为代表自由贸易协定新水平、高质量的“标杆”。[②]

我国在此前的相当长一段时间内，也一直坚持拒绝将劳工问题与贸易规则相挂钩的观点。但是，随着对新议题认识的加深，我国对劳工条款的态度逐渐转变。在中国签署的15个自由贸易协定中，已有4个包含劳工问题。[③] 虽然对劳工问题的表述均为较为笼统，且最多以协议附属的谅解备忘录形式对其予以规定，但这些做法也表明了我国正在逐渐探索处理贸易协定中劳工问题的新形式。

（二）发达国家对劳工条款的原则性坚持是中国在国际贸易中必须要接受的挑战

1. 美国对劳工条款的大力推行

如前文所述，美国一直是坚持在多边贸易体制中纳入劳工条款“领头羊”，尽管最后并未成功，却加强了其转向自由贸易协定实施新型贸易政策的决心。自2002年贸易法案之后，美国每一个主要贸易协定均在主要条文中包含了劳工条款。美国签署的包含劳工条款的自由贸易协定占其全部自由贸易协定的93%，劳工条款变成贸易协定的宠儿。

更重要的是，美国擅长且乐于各个击破，使自己所坚持的劳工规则通过双边或跨区域贸易谈判逐渐成为被普遍接受并适用的国际习惯法。在与发展中国家的谈判中，美国或欧洲往往具有在政治经济实力与话语权的全面优势，合作伙伴对于协定的表述很难作出实质性修改，往往需在很大程度上接受对方所主张的贸易条款，主动或被动地纳入了美式或欧式条款范式。

在中国同智利进行自由贸易谈判期间，由于《美国—智利自由贸易协定》中包含了劳工条款，智利主张亦应与中国进行劳工条款谈判。中国与新西兰签署

---

① 参见2001年世界贸易组织部长级会议《多哈部长宣言》，载世界贸易组织官网：https://www.wto.org/english/thewto_e/minist_e/min01_e/mindecl_e.htm，最后访问日期：2016年6月28日。

② 参见韩立余：《自由贸易协定新议题辨析》，载《国际法研究》2015年第5期。

③ 参见《已签协议的自贸区》，载中国自由贸易区服务网：www.fta.mofcom.gov.cn，最后访问日期：2016年6月15日。

的自由贸易协定是中国第一个同发达国家签署的自贸协定，该协定附加了《中国与新西兰劳工谅解备忘录》，中国对第一个发达国家签署的自贸协定便加设了劳工谅解备忘录，既可以体现新西兰受美国影响对劳工问题的坚持，也体现了中国在处理此类问题时较之前的立场有所松动。2008 年 6 月启动的中美双边投资协定谈判，期间由于美国要修订其双边投资协定范本而停滞了 3 次。① 2012 年美国双边投资协定范本发布后，劳工问题章节做出了重大调整与变化。劳工问题依然一直处于中美双边投资协定谈判的棘手位置。② 虽然现在中美双边投资协定节奏受阻，但由此可见美国就劳工问题对中国的态度从不曾松懈。中国想要在今后的中美双边投资协定、中美自贸区或其他同发达国家的贸易协定协商取得进展，对劳工条款的处理是必须要解决的问题。

2. 欧盟对社会条款持原则性态度

欧洲一体化进程中的劳工规范与雇佣规范一直在随着经济一体化与经济进步发展。20 世纪 50 年代的《罗马条约》，便已包含了欧洲社会关注的劳工问题。1986 年欧盟（欧共体）开始实行更加关注社会维度的新政策，1989 年 12 月 9 日欧盟（欧共体）11 个国家的政府首脑于法国斯特拉斯堡签署了由欧洲理事会提议的《工人基本社会权利共同体宪章》，欧洲一体化进程的社会维度从观念落实到法律条文。《共同体宪章》是欧盟的基本宪章之一，规定了工人基本权利，并提议通过欧洲每周最低休息时间、节假日、兼职、最低工资、工作安全、童工、社会安全、结社自由和集体谈判的权利。尽管该宪章仅仅具有建议地位而不具有强制约束力，却获得了强大的道德与政治力量支持，至此形成了欧洲工作中基本人权的根本原则。同时它也确定了欧洲劳工立法的基本原则，确立了劳工的社会地位，成为后续欧盟劳工法律的基础。

《欧盟条约》第 2 条规定，"欧盟致力于经济活动、持续非膨胀性增长的和谐与平衡，尊重环境，经济体活动的高度聚合，高水平雇佣与社会保护，提高生活水平与质量以及成员间经济社会的黏合性与稳定性"。《欧洲共同体条约》第 117 条规定，"成员国认可提高工人生活与工作条件的必要性"。1994 年欧洲议

---

① 参见祁欢等：《2012 美国 BIT 范本对中美 BIT 之影响的再研究》，载《山西大学学报》（哲学社会科学版）2015 年第 1 期。

② 参见商务部条法司司长李成刚于 2012 年 11 月在华东政法大学所做的《当前国际投资发展新趋势》的报告。

会通过决议呼吁"在单边和多边贸易体制中纳入社会条款"。[①] 欧盟委员会也在其官方文件中不断强调促进"核心劳工标准",建议未来在贸易与合作协定中纳入核心劳工标准。[②] 欧盟对贸易劳工问题的坚持贯穿其立法过程。

总之,欧盟自由贸易协定中的社会条款虽更多较为含蓄地以人权和民主原则作出要求,未直提出接具体劳工标准,但这些要素在双边贸易协定中被视为不可动摇的根本元素。[③] 对这些规定的公然违反会给予欧盟中止或终止贸易协定的权利。欧盟曾因为印度违反欧盟指定的劳工规定而取消了印度的普惠制待遇。在与欧盟贸易谈判过程中,不变的是,超越经济考量之上,劳工权利、法治与人权永远是欧洲逻辑的一部分。我国要想推进中欧自贸区谈判,全面推入"一带一路"建设,对劳工问题避而不谈绝不是出路。

3. 新巨型跨区域贸易协定提出了更高标准的劳工条款

《跨太平洋伙伴关系协定》与《跨大西洋投资与伙伴关系协议》均对劳工问题设置了高标准全方面的要求。具有广泛成员的巨型贸易协定对国际贸易规则的制定产生了重大影响。我国对《跨太平洋伙伴关系协定》与《跨大西洋投资与伙伴关系协议》在战略上持开放态度,虽然我国与《跨太平洋伙伴关系协定》相当数量的成员国具有贸易关系,但是受到新贸易规则影响的贸易对象国家在与我国谈判时必不可少会涉及对劳工问题的新要求。《跨太平洋伙伴关系协定》劳工章节在很大程度上扩大了劳工条款的影响范围,其部分条款甚至明确规定"限制不符合劳工标准的国家贸易产品的进口"可适用于并未签署《跨太平洋伙伴关系协定》的国家。直接影响了《跨太平洋伙伴关系协定》成员国对非成员国劳工问题的态度。在此方面,劳工问题对我国国际贸易的影响将是直接而迫切的。

---

① "EP Resolution on the introduction of a Social Clause in the Unilateral and Multilateral Trading System"(1994 OJC61 /89),载欧盟委员会公报:http://publications. europa. eu/en/publication-detail/-/publication/47e3a8db-aeb7 -48a4 - bf63 -927a6dd3ba00/language-en,最后访问日期:2016 年 5 月 23 日。

② "Promoting Core Labour Standards and Improving Social Governance in the Context of Globalization",COM(2001)416 final,载欧盟通讯(Commission Communication):http://aei. pitt. edu/37816/,最后访问日期:2016 年 5 月 23 日。

③ See Clapham,A. ,and Martignioni,J. B. ,"Are We There Yet? In Search of a Coherent EU Strategy on Labour Rights and External Trade",*Leiden Nijhoff Publisher*,2005,p. 237.

(三)探索欧美劳工条款范式是我国应对新型贸易谈判与国际竞争的有效途径

1.美式与欧式劳工条款具有极高的参考意义与实践价值

以美国与欧盟为代表的劳工条款嵌入自由贸易协定推动者影响深远。中国要扩大与主要经济体的合作,适应国际贸易新规则必须有备无患。美国向来注意在自己所签订的各自由贸易协定之间保持一致,因此其贸易协定中所涉劳工标准的规定具有强烈的示范效应与先例意义。欧盟的劳工政策亦有规律所循。在某种程度上,美国与欧盟已经在新型国际贸易规则的制定上占据了很大的话语权,并在其他发达国家与发展中国家间形成了较强的影响。我国对劳工条款的接受,必须是合理的、符合国内政治经济发展水平与经济规律的,而非被动的、全盘接受的。欧盟和美国分别是我国的第一和第二大贸易伙伴,2016 年我国超过加拿大成为美国第一大贸易伙伴,①学界有观点认为,我国有望在短时间内超越美国成为欧盟第一大贸易伙伴。② 因此,无论是出于对国际上特别是美国、欧盟等主要经济体的劳工条款进行全面了解,探究其背后的战略意图与经济政治策略;还是为我国参与国际贸易新规则制定做好准备;更具体来说为我国亚太自贸区战略、中美双边投资协定、中欧自贸区建设以及其他国际贸易谈判中针对不同贸易对象游刃有余地应对劳工问题,美式与欧式劳工条款范式都具有极大的参考意义与实践价值。

2.本章所研究劳工条款的代表意义

美国最初涉及劳工条款的贸易协定是普惠制项下同加拿大和墨西哥签订的贸易协定。在经历了同约旦和哥伦比亚签订贸易协定的经验后,美式贸易协定在《贸易促进授权法案》(TPA)下有了更为成熟的特征,此时期的自由贸易协定主要为《美国—智利跨区域贸易协定》与《美国—新加坡跨区域贸易协定》。2007 年两党贸易政策协议递交美国议会,也正是该协议促进了《美国—秘鲁跨区域贸易协定》的通过。③ 美国与韩国、秘鲁的自由贸易协定是新贸易政策下新

---

① 参见《中国首超加拿大成美国最大贸易伙伴》,载新浪财经网:http://finance.sina.com.cn/stock/usstock/c/20160206/025224275235.shtml,最后访问日期:2016 年 5 月 20 日。

② 参见杨佳:《胡祖六:不超五年中国将取代美国成为欧盟最大贸易伙伴》,载中国网:http://www.china.com.cn/newphoto/news/2016-03/31/content_38150401.htm,最后访问日期:2016 年 4 月 17 日。

③ 参见"Trade Agreements and Their Relation to Labour Standards:The Current Situation",载国际贸易与可持续发展中心(ICTSD)网:http://www.ictsd.org/bridges-news/bridges/news/publications-0,最后访问日期:2016 年 7 月 20 日。

型劳工条款的典型代表。其中，协议递交后重新协商的《美国—秘鲁跨区域贸易协定》被认为是美式贸易协定模式形成的标志，《美国—秘鲁跨区域贸易协定》劳工条款是美国历代劳工条款中最为成熟同时也突破度最高的劳工条款。《美国—韩国跨区域贸易协定》在很大程度上是美国从经济上分化亚洲、重振自身领导地位的敲门砖，被认为是自《北美自由贸易区协定》后所签署的最重要的一个自由贸易协定。因此，《美国—秘鲁跨区域贸易协定》与《美国—韩国跨区域贸易协定》中的劳工条款是研究新时期美式跨区域贸易协定中劳工条款的最佳模型。

《欧盟—韩国跨区域贸易协定》是欧盟签署的第一个包含可持续发展章节的自贸协定。[①] 世界贸易组织贸易自由化趋势减弱后，欧盟发布新的"欧洲全球化"[②]策略，新的贸易战略中将新一代的自由贸易协定作为多边机制的补充，[③]并为便利双边层面的市场准入开创了双边贸易与投资协定的新时代。《欧盟—韩国跨区域贸易协定》作为欧盟首部新一代自贸协定，其中所创设的劳工权利义务、后续措施系统以及引进民间社会团体进入磋商机制构成了欧盟之前自由贸易协定从未达到的贸易标准，被欧盟有意作为未来的自由贸易协定模本。[④] 2011 年 5 月以来的欧盟普惠制改革，重点之一便是明确"只将普惠制的贸易便利给予最需要的国家以及遵守国际劳工标准、人权准则、环境保护的国家"。2012 年《欧盟—哥伦比亚和秘鲁跨区域贸易协定》签订，《欧盟—韩国跨区域贸易协定》的诸多特点在《欧盟—哥伦比亚和秘鲁跨区域贸易协定》中得以体现并延续，[⑤]在劳工条款和其他内容上体现了欧盟最新式自由贸易协定的趋势。

---

① 参见"The EU-Korea FTA：A boost to Economic Recovery and a Challenge to the US"，载美国布鲁斯金学会（Brookings Institution）网：http://www. brookings. edu/research/opinioms/2010/10/korea-eu-lee，最后访问日期：2016 年 5 月 31 日。

② "Global Europe：Competing in the World"，COM（2006）576 final，载欧盟通讯（Commission Communication）：http://trade. ec. europa. eu/doclib/docs/2006/october/tradoc_130376. pdf，最后访问日期：2016 年 5 月 23 日。

③ 参见"Global Europe：Competing in the World-A Contribution to the EU's Growth and Jobs Strategy"，COM（2006）567 final，载欧盟委员会工作文件（Commission Staff Working Document）：http://trade. ec. europa. eu/doclib/docs/2006/october/tradoc_130370. pdf，最后访问日期：2016 年 5 月 23 日；叶斌：《欧盟贸易协定政策的变化和影响，法律的视角》，载《欧洲研究》2014 年第 3 期。

④ 参见欧盟委员会官网：http://ec. europa. eu/trade/policy/countries-and-regions/countries/south-korea/，最后访问日期：2016 年 5 月 23 日。

⑤ 参见《欧盟 2011～2015 年贸易政策文件解读：贸易、增长与国际事务——贸易政策是欧盟 2020 战略的核心组成部分》，载中国南南合作网：http://www. ecdc. net. cn/news/detail. aspx?ContentID=726，最后访问日期：2016 年 5 月 25 日。

第二节 劳工条款在协定中的目标导向与权利范围差异

一、劳工条款目标导向设置的差异

目标导向差异系指劳工问题在贸易协定序言、贸易协定结构设计以及协定(章节)目标中体现出的差异。序言具有解释性功能并体现协定基本原则与态度,对贸易协定全部章节的解释有着至关重要的作用。当贸易协定中的其他问题与劳工问题相冲突,或者实际中出现协定中未尽事宜时,序言、协定的章节设计作为目的解释的重要依据往往可以引领问题朝贸易伙伴制定协定时希望的方向发展。在这一点上,美国与欧盟虽然均在贸易协定序言中加入了劳工问题,但其目标导向具有明显差异。

(一)美式劳工条款目标更加具体,欧式劳工条款更加注重可持续发展

美国在序言与其他体现贸易协定目标的劳工条款中充分细化了劳工条款的目的。《美国—秘鲁跨区域贸易协定》序言中对劳工问题的表述充分展现了美国对贸易劳工条款的4项基本目标,即"改善劳工工作及生活水平、加强劳工基本权利保护,加强劳工问题上合作与履行劳工问题国际承诺"。[①]《美国—韩国跨区域贸易协定》与《欧盟—韩国跨区域贸易协定》在序言劳工问题的表述上较为相似,均强调"期待加强发展和强制实施劳工与环境方面的法律和政策,促进基础工人权利和可持续发展"。

与美国相比,欧盟将促进劳工保护更多与可持续发展概念紧密相连,对劳工问题的态度一直保持简单、概括,注重经济与社会一致性,坚持尊重人权与可持续发展的贸易原则。例如,《欧盟—韩国跨区域贸易协定》特设了"可持续发展章节",将劳工与环境问题纳入其中,并明确可持续发展章节的目标是"以有助于实现可持续发展目标,努力确保将劳工目标纳入和反映在双边贸易关系各个层面中的方式促进国际贸易发展……强调在贸易有关的社会(劳工)问题的合作获益是实现贸易和可持续发展的全球努力的组成部分"。[②]《欧盟—哥伦比亚和秘鲁跨区域贸易协定》"贸易与可持续发展章节"中再次强调,加强劳工规范与劳工权利的承诺是促进贸易与可持续发展的重要因素。这一做法集中

① 《美利坚合众国与秘鲁共和国自由贸易协定》序言。

② 《欧洲联盟及其成员国与大韩民国自由贸易协定》第13条第1款、第3条第2款。

体现了，相对于美国具体、直接的劳工条款要求，欧盟自由贸易协定对劳工条款则概括地持鼓励和促进态度，并始终围绕经济社会一致可持续发展的贸易原则与目标。①

（二）是否承认缔约方比较优势并明确反对贸易保护主义的比较

欧盟在劳工条款目标导向的另一特点是，在其与韩国、秘鲁的自由贸易协定的劳工章节中均加入了"反对贸易保护主义与承认比较优势"条款。强调"劳工标准不得用于贸易保护之目的，任何一方的比较优势不应受到任何形式的质疑"。② 许多发展中国家一直主张发达国家利用劳工条款实行贸易保护主义，削弱发展中国家比较优势，美国政府领导人也不止一次在公开场合表示以劳工条款保护国内贸易与国内劳工权利。相对于美式劳工条款对反对贸易保护主义只字不提，欧式劳工条款的这一做法至少在宣誓意义上保持了欧盟尊重人权与可持续发展的贸易原则的纯粹性。在美国所签订的自由贸易协定中均不曾包含"不得将劳工标准用于贸易保护主义目的"之条款。各缔约方在贸易协定中共同声明，至少从宣誓层面排除贸易保护主义借助劳工标准抬头的可能。拒绝贸易保护，促进以劳工保护为代表的社会与国际贸易共同发展也是新一代贸易协定与劳工条款所应有的基本态度与目标导向。

二、劳工条款中劳工权利③范围差异

（一）在核心劳工标准框架内，欧式劳工条款的权利范围大于美式劳工条款

国际劳工标准与贸易协定中的劳工条款是紧密衔接的，绝大多数包含劳工条款的国际贸易协定都援引了国际核心劳工标准，而且劳工条款中对国际核心

---

① "Social Standards in Sustainability Chapters of Bilateral Free Trade Agreements"，载维也纳大学路德维希波茨曼人权研究所（Ludwig Boltzmann Institute of Human Right）：https://media.arbeiterkammer.at/wien/PDF/studien/Studie_Nachhaltigkeit_englisch.pdf，最后访问日期：2016 年 5 月 29 日。

② 《欧洲联盟及其成员国与大韩民国自由贸易协定》第 13 条第 2 款第 2 项；《欧洲联盟及其成员国与哥伦比亚共和国、秘鲁共和国自由贸易协定》第 269 条第 5 款。

③ 在所对比的 4 份贸易协定中，美国所签署的自由贸易协定均使用"劳工权利"的表述，《美利坚合众国与秘鲁共和国自由贸易协定》使用"与基本权利相关的原则"，《欧洲联盟及其成员国与哥伦比亚共和国、秘鲁共和国自由贸易协定》使用"核心劳工标准"。本书在分析其差异时会区别对待，但由于其所指内容总体上均文 1988 年 6 月《国际劳工组织关于工作中基本原则和权利宣言及其后续措施》确立的国际核心劳工标准，在此基础上通过增设或限定确定各自的劳工权利范围，故而为行文方便，在此将其统称为劳工权利。

劳工标准义务的认可与合作程度,以及对相应违反标准行为配置的争端解决机制往往是评估该劳工条款水平的重要因素。在美国和欧盟签订的包含劳工条款的贸易协定中,每一个都援引了国际劳工组织核心劳工标准。劳工条款的范围广于国际核心劳工标准,因为各个经济体在制定贸易协定时虽然援引核心劳工标准,但有时只是政策性宣告,有时会配置相应执行措施。在美国与欧盟制定的相当贸易协定中加入了超越国际核心劳工标准的内容。对于各个国家来说,因其政治经济与贸易政策的不同,制定不同劳工条款是合理且常见的,本书在后文研究的目的之一,即探求在以国际核心劳工标准为主要框架的基础上如何建立统一且有区别的劳工条款。

《美国—韩国跨区域贸易协定》第19.2条与《美国—秘鲁跨区域贸易协定》第17.2条所确认成员国的劳工权利均为"重申作为国际劳工组织成员的义务"。具体来说包含"结社自由;有效承认集体谈判权;消除一切形式的强迫或者强制劳动;有效废除童工现象,就本协定而言禁止最恶劣形式的雇佣童工;消除有关就业和职业的歧视"5个方面。但实际上,《美国—秘鲁跨区域贸易协定》通过脚注将这5项劳工权利的范围限制在《关于工作的基本原则和权利的国际劳工组织宣言》之中,不包含其他国际劳工组织公约中可能出现的其他权利。在这一点上,《欧盟—韩国跨区域贸易协定》与《欧盟—哥伦比亚和秘鲁跨区域贸易协定》鼓励并促进批准国际劳工组织后续的其他劳工公约,并对各自的情况与进展进行交流。因此,在国际劳工组织确认的劳工权利方面,欧式劳工条款的权利范围大于美式劳工条款。

(二)美式劳工条款中劳工权利较欧式劳工条款更加具体

欧式劳工条款中所确认的基于国际核心劳工标准的劳工权利更具有概念性与模糊性。虽然美式与欧式劳工条款均重申了其各自在国际劳工组织项下的义务,但是《美国—韩国跨区域贸易协定》明确指出上述"劳工权利"为缔约国应维持与执行的对象,《欧盟—韩国跨区域贸易协定》则仅仅将核心公约体现出的"相关原则"作为尊重的对象。相对于国际核心劳工标准中所确立的具体权利,"相关原则"不仅在概念上更为模糊,而且降低了劳工权利保护的可执行性。"劳工权利"相对于"劳工原则"意味着更高更严格的义务水平。

有欧洲国家认为,之所以该协定第13章仅温和地"只做原则性要求"原因之一便是韩国仅仅签署了4个国际劳工组织核心公约。但这一观点并不合理,仅签署了2个核心公约的美国却提出具体落实核心公约的各项权利而非尊重其原则便是例证。在《美国—秘鲁跨区域贸易协定》之前,美国所有涉及劳工条款的自由贸易协定仅要求缔约方尊重“国际核心劳工原则”,但自此的美式劳工条款均对“劳工权利”作出具体要求,体现了美国在此处权利范围的着重变化。欧式劳工条款中“相关原则”的行文在《欧盟—哥伦比亚和秘鲁跨区域贸易协定》中得到改变,替之以“国际公认的核心劳工标准”。但不可否认,《欧盟—韩国跨区域贸易协定》和《欧盟—哥伦比亚和秘鲁跨区域贸易协定》就“有效废除童工”的规定,仍没有具体到《美国—韩国跨区域贸易协定》与《美国—秘鲁跨区域贸易协定》中“禁止最恶劣形式的雇佣童工”的表述形式。因此,总体来看,美式劳工条款中劳工权利较欧式劳工条款是更加具体的。

(三)美式“可接受的工作条件”与欧式“体面的劳工”

除了国际核心劳工标准框架中确认的劳工权利,美国与韩国、秘鲁自由贸易协定还将“就最低工资、工作时间及职业安全和健康的可接受工作条件”①作为各国执行劳动法律的范围。“可接受工作条件”是2007年美国两党贸易协定要求嵌入韩国、秘鲁贸易协定的条款之一。自此,美国贸易协定中的劳工条款都包含这一典型美式规则。对欧盟来说,《欧盟—韩国跨区域贸易协定》与《欧盟—哥伦比亚和秘鲁跨区域贸易协定》除了重申的核心劳工权利外,多次提到其在2006年联合国经济及社会理事会所做的《关于全面就业和体面劳动的部长宣言》中的承诺。② “全面有效就业”与“体面的劳动”同样是欧盟新贸易战略下的贸易政策要求。因此,美式与欧式劳工条款均存在各经济体独立创设的,超越国际核心劳工标准之义务。

第三节　美式与欧式跨区域贸易协定中劳工条款的国内立法转化与国内执行差异

在法理上,国家签订的双边自由贸易协定是对双方具有约束力的国际法的组成部分。维也纳条约法“有约必守”原则是贸易协定在一个国家有效实施的基础。因此,欧盟与美国就劳工条款中所涉国际基本劳工权利(或其相关原则)转化为国内上层建筑设定了不同程度的义务,同时对缔约方境内就劳工条款的

---

① 《美利坚合众国与大韩民国自由贸易协定》第19条第8款;《美利坚合众国与秘鲁共和国自由贸易协定》第17条第8款。

② 《欧洲联盟及其成员国与大韩民国自由贸易协定》第13条第4款第2项;《欧洲联盟及其成员国与哥伦比亚共和国、秘鲁共和国自由贸易协定》第269条第1款。

执行提出了不同要求。

一、美式与欧式跨区域贸易协定中劳工条款国内立法转化差异比较研究

（一）欧式劳工条款中的“尊重、促进”型国内立法转化义务

在欧式贸易协定中，各缔约方有确定其各自劳工保护水平并依据其确立的保护水平制定相应法律的权利。劳工条款对缔约国所确立的保护水平与国内法没有明确和强制性要求。但国内法律应符合国际劳工标准与相关原则，且对劳工条款中劳工权利的转化义务已由“尊重、促进、实现”提高至“促进和有效执行”。

具体来看，《欧盟—韩国跨区域贸易协定》第 13 条第 1 款第 3 项规定，“缔约方承认其并不打算以此章协调各方劳工标准，而是仅以促进可持续发展的方式加强贸易关系与合作”，第 13 条第 3 款规定“承认缔约方拥有确定劳工保护水平，相应制定或修订其相关法律与政策的权利，各缔约方应当确保那些法律和政策提供和鼓励高水平的环境和劳工保护，且符合国际公认标准和本协定第 13 条第 4 款和第 13 条第 5 款，并应该努力继续完善那些法律和政策”。这样的行文与《欧盟—韩国跨区域贸易协定》第 13 条第 4 款“各缔约方承诺在其法律或实践中尊重、促进和实现基本劳工权利相关的原则”相联系可以得出：第一，本自由贸易协定的劳工章节本身并没有协调各缔约方劳工标准的目的，只是促进可持续发展的方式加强贸易合作；第二，各缔约国有充分自由确定其劳工保护水平，并依据其确定的劳工保护水平制定相应的法律法规政策；第三，这些法律法规政策应当符合国际标准与基本劳工权利相关原则；第四，缔约方法律应尊重、促进、实现这些原则。因此，对于规制劳工保护问题的国内法与劳工条款中所涉国际基本劳工权利相关原则的转化与衔接，《欧盟—韩国跨区域贸易协定》的最终要求落实在，各国可以在其各自确定的保护水平上，确保其拥有提供符合国际标准与相关原则的劳工保护法律，并在法律中尊重、促进、实现这些原则。

《欧盟—哥伦比亚和秘鲁跨区域贸易协定》的劳工条款国内转化义务较《欧盟—韩国跨区域贸易协定》有所提高。虽然其在承认各国制定国内政策主权权力的基础上，要求“各缔约方努力确保有关法律和政策规定鼓励高水平的劳工

保护”,[①]“努力确保”和“鼓励”的用词依然印证了欧盟在自由贸易协定中对缔约国国内劳工法所确立的保护水平与没有明确和强制性的要求。但是,不同于《欧盟—韩国跨区域贸易协定》中的“尊重、促进、实现相关原则”,《欧盟—哥伦比亚和秘鲁跨区域贸易协定》在第269条第3款使用了在缔约方法律与实践中“促进和有效执行核心劳工标准”的用词。“有效执行”相对于“促进、实现”,“核心劳工标准”相对于“基本权利相关的原则”,无疑是在国内法内化义务、执行力度与执行具体程度上更高的要求。

(二)美式劳工条款中严格的国内立法转化义务

《美国—韩国跨区域贸易协定》与《美国—秘鲁跨区域贸易协定》统一使用了“在其法律法规及其实践中,采取和维持以下劳工权利”,同样由于劳工权利范围的界定具体程度带来更高的执行标准与内化义务要求。缔约双方应当“采取并维持”与国际核心劳工权利相一致的国内立法,相对于美国过往自由贸易协定中的“试图并确保”,美国同韩国、秘鲁贸易协定已不满足于将国际劳工法内化的主动尝试,劳工条款中已不再存在“试图并确保”的字眼,而是设定了具体且明确的实施手段,要求缔约国国内法律法规与实践,应“采取和维持”劳工条款中的劳工权利。

二、美式与欧式跨区域贸易协定中劳工条款的国内执行差异比较研究

(一)“维护保持水平条款”与“不得减损条款”的设置

“维护保持水平条款”是指对于贸易协定中的劳工条款转化为成员国国内劳工法律后,在执行时应维持一定的水平,确保劳工权利的国内保护与劳工条款确定的要求。本书所对比的美式与欧式劳工条款均包含了“维持保护水平条款”。[②] 美式“维护保持水平条款”较欧式限制更少,更加强硬。

美式与欧式劳工条款同样规定了只有“以持续的作为或不作为”且“以影响缔约方之间贸易或投资的方式”才能构成对“未能有效执行劳工法律条款”的违反。但美国与欧盟就此条款分别形成了各自鲜明的特色。

《欧盟—韩国跨区域贸易协定》第13条第3款与《欧盟—哥伦比亚和秘鲁

---

① 《欧洲联盟及其成员国与哥伦比亚共和国、秘鲁共和国自由贸易协定》第268条。

② 《美利坚合众国与大韩民国自由贸易协定》第19条第3款;《美利坚合众国与秘鲁共和国自由贸易协定》第17条第3款;《欧洲联盟及其成员国与大韩民国自由贸易协定》第13条第3款;《欧洲联盟及其成员国与哥伦比亚共和国、秘鲁共和国自由贸易协定》第277条。

跨区域贸易协定》第277条从两个方面解释了其对维持保护水平的要求，即“不应通过持续或反复的作为或不作为，以影响缔约方之间贸易和投资的方式，未能有效执行其劳工法律”和“不应以影响缔约国之间贸易或投资的方式削弱或降低其法律提供的劳工保护，以此鼓励贸易或投资”。从文义上讲，欧盟在维持保护水平条款中对缔约国国内执行做出了双重要求，既需要有效执行其劳工法律，又不得以降低劳工保护以鼓励贸易与投资。但从实际意义来说，维护劳工保护水平存在大量的限制。一国单纯地未能有效执行其劳工法律并不是该劳工条款所禁止的行为，只有“以持续的作为或不作为”且“以影响缔约方之间贸易或投资的方式”未能有效执行劳工法律才会构成对本条款的违反。其所禁止的“以降低劳工保护水平鼓励贸易与投资”同样要求“以影响缔约方之间贸易或投资的方式”。由此可见，欧盟维护保护水平条款中的国内劳工保护时刻与“影响贸易与投资的方式”相挂钩，亦使得欧盟对劳工权利的保护是贸易人权的保护而非单纯的人权保护。

美国在《美国—韩国跨区域贸易协定》第19条第3款与《美国—秘鲁跨区域贸易协定》第17条第3款中规定了劳工法律的实施与执行。在有效执行劳工法律方面，美国劳工条款的做法同欧盟一样，以“持续的作为或不作为”与“影响缔约方之间贸易或投资的方式”进行了限定。不同的是，这两个自由贸易协定均不包含“不得以降低劳工保护以鼓励贸易与投资”条款，而是直接规定“不应以影响缔约双方贸易或投资的方式放弃或减损，或提出放弃或减损其劳工权利的法律法规”。[①] 同时作为“新贸易政策”的另一要求，美国还在条款中杜绝了缔约国以“执法资源分配决定”作为不有效执行劳工章节理由的可能性。

因此，就劳工法律的执行来讲，欧盟对于维持保护水平条款的限制多于美国，既不得以降低劳工保护水平鼓励贸易与投资，且只有“以影响缔约方之间贸易或投资的方式”，以“鼓励贸易与投资为目的”降低劳工保护水平才能构成对该条款的违反。美国的”维护保护水平条款“相较于欧盟，限制更少，要求更多，执行力度更加强硬。

（二）执行程序保障与公众意识建设

1. 美式劳工条款国内执行程序较欧式更加严格、具体

尽管《美国—韩国跨区域贸易协定》与《美国—秘鲁跨区域贸易协定》均明

---

① 《美利坚合众国与大韩民国自由贸易协定》第19条第2款第2项；《美利坚合众国与秘鲁共和国自由贸易协定》第17条第2款第2项。

确声明,劳工章节的任何内容不得解释为授权一缔约方当局在另一方境内实施劳工执法活动,各缔约方有权在劳工执法和资源分配中依据基本劳工权利行使自由裁量权,[①]美国对劳工条款在缔约国境内的具体执行设定了多层次高标准的义务,对缔约国国内司法有着巨大的影响。美国与韩国、秘鲁自由贸易协定中对执行程序保障与公众意识建设的条文基本一致。第一,各缔约方应确保就协定保护的劳工权利享有特定利益的人必须有合适的途径诉诸法庭,包括行政法庭、准司法法庭或劳动法庭,保证了司法救济途径。第二,各缔约方应确保劳工法律诉讼程序公平、公正且透明,在此要求下,所有劳工法律程序必须符合正当法律程序。美国对正当法律程序的要求甚至细化到诉讼程序中的听证会应向公众开放(法律另有规定除外),保障诉讼当事方以信息或证据维护各自立场的权利,给予其陈述自己主张的机会,拒绝诉讼程序中的不合理收费、不合理时间限制与不必要延误。第三,为确保缔约方国内司法对诉讼案件实体所做裁决公正合理,所有实体裁决必须以书面形式作出并书面陈述所作决定的依据。裁决作出后,应毫不延迟地使诉讼参与方和公众可获得该裁决。第四,作为非强制性要求,各缔约方应视情确保,诉讼当事方有权经担保寻求复核,以及寻求更改在该程序中作出的最终裁决。即除了正当审判程序外,还应提供对司法审判的复核性救济。进一步来说,执行与复核该诉讼程序的法庭应是公正且相互独立的,并与相关事项的结果无实质利益关联。

美国在其设计的自由贸易协定劳工条款中还加入了为确保有效执行的具体措施,将"决议、罚款、处罚或工作场所临时关闭"明文列为可行途径。同时,给予缔约国提高国内劳工法公众意识的义务,包括确保与劳动法及其执行、遵守程序相关的公共信息的可得性,鼓励有关劳动法的公共教育。至此,美国对劳工条款中劳工权利的国内执行程序已逐渐形成了完整的规制模式。

2. 欧式劳工条款更加注重透明度,并不涉及一个完整的执行机制

由于欧盟对劳工条款所规制的劳工标准、劳工权利相关原则的国内法转化要求以促进为主而并非强制,且对国内法没有设定具体的劳工保护水平,与此相对应,欧盟在劳工条款的具体执行层面仅对程序透明度做出了要求,而并不涉及一个健全的执行机制建设。《欧盟—韩国跨区域贸易协定》第13条第9款规定,"各缔约方按照各自的国内法律,同意通过及时通知和公众咨询,以及与

---

① 《美利坚合众国与大韩民国自由贸易协定》第19条第3款第1(b)项、第19条第3款第2项;《美利坚合众国与秘鲁共和国自由贸易协定》第17条第3款第1(b)项、第19条第3款第2项。

非国家主体包括私人部门进行适当及时的交流与磋商的透明方式,开发、引进和实施任何旨在保护影响缔约国之间贸易的环境和劳工条件的措施",旨在确保任何可能影响劳工条件之措施的开发引进与实施都必须经过充分的公众通知与咨询环节,保证程序的公正性与透明性。《欧盟—韩国跨区域贸易协定》程序透明度的亮点在于,将非国家主体的私人部门纳入磋商对象,增加了公众与社会团体对劳工保护的参与与贡献。

第四节　美式与欧式跨区域贸易协定中劳工章节机构安排差异

一、美式与欧式跨区域贸易协定中机构安排基本框架

本节的分析对象在欧盟与美国的贸易历史上均已属于较为成熟的模式,4份贸易协定劳工章节都已形成了较为完备的国内机构安排。其制度安排的基本模式均主要依赖于3个机构。

(一)欧式"贸易与可持续发展委员会"相较于美式"劳工事物委员会"的职能延展

以缔约双方的高层官员共同组成的"劳工事物委员会"或者"贸易与可持续发展委员会"主要职能均为监督劳工章节的实施。除了监督职能,美国与欧盟都将委员会与联络点、双边磋商机制紧密衔接,由联络点将磋商机制中难以解决的问题传递至委员会,并由委员会作为下一步解决方案制定主体。《美国—秘鲁跨区域贸易协定》与《欧盟—哥伦比亚和秘鲁跨区域贸易协定》对委员会的职能设定较为详尽:《美国—秘鲁跨区域贸易协定》中的劳工事物委员会除上述职能外的另一任务是酌情就劳工章节的实施撰写报告并向公众公开,而《欧盟—哥伦比亚和秘鲁跨区域贸易协定》中的贸易与可持续发展委员会享有视情向贸易委员会提供建议的权利,同时负有适时对贸易协定中劳工条款的效果进行评估的义务。显然,欧盟赋予贸易与可持续发展委员会的职能多于美国,且更能形成一个促进劳工条款执行机制有效交流、运行的有力机构。

在职能定位方面,欧盟"贸易与可持续发展委员会"较美国"劳工事物委员会"还增加了一项主要职能,即实施相关的后续合作措施。这一设定使贸易与可持续发展委员会的功能时间维度延长,为缔约方逐渐落实贸易协定劳工条款提供了组织基础。

表 41　美国、韩国相关自由贸易协定劳工条款机构安排一览①

		《美国—韩国跨区域贸易协定》	《美国—秘鲁跨区域贸易协定》			《美国—韩国跨区域贸易协定》	《欧盟—哥伦比亚和秘鲁跨区域贸易协定》
劳工事物委员会	组成	劳动部门高级官员；或适当机构人员	内阁或内阁级代表（可由其副职或指定高级人士代表出席）	贸易与可持续发展委员会	设立	由行政部门的高级官员组成	各缔约方主管部门内，负责劳动，环境和贸易事务的高级代表组成
	职能	1. 监督劳工章节实施；2. 委员会成员每年至少在一次会议中与公众讨论劳工章节的实施	1. 监督劳工章节实施并审查进展；2. 为联络点沟通事项制定指导方针；3. 酌情对劳工章节实施撰写报告并向公众公开；4. 努力解决政府磋商所不能达成之事项；5. 委员会成员每年至少有一次会议与公众讨论劳工章节的实施		职能	1. 监督劳工章节的执行情况与合作措施；2. 政府磋商中需要进一步讨论的事项可通过联络点书面请求召集本委员会解决；3. 监督专家小组就劳工章节执行的建议	1. 监督劳工章节的执行情况与合作措施；2. 实施后续相关行动；3. 在其认为适当时，向贸易委员会提交相关建议；4. 确定合作领域，并核实合作的有效实施；5. 在其认为适当时，评估本协议的实施对劳工和环境的影响
	透明度	1. 委员会正式决定应当公开；2. 准备实施劳工章节的相关报告应当公开	决定须经委员会一致同意并向公众公开（委员会另有决定除外）		透明度	委员会就政府磋商经联络点请求委员会解决的事项所达成解决方案应当公开（委员会另有决定的除外）	1. 提高工作透明度与公众参与度；2；其决定应当公开；3. 其可能准备的执行本章的报告应当公开（除非委员会另有决定）；4. 应当开放接受和考虑公众就劳工问题的意见

① 参见《美利坚合众国与大韩民国自由贸易协定》第 19 条第 5 款；《美利坚合众国与秘鲁共和国自由贸易协定》第 17 条第 5 款；《欧洲联盟及其成员国与大韩民国自由贸易协定》第 13 条第 12 款；《欧洲联盟及其成员国与哥伦比亚共和国、秘鲁共和国自由贸易协定》第 280 条、第 281 条。

续表

		《美国—韩国跨区域贸易协定》	《美国—秘鲁跨区域贸易协定》			《美国—韩国跨区域贸易协定》	《欧盟—哥伦比亚和秘鲁跨区域贸易协定》
联络点	设立	各自在劳动部门指定办公室作为联络点	在劳工部或同等机构指定办公室	联络点	设立	在其行政部门内指定	在其行政部门内指定
	职能	与劳工章节有关的建议、反馈及来自另一缔约方的个人通信	1. 在其认为必要或委员会要求时召开会议;2. 协助委员会工作;3. 与其他缔约方联络点及政府组织、机构合作(包括确定优先事项、确定合作建设活动、交换各缔约方包括最佳实践与改进方法在内的劳工法律与实践、视情从国际组织寻求支持);4. 接收自然人与劳工章节有关事项的信息;5. 接收合作磋商请求		职能	1. 接受政府磋商请求;2. 政府磋商中需要进一步讨论的事项可通过联络点书面请求召集贸易与可持续发展委员会解决	引导可能与劳工章节有关的所有事务和交流
	限制	联络点通信内容应为另一缔约方及公众所知晓; 各缔约方可酌情依据国内程序审查该通信	接收自然人与劳工章节有关事项的信息应使另一缔约方知悉此信息,并视情向公众公开		—	—	—

续表

		《美国—韩国跨区域贸易协定》	《美国—秘鲁跨区域贸易协定》			《美国—韩国跨区域贸易协定》	《欧盟—哥伦比亚和秘鲁跨区域贸易协定》
劳工咨询委员会	设立	可以成立	可以成立	国内咨询组	设立	应当设立	应当设立
	组成	公众人员：包括劳工代表、企业人员或其他人员	劳工组织或商业机构代表以及其他公众成员		组成	劳工、环境与商业组织中具有相当代表性的民间独立组织，以及其他利益相关者。	劳工、环境与商业组织中的相称代表
	职能	对劳工章节实施提供意见	就劳工章节任何问题提供意见		职能	对劳工章节执行做出建议	通过其各自的国内程序，对劳工章节执行及其各自提议做出建议①

① 参见《美利坚合众国与大韩民国自由贸易协定》第19条第5款；《美利坚合众国与秘鲁共和国自由贸易协定》第17条第5款；《欧洲联盟及其成员国与大韩民国自由贸易协定》第13条第12款；《欧洲联盟及其成员国与哥伦比亚共和国和秘鲁共和国自由贸易协定》第280条、第281条。

欧盟“贸易与可持续发展委员会”是实现欧盟包容性增长的重要组成部分。欧盟认为,全球化发展的潜在不利影响(失业、环境、贫穷)是包括欧盟与发展中国家在内的全世界应当共同面对的问题。在其2011～2015年贸易政策中,欧盟表明,推进国际核心劳工标准与体面的工作是欧盟与非洲、加勒比海以及太平洋国家经济伙伴协议的重点内容之一,[①]以此推动协定伙伴国家融合发展,以可持续发展方式创造健康的经济增长方式并改善经济治理。事实上,韩国确实在《欧盟—韩国跨区域贸易协定》下逐步加强了劳工权利保护。2015年9月9～10日,欧盟与韩国依据《欧盟—韩国跨区域贸易协定》项下贸易与可持续发展章节召开了第四次会议,并在会议中发表联合声明。由于欧盟要求韩国加速努力签署其尚未签署的4项核心国际劳工组织条约,亦即关于结社自由、集体谈判和强制劳动的核心劳工公约,联合声明中明确包含了韩国签署并继续执行国际劳工组织公约的具体方案。[②] 在会议中欧盟与韩国还一致同意启动一项欧盟出资的执行国际劳工组织就业与职业歧视公约的专门项目。欧式跨区域贸易协定可持续发展章节中设计的“后续措施”有望在实践中保持稳步进展。

(二)美式联络点较欧式联络点分工更加详细

联络点是缔约方在各自行政部门内指定办公室作为缔约方与另一缔约方、公众,以及其他任何实施劳工章节有关主体(如国内咨询组)的联络机构。接受政府磋商请求、接收自然人与劳工章节有关事项的信息以及将磋商中需要进一步讨论的事项通过联络点请求召集贸易与可持续发展委员会解决均为联络点设置的合理功能。《美国—秘鲁跨区域贸易协定》中将联络点与劳工实务委员会紧密结合,对联络点和劳工事物委员会的详细分工使联络点实际上成为协助劳工事物委员会工作、配合劳工事物委员会职能的触手。劳工事物委员会为联络点沟通事项制定指导方针,联络点不仅应在委员会任何要求之时召开会议,还从事许多劳工事物的具体执行工作,如确定劳工优先事项、确定合作与能力建设活动、交换各缔约方包括最佳实践与改进方法在内的劳工法律与实践,以及视情从国际组织寻求支持以推进对劳工事项的共同承诺。

---

① 参见《欧盟2011～2015年贸易政策文件解读:贸易、增长与国际事务—贸易政策是欧盟2020战略的核心组成部分》,载中国南南合作网:http://www.ecdc.net.cn/news/detail.aspx?ContentID=726,最后访问日期:2016年5月25日。

② 参见“South Korea to improve labour rights under EU-Korea Free Trade Agreement”,载欧盟委员会官网:http://ec.europa.eu/social/main.jsp?langId=en&catId=709&newsId=2320&furtherNews=yes,最后访问日期:2016年6月17日。

《美国—秘鲁跨区域贸易协定》劳工条款关于联络点的另一特点是,联络点有权直接接受来自自然人的意见或信息,只要该自然人满足与该协定所涉劳工事项相关的条件。但是,所有与自然人相关的通信必须为另一缔约方与公众所知。《美国—韩国跨区域贸易协定》中还规定了各缔约方应当视情依其国内程序审查这些通信内容。美式劳工条款中“劳工事物委员会”与联络点联系紧密,由联络点在劳工事物委员会下具体开展劳工问题工作。联络点充分交换缔约双方的最佳实践并寻求国际组织的广泛支持是其制度的一大亮点。因此,总体来看,美式劳工条款对于联络点分工较欧式劳工条款更加细致,定位更加准确。

(三)“可以设立”“劳工咨询委员会”与“应当设立”“国内咨询组”的设置

美国与欧盟在其各自贸易协定中均设置了国内劳工问题咨询机构,即美国贸易协定中的“劳工咨询委员会”与欧盟贸易协定中的“国内咨询组”。咨询机构存在的本身是为了加强社会公众对贸易协定条款实施与完善参与度,因此美国与欧盟在国内咨询机构的人员组成与职能设定亦保持一致,均由非政府职能部门的社会公众或行业代表构成,履行对劳工章节的执行提供建议的义务。唯一不同之处在于,相对于美国“可以设立”的表述,欧盟采取了“应当设立”的态度,强调了其对调动社会力量、加强公众参与的决心。

二、“民间社会论坛”与公众参与

(一)欧盟民间社会对话机制是公众参与劳工问题的重大创设

民间社会对话机制是欧盟在可持续发展章节的创举,是新一代欧式贸易协定的重要特点。《欧盟—韩国跨区域贸易协定》第 13 条第 13 款刻画了该机制的雏形。民间社会对话机制的主要平台是欧洲国家广泛持积极评价的“民间社会论坛”。该论坛每年召开一次(除非双方另有约定),讨论贸易关系中的可持续发展,缔约双方可以在该论坛召开期间互通各自对本章内容的实施进展。民间社会论坛的代表由国内咨询组从环境、劳工或商业组织中具有相当代表性的民间社会独立组织及其他利益相关者中遴选产生,缔约方可以向民间社会论坛汇报关于可持续发展章节执行的最新情况。最为重要的是,民间社会论坛的意见、观点和结果可以直接或者通过国内咨询组提交给各缔约方。《欧盟—哥伦比亚和秘鲁跨区域贸易协定》第 282 条进一步描述了对民间社会对话机制的运行模式,明确指出,贸易和可持续发展委员会应每年召开一次大会,与民间社会组织和广大公众就本章实施相关事项展开对话,重申可持续发展章节涉及领域的所有利益相关者应有机会参加该会议,并要求会议的概要应当向公众公开。

民间社会论坛是相关行业民间独立组织与利益相关人同委员会对话的渠道,贸易与可持续发展委员会向民间社会论坛报告其会议进展,让公众知晓可持续发展章节的最新执行状况;民间社会论坛则有权直接或通过国内咨询组向缔约国表达意见或观点。尽管《欧盟—哥伦比亚和秘鲁跨区域贸易协定》中没有看到缔约国直接接受民间社会论坛意见的表述,《欧盟—韩国跨区域贸易协定》的民间社会对话机制运行良好且已经显现出了积极作用。① 欧式劳工条款在机构安排上将“后续合作措施”纳入“贸易与可持续发展委员会”的工作职能,使得后续合作有了制度保障与合理计划,目前运行趋势良好。“贸易与可持续发展委员会”有权视情向贸易委员会提供建议,并应适时评估劳工条款效果。“国内咨询组”与民间社会论坛的形式,都极大加强了公众对劳工问题的参与度。

(二)美式劳工条款公众参与度较低

美式劳工条款中公众参与度整体相对于欧式劳工条款较低。具体体现在:第一,美国贸易协定中不存在民间社会对话机制,没有社会团体与广泛利益相关者将意见、观点直接传达至劳工章节监督机构的机制。② 尽管国内咨询委员会的设置可以在一定程度上弥补这一缺陷,但是美国贸易协定中只是“可以”设立国内咨询委员会。相对于欧盟“应当”设立国内咨询组,国内咨询组、贸易与可持续发展委员会以及定期举行的民间社会论坛良性衔接,美国贸易协定在公众参与度的劣势凸显。第二,美国“劳工事物委员会”在公众参与层面只规定了“委员会成员每年至少在一次会议中与公众讨论劳工章节的实施”或者“酌情对劳工章节实施撰写报告并向公众公开”,并没有规定应对公众讨论的结果予以考量或接受来自公众的反馈;而《欧盟—哥伦比亚和秘鲁跨区域贸易协定》中“贸易与可持续发展委员会”则明确规定委员会应当“开放接受和考虑公众就劳

---

① 参见“Trade and Sustainable Development Committee under the Korea-EU Free Trade Agreement, Joint statement to Civil Society Forum on the outcomes of 1st Trade and Sustainable Development Committee”,载欧盟委员会官网:http://www.eesc.europa.eu/resources/docs/joint-statement-of-the-co-chairs-of-the-eu-korea-trade-and-sustainable-development-committee_2012.pdf,最后访问日期:2016年6月17日。

② 在《美利坚合众国与秘鲁共和国自由贸易协定》第17条第5款第5项至第6项中,利益相关自然人可将信息或意见提交至联络点,但仅规定了各缔约国应审查该信息,并未规定缔约国应考量或采纳其建议。

工问题的意见”。二者在程序透明度上都保障了委员会的决定或实施劳工章节的报告应当公开,但美国的规定仅限于程序透明,使决策为公众所知,欧盟则在制度上将公众意见纳入了可持续发展章节机构运转之中。

第五节　美式与欧式跨区域贸易协定中劳工争议解决与违约后果比较研究

一、欧式跨区域贸易协定中劳工条款不适用争端解决机制与贸易制裁,为促进型贸易规则

《欧盟—韩国跨区域贸易协定》与《欧盟—哥伦比亚和秘鲁跨区域贸易协定》中只规定了政府磋商,政府磋商进展受挫时请求贸易与可持续发展委员会考虑该磋商事项,以及在政府磋商失败的情形下引入专家小组。《欧盟—韩国跨区域贸易协定》对专家小组的设计包括专家小组成员的资质与选定、专家小组可以寻求信息与建议的对象以及专家小组所得出建议的监管。《欧盟—哥伦比亚和秘鲁跨区域贸易协定》第 285 条在此基础上增加了对专家组报告的要求,细化了专家小组提供报告或建议的程序。然而这两份贸易协定均没有设置可以有约束力的执行专家小组建议的相关机构,“缔约双方应尽力配合”的言辞显然是道德上的约束而非执行力的保障。《欧盟—韩国跨区域贸易协定》第 13 条第 16 款与《欧盟—哥伦比亚和秘鲁跨区域贸易协定》第 285 条第 5 款明确规定,就本章产生的任何事项,缔约方职能求助政府磋商程序与专家小组程序,劳工条款产生的相应争端将不适用争端解决程序。经争端解决机构判定的违反实际贸易条款的行为往往配置有罚则,在欧式跨区域贸易协定下,劳工条款显然已从争端解决程序中排除且不会存在违规行为下的惩罚措施。

虽然欧洲议会在多次场合声明支持把劳工标准作为具体的人权必要条件条款对待。但欧盟向来不支持违反劳工条款以及国际核心劳工标准的制裁。目的在于避免造成撤回相关贸易福利的保护主义。欧盟与韩国、秘鲁自由贸易协定中的做法都确认了欧盟拒绝将侵犯劳工权利与罚则相挂钩的政策,如图 7 所示。

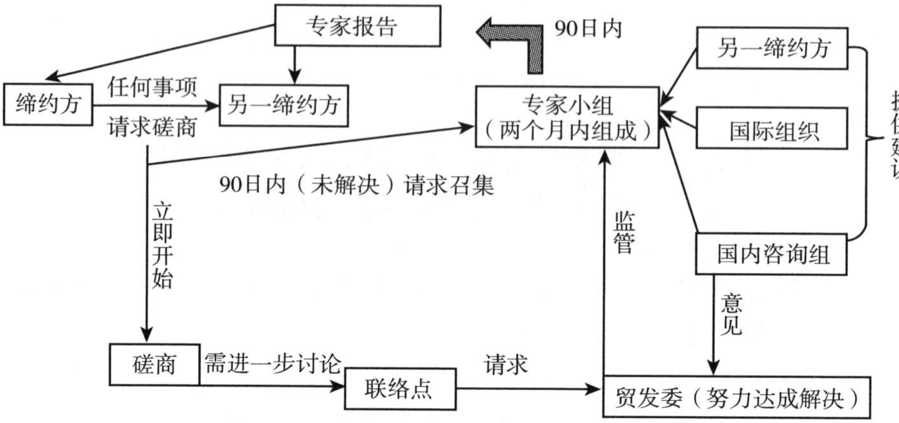

图 7　欧盟跨区域贸易协定中劳工条款争端解决方式①

二、美式跨区域贸易协定中劳工条款适用争端解决机制，为违约即可面临制裁的强制型贸易规则

学界认为，美国秘鲁自由贸易协定最大的突破点便是劳工条款的争端解决程序。事实上美国与秘鲁、韩国自由贸易协定中的劳工条款争端解决程序基本保持一致。② 当一缔约方就劳工章节所引起的事项以足够的特定信息通过联络点做出磋商请求后，磋商立即开始，磋商无法解决的问题将引入劳工事务委员会，由劳工事物委员会通过咨询、斡旋、调停或调解等程序迅速解决此事。自提交磋商 60 日内若磋商仍然无法解决争议，申诉方可转而请求争端解决章节下的磋商程序，或者将争议事项提交至争端解决程序中的“联合委员会”或求助于该章其他条款。即在政府磋商无法解决劳工争议事项之后，劳工条款便可适用争端解决程序，如图 8 所示。

---

① 以《欧盟—韩国自由贸易协定》为例，《欧盟—秘鲁自由贸易协定》在专家小组报告中增加了初步报告程序(60 日)，缔约方可以在初步报告作出后的 15 日内向专家组提出书面意见。审查书面意见后，专家组可以重新考虑初步报告。初步报告作出 45 日内作出最终报告，最终报告作出 15 日内，报告中非机密事项可以向公众发布(前述时间可经缔约方协商后延长)。依据《欧洲联盟及其成员国与大韩民国自由贸易协定》第 13 条与第 15 条，专家小组关于本章执行的报告还应当向国内咨询组提供。

② 参见《美利坚合众国与秘鲁共和国自由贸易协定》第 17 条第 7 款；《美利坚合众国与大韩民国自由贸易协定》第 19 条第 7 款。

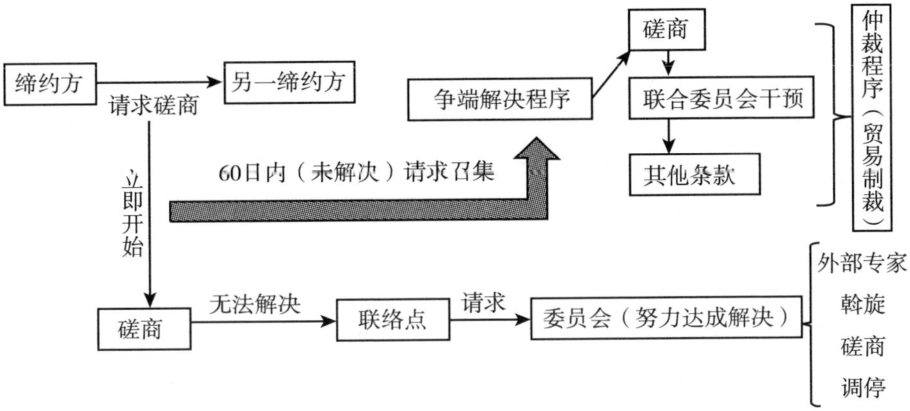

图8　美国跨区域贸易协定劳工条款争端解决方式①

美国认为，一个拥有能力支持、激励机制和惩罚措施的相对平衡的结构可以更好地促进劳工条款的可信度与有效性，劳工条款与其他实际贸易条款在适用争端解决程序中的流程与贸易制裁均不存在任何不同。于是结果变成，无论是何种形式，何种程度的违规行为，均可以在争端解决磋商程序后纳入仲裁小组。一经仲裁小组确认违规行为，仲裁小组有权采取相应措施。从实际意义来讲，这意味着美国与秘鲁、韩国的贸易协定均授权了违规行为仲裁的申请方终止被申请方相应的贸易优惠，直到仲裁小组裁定该违规行为已被纠正。尽管制裁仅仅是所有合作与调节机制用尽后最后的救济方式，贸易制裁也确实毫无区别地适用于劳工条款争议之上了。

第六节　中国区域贸易协定中劳工政策的完善建议

一、国内建设是解决中国国际贸易中劳工问题挑战的根本前提

（一）观念改变，深度转变经济增长方式

长久以来，中国一直坚持拒绝将劳工条款纳入国际贸易规则，在中国目前对外签署的自由贸易协定中，基本上均无劳工议题的专章。究其原因，一在观念，二在中国劳工保护问题的客观状态。而这二者溯及根本均与经济发展方式

① 参见《美利坚合众国与大韩民国自由贸易协定》第19条第7款；《美利坚合众国与秘鲁共和国自由贸易协定》第17条第7款。

密切相关。

中国作为发展中国家,一直坚持比较优势的观点。比较优势的基础是,每一个国家生产最能适应期生产力发展的、最具优势的产品。然而,当将谈论比较优势的通常对象由发展中国家对发达国家改变为发展中国家对发展中国家,这一优势将不再突出。依赖低劳动标准与低价劳动力带来的比较价格优势会使发展中国家过度依赖经济链末端产品的出口型经济。比较优势从来都不仅仅是劳工的低标准和投资者的高利润,因其并不能增加在全球商事中的竞争力,只能在国际贸易中陷入不良循环。目前,世界银行和世界基金组织发现,提高劳工薪资与工作条件即可以减轻发展中国家对出口经济的依赖,也可以提高国内购买力和消费增速。因此,这两家机构已经开始将劳工标准与向发展中国家的贷款相挂钩,劳工标准的表现还被列为世界银行减少贫穷计划的一部分。[①]

随着我国经济转型与新型经济动能的增长,我国对出口型经济以及低价劳动力的依赖已逐渐下降,仅就劳动力成本而言,我国与东南亚乃至拉美、中美的部分发展中国家相比也并不具有优势。低劳动成本的比较优势不能平衡发达国家与发展中国家在国际贸易与市场竞争的位态。国际贸易政策已逐渐从"仅仅通过经济增长寻求社会发展"转变为"承认经济因素与社会因素两者在贸易人权发展中的二元性与交叉性"。因此,无论从经济发展本身还是学理上来说,我国均应转变传统观念,尽快完成经济改革,转变经济发展方式,逐渐理性接纳国际贸易规则中的劳工规则,在进一步融入国际贸易与竞争中继续履行国际劳工义务,倒逼国内经济转型,促进生产力发展并提高国内劳工生活水平。

(二)健全国内有关劳工保护的法律法规,以国内自贸区为试点试行新的劳工规则

中国是国际劳工组织理事国,截至目前国内已批准了4项国际劳工核心公约[②],对国际劳工法律义务实际有较好的实践基础。中国国内已建立起以《劳动合同法》《工会组织法》《社会保险法》为代表的较为健全的劳工权利法律制度。2013年中国全面废除了劳动教养制度,国内与国际核心劳工标准的制度障碍之一得以消除。目前,国内相当地区工人的劳动条件与生活水平有了较大程度的

---

① 参见世界银行网:http://web.worldbank.org/WBSITE/EXTERNAL/PROJECTS/0,content,最后访问日期:2016年5月16日。

② 亦即《国际劳工组织同工同酬公约》(100号)《就业和职业歧视公约》(111号)《最低就业年龄公约》(138号)和《最恶劣形式童工劳动公约》(182号)。

提升，我国完全具备在国际贸易中设置合理劳工条款的基础与可能。但是，我国目前国内立法同国际劳工法律仍有较大差距，特别是对于我国尚未批准的核心劳工公约（自由结社与集体谈判、废除强制劳动）。以废除强制劳动为例，我国虽已废除了劳动教养制度，但由于经济发展不平衡，在现实中存在许多农民进城务工人员、被拐卖或贩卖人口以及其他形式的强迫劳动行为。而我国对这些行为的规制也主要存在于刑法（限制人身自由）之中。另外，即使是已经批准的核心公约，如《就业与职业歧视公约》和《最低就业年龄公约》，我国国内立法将国际核心劳工标准内化为国内法的程度也不甚足够，对社会中广泛存在的就业歧视没有有效法律法规予以处理，也无法杜绝部分行业的滥用童工现象。即使在与国际贸易衔接最紧密的贸易与投资法方面，我国也几乎很少涉及全面的劳工权利保护与劳工法律可持续发展。

我国社会立法在整体立法水平中相对靠后，无论我国是否在未来的国际贸易中同意引入劳工条款，健全劳工保护法律法规体系都是以人为本社会建设的重心。劳工法律体系是提高劳工权利保护的基础，也是提高我国应对新型国际劳工规则能力的重要途径。应对国际贸易挑战新时期，可以以国内自贸区为试点，尝试在自贸区内落实可行的国际劳工标准，观测其所带来的社会效应，以作后续参考。

二、推进国际贸易中劳工问题谈判，合理选择劳工条款要素

（一）中国缺乏适合我国国情的贸易劳工条款

在中国签署的所有自由贸易协定中，只有《中国—瑞士自由贸易协定》《中国—新西兰自由贸易协定》《中国—智利自由贸易协定》《中国—秘鲁自由贸易协定》中有个别条款涵盖劳工问题，见表42。但是，由此亦可以看出，我国已逐渐放开政策并开始在贸易协定中加入劳工条款。不同于《跨太平洋伙伴关系协定》或其他包含劳工条款的贸易协定对劳工问题配设专门章节与实施机制，我国涉及劳工条款的贸易协定更多只是在序言中就劳工问题合作与劳工权利予以认可，或通过单独的谅解备忘录设定合作框架，没有健全且完善的劳工条款文本。《中国—智利自由贸易协定》是我国签署的最早涉及劳工问题的贸易协定，于2006年10月1日起开始实施。其第108条规定，缔约双方应该通过劳动和社会保障合作谅解备忘录增加缔约双方在劳动和社会保障方面的交流和合作。两年后《中国—新西兰自由贸易区协定》开始实施，其第177条同样规定了

以《劳动合作谅解备忘录》的形式促进缔约双方就劳工问题上的交流与合作。在此之后,2010 年 3 月 1 日起开始实施的《中国—秘鲁跨区域贸易协定》、2014 年 7 月 1 日生效的《中国—瑞士自由贸易协定》全部都是以谅解备忘录加强双方在劳工和就业领域的合作。在中国未包含劳工条款的自由贸易协定就有受到质疑的典型。以中国东盟自由贸易协定为例,反对者声称中国凭借其更廉价的劳动力和更高的生产率对印度尼西亚制造业造成了极大的负面影响,认为中国的比较优势已成为对其他国家的威胁。而对于仅在序言中声明劳工态度的贸易协定,除了解释性功效,并没有在劳工问题上取得进展。总体来说,我国贸易协定中并不存在完整的劳工条款文本,因此,更应当尽早逐渐设计出符合自己社会和经济发展要求并可以应对国际贸易规则新趋势的劳工条款。

表 42　中国涉及劳工问题的自由贸易协定

协定名称	条款	规定
《中国—新西兰自由贸易协定》	第 177 条 劳动与环境合作	双方应当通过《劳动合作谅解备忘录》和《环境合作协定》,加强双方在劳动和环境问题上的交流与合作
《中国—冰岛自由贸易协定》	第 96 条 劳动和环境保护	1. 双方应加强在劳动问题上的沟通与合作。 2. 双方将根据《中华人民共和国国家环境保护总局与冰岛共和国环境部环境合作谅解备忘录》进一步加强沟通与合作
《中国—智利自由贸易协定》	第 108 条 劳动、社会保障和环境合作	缔约双方应该通过劳动和社会保障合作谅解备忘录和环境合作协定增强缔约双方在劳动、社会保障和环境方面的交流和合作
《中国—瑞士自由贸易协定》	第 13.5 条 劳工和就业合作	缔约双方将根据 2011 年 6 月 15 日在伯尔尼签订的《中华人民共和国人力资源和社会保障部与瑞士联邦经济事务部劳动和就业领域合作谅解备忘录》,以及于 2013 年 7 月 6 日在北京签订的《中华人民共和国人力资源和社会保障部与瑞士联邦经济事务、教育和研究部劳动和就业领域合作协议》,加强缔约双方在劳工和就业领域的合作

贸易联盟是这个时代最突出的特点之一,贸易自由化中的一体化进程是全

世界都在面对的挑战。由于不同国家依据其各自不同的经济、社会、政治现实，主要经济体形成的劳工条款各具特色。劳工条款绝不是纯粹的人权条款，贸易环境下的劳工条款应以最大限度地促进贸易发展与保护劳工合法权利相平衡为目标。在处理我国与发达国家或其他国家贸易协定中的劳工条款问题时，要充分具体考量到某个贸易协定的性质、缔约方经济地位或发展水平、制裁的必要性与合理性、双方贸易开放与合作程度等内容。

（二）选择适当的劳工权利范围，拒绝超国际劳工组织的国际义务

不同自由贸易协定中关于劳工权利范围的表述各有不同，仅在本书分析的4份贸易协定中援引国际劳工组织核心劳工确立的国际基本劳工权利便有“劳工权利”“基本劳工权利相关原则”“国际核心劳工标准”三种用法。根据我国尚未批准全部核心公约的实际，我国可以偏向“相关原则”或“在各自承诺的国际劳工组织义务中的劳工权利”的用语，同时在国内法与实践中“尊重、促进”“相关原则”，表示我国对国际基本劳工权利相关原则足够尊重与认同的同时，给予国内足够的时间过渡劳工立法状态，缩小国内劳工保护水平与国际标准的差异。

美式劳工条款中的劳工权利范围包含国际劳工组织宣言中所述核心劳工标准，在进行劳工条款谈判时，要通过注意在协定文本中是否存在脚注限制判断其所涉劳工权利是否仅限于国家劳工组织1988年基本权利宣言中出现的劳工标准。在同欧盟进行贸易谈判时，要注意欧式劳工条款在受保护劳工权利的用语上随贸易协定有所变化，根据其行文（“基本劳工权利相关的原则”或“核心劳工标准”）判断其劳工权利范围。

我国是国际劳工组织理事国，一直积极地履行我国的国际劳工义务。但是，对于西方国家依据自身经济贸易政策提出的劳工权利，如美式劳工条款中“就最低工资、工作时间及职业安全和健康的可接受工作条件”义务和欧式劳工条款中2006年《关于全面就业和体面劳动的部长宣言》中劳工“全面有效就业”与“体面的劳动”义务，尽管其在各自贸易协定和区域内有着较大影响，其国际法约束力仅限于缔约国之间。我国在现阶段应当拒绝这种超越国际劳工组织权利范围的劳工义务。在谈判中，可以利用我国谈判地位或其他领域的磋商，尽量不受美欧努力推广的贸易劳工政策影响。

（三）支持国内执行机制创设的自主权，拒绝强制性内化义务

我国应适时谨慎借鉴“有效执行”“采取并维持”某项劳工权利的国内法转化义务。对于我国已经批准的核心劳工公约中的劳工权利，在贸易文本中加入有效执行的字眼与我国普遍国际劳工义务并不违背,从另一个及角度来说还可以倒逼国内劳工保护状况的改善。但是,对于我国由于国内特殊制度或原因尚未批准的核心公约中的权利,过高的国内法转化义务与我国实际不相适应。

现阶段,我国可以适当借鉴欧式劳工条款中关于"各缔约方有确定其各自劳工保护水平并依据其确立的保护水平制定相应法律的权利"的表述。各国司法与社会资源、劳工保护的历史水平各异,劳工条款对缔约国所确立的保护水平与国内法不应设有明确和强制性要求,我国应拒绝美式劳工条款中"缔约国不得以执法资源分配决定作为不有效执行劳工章节理由"的做法。而对于我国已较为健全的执法制度与程序规定,我国可以开始将其系统整理至劳工条款之中,以显示我国对劳工权利保护的能力。美式劳工条款中的"确保救济途径,保证公正审判、公众参与与当事人诉权,确保裁决公正、有理有据,增加独立的审判复核机制,提高公众劳工法律意识的多角度建设机制"在我国国内实际中均已有较好的立法与实践基础。

另外,在判定是否未能有效维持保护水平时,"以持续的作为或不作为"且"以影响缔约方之间贸易或投资的方式"是必备的共同前提。但是要拒绝以某特定时间或特定事件为判断标准,一切以提高劳工保护水平为导向,在合理原则的基础上,对缔约方违反劳工条款的程度与主观故意进行考量,①务必明确申明"不得将劳工标准用于贸易保护主义之目的"。

(四)适当接受促进型劳工条款,拒绝制裁型劳工条款

美式与欧式劳工条款的最大差异在于是否适用争端解决程序与贸易制裁。促进型劳工条款与制裁型劳工条款的选择也是我国最应坚持的问题。劳工问题本身不属于实质性贸易问题,其存在于贸易协定中的必要是为了促进贸易人权的发展,避免贸易自由化快速发展过程中带来的社会问题。在具有不同历史和不同发展水平的国家之间将劳工条款适用争端解决程序与贸易制裁是极其不公平的,且一旦相连,劳工问题就难以逃脱出贸易保护主义的泥淖。制裁所带来的贸易不利后果,不但不能长久促进缔约国劳工保护水平的提高,还将加大对所涉违规事项中劳工生活状况的不利影响。

尽管以美国为代表的一些国家认为,有效的争端解决机制与贸易制裁才能真正提高劳工条款的执行力,但是在现阶段相当国家之中,劳工条款适用贸易

---

① See Polaski. S., "Protecting Labor Rights Through Trade Agreements: An Analytical Guide", *U. C. Davis Journal of International Law and Policy* 10, 2004, p. 21.

制裁在实际中并不能够达到预想的效果。缔约方制裁并不是执行劳工条款最重要的工具,国内诸如贸易联盟、劳动监察、工会等内部保护能力的提高、加强国内劳工立法的实施才是促进劳工权利保护的关键因素。① 因此,在劳工条款的强制性方面,我国可以适当接受欧式劳工条款的做法,以尊重、鼓励和促进劳工权利为目标,建立完善的劳工机构安排,通过劳工机构的有效沟通与协调以及劳工磋商机制的运行解决劳工条款实施中可能存在的争议问题。坚决拒绝将劳工条款适用于争端解决程序和贸易制裁。

① See GrevenThomas, " Social Standards in Bilateral and Regional Trade Agreements. Instruments, Enforcement and Policy Options for Trade Unions", *FES Occasional Papers Dialogue on Globalization*, 2005, p. 21. (FES: Friedrich-Ebert-Stiftung, 德国艾伯特基金会)

第七章　争端解决

世界上几乎所有经济体都在加紧实施自由贸易协定战略,建立自由贸易区。区域贸易协定建立在世界贸易组织规则基础之上,成员背离最惠国待遇原则是世界贸易组织规则所允许的,即通过区域贸易安排,给予一部分成员更优惠的贸易待遇。自由贸易协定是议题开放的国际经贸综合治理协定,是多边贸易的进一步发展。①

如果没有公平有效的争端解决机制,就不会有成员方遵守区域贸易协定的规章制度。区域贸易协定中的争端解决机制关涉区域贸易协定的权威和存续价值,它保障了成员方在区域贸易协定中的权利和义务,使协定得以贯彻执行。完善的争端解决机制将促进经贸争端的友好、高效解决和自贸协定的良好实施,推动区域经济一体化的顺利发展。

第一节　区域贸易协定争端解决机制的概述

就区域贸易协定而言,并没有一个约定俗成的、统一的争端解决方式。区域贸易协定争端解决机制,是由

① 参见韩立余:《正确理解自由贸易协定的性质》,载《中国社会科学报》2015 年第 6 期。

各缔约方经过长期反复博弈才最终确定的。有学者研究指出，谈判方在博弈过程中主要考虑以下因素：(1)希望达成的经济一体化程度；(2)一国经济对其贸易伙伴的依赖程度；(3)成员方相对经济实力的大小；(4)愿意提交争端解决的事项；(5)区域贸易协定成员数量的多少；(6)成员之间的政治关系。①

不同于世界贸易组织的统一的、强制性争端解决机制，并不是所有区域贸易协定中的争端解决机制都具有强制约束力。根据约束力大小的不同，可以将区域贸易安排中的争端解决机制分为3类。第一类是以欧洲法院为代表的司法强制型机制。一旦某国违反了自贸协定的规定，其他成员即可诉至欧洲法院。具有广泛管辖权的欧洲法院作出的裁决对成员国具有强制约束力，这种争端解决机制具有一定的超国家性。欧洲法院对共同体法律事务享有专属和强制管辖权，其职责在于确保条约的解释和适用符合法律的规定，从而保证欧盟法在成员国间得到统一的解释和适用。第二类是以东南亚联盟(ASEAN)为代表的准司法型机制。1996年东南亚联盟通过了《争端解决机制议定书》，2004年又通过了《东盟促进争端解决议定书》，取代了前者，强化和完善了之前的争端解决机制。东南亚联盟采取的争端解决机制非常类似于世界贸易组织争端解决机制，包含磋商、专家组、上诉和执行阶段，具有准司法性。第三类是松散型机制，如中欧自贸协定、加勒比共同体。这类争端解决机制强调以磋商、调解和调停等政治外交方式为主，对争端解决的具体程序缺乏明确规定。②

司法强制性争端解决机制为区域合作的实现提供了最大限度的保障，但却对国家主权尤其是司法主权构成了严重冲击。松散型机制过于原则和抽象，操作性不强，对成员方的拘束力非常微弱。通过对比可以发现，准司法机制相对明确，规定了具体的法律程序，对争端方具有强制拘束力，同时又避开了国家主权等敏感问题，相较而言是最为可取的争端解决模式。③

也有学者在考察了世界上100多个区域贸易协定后，将区域贸易协定中的争端解决机制分为如下3类：(1)以磋商、调解、调停等为代表的政治、外交方式为主的争端解决机制，如中欧自由贸易协定(CEFTA)、欧共体(EC)分别与冰岛、挪威、瑞士等国签订的自由贸易协定等；(2)含有仲裁方式的争端解决机制，

---

① 参见钟立国：《论区域贸易协定争端解决机制的模式及其选择》，载《法学评论》2012年第3期。

② 参见娄万锁：《论区域贸易安排下争端解决机制的构建》，载《海关法评论》2011年第00期。

③ 同上。

如北美自由贸易区(NAFTA)、欧共体(EC)分别与土耳其、安道尔建立的关税同盟等;(3)设立常设法院,采用司法方式的争端解决机制,如欧洲经济区协定(EEA)、欧洲关税同盟等。在这三类争端解决机制中,第二类最多,第一类次之,第三类最少。①

法律的解决方法已越来越成为各国和平解决国际争端的主要方法,大多数区域贸易协定都建立了独立于争端方的机构,事先制定了透明、详细的程序规则。相对于政治、外交的传统解决方法,法律方法能有效地保障区域贸易协定成员在条约中的权利与义务,更具有可预见性和稳定性,促进区域贸易协定的贯彻执行。不过传统的政治解决方法在处理某些类型的争端时仍具有重大意义,因此,实践中往往将这两种方法相结合。

根据区域贸易协定缔约方数量的不同,还可以将区域贸易协定的争端解决机制分为双边区域贸易协定中的争端解决机制和多边区域贸易协定中的争端解决机制。在双边区域贸易协定中,采取准司法化型争端解决机制的占多数,而单独采取政治方式的较少。双边区域贸易协定中的准司法型机制呈现出趋同和相互借鉴的倾向,体例和架构越来越相似。而在多边区域贸易协定中,均采取了准司法型或司法强制型争端解决机制,有的还建立了"初审—上诉审"两审制。相较于双边区域贸易协定,多边区域贸易协定增强了争端解决的权威性和严肃性,其争端机制的地位和作用得到明显提高和强化,尤其体现在两审制、常设行政和裁决机构、执行力度等方面。②

区域贸易协定中的争端解决机制通常包括解决投资者与东道国之间的投资争端,以及缔约方之间关于自贸协定的解释和适用的争端,因此,本部分关于争端解决机制的研究也是限于对这两类争端的探讨。

第二节　跨区域贸易协定中"投资者—东道国"争端解决机制比较研究

"投资者—东道国"争端解决机制涉及"促进投资自由化"与"维护国家经济主权"这两大敏感利益的角逐,仲裁庭需要在外资保护与东道国主权之间谨

① 参见陈立虎、赵艳敏:《区域贸易争端解决机制刍议》,载《武大国际法评论》2007年第1期。

② 参见黄萃、纪文华:《区域贸易协议争端解决机制构建与实效反差研究》,载《国际贸易问题》2010年第12期。

慎平衡。①

一、美式跨区域贸易协定中“投资者—东道国”争端解决机制研究

(一)引入替代性争端解决机制

《美国—秘鲁跨区域贸易协定》第10.15条、《美国—韩国跨区域贸易协定》第11.15条均规定,“在投资争端中,申请方和被申请方应首先寻求磋商和谈判来解决争端,包括使用无约束力的第三方程序”。

对比上述文本可以发现,磋商和谈判是争端解决的前置程序。这一规定类似于世界贸易组织争端解决机制,因为磋商是成立专家组的前置程序。磋商和谈判是由争端双方自行解决他们之间争议的最为常见的方法,当事双方通过友好协商自行解决他们之间的争议,而没有第三者的介入。这种争端解决方式具有简便易行和节省费用的优势,但需要当事方有密切合作解决争议的诚意,并将此项诚意付诸实施,在任何一个环节上密切合作。否则,其优势就不能得以发挥。

传统的争端解决机制只提及磋商和谈判作为解决争端的方式,未提及第三方机制,也不是必经程序。斡旋、调解和调停都是传统国际法中国家间的争端解决方式。②

斡旋,是指第三者主要运用外部手段促成争端方进行谈判,而第三者本身不介入具体的争端。斡旋具有任意性,第三者并无义务对争端进行斡旋,争端方也无义务接受第三者的斡旋,即便接受也不影响其采取其他合法行动。从事斡旋者不直接参加谈判,也不提出任何解决方案,而仅仅为了促成争端方进行谈判而劝告当事方或提供谈判场所等。

调解,是由一个非政治性的、中立的国际调解委员会在查明争端事实的基础上提出报告和建议,促使争端方达成协议,但调解报告并无法律拘束力。调解比仲裁更加经济、省时,成功的调解可以避免投资者与东道国关系的破裂而给当事方带来的消极影响,调解还可以使仲裁的程序和结果保密。不过,从当前的国际仲裁实践来看,投资者与东道国之间的投资争端通过调解得以解决的

---

① 参见石静霞、马兰:《〈跨太平洋伙伴关系协定〉(TPP)投资章节核心规则解析》,载《国家行政学院学报》2016年第1期。

② 陈辉萍教授认为,由于斡旋、调解和调停是传统国际法中解决国家间争端的方式,其对ISDS机制(特别是投资者)是否有效,有待实践检验。

很少,当事方似乎对此不太感兴趣。①

调停也经由第三者的介入,不过第三方介入程度较深,其以更加积极的姿态参与谈判,提出争端解决的方案。类似于斡旋,调停也完全是任意性的。

投资仲裁遭遇正当性危机后,学界提议在仲裁之前强化使用替代性争端解决机制,如斡旋、调解和调停,以灵活解决投资争端。不过,《跨太平洋伙伴关系协定》投资章对斡旋、调解和调停的程序没有具体规定,缺乏可操作性。

(二)允许法庭之友参与仲裁

《美国—秘鲁跨区域贸易协定》和《美国—韩国跨区域贸易协定》的投资仲裁均允许法庭之友参与仲裁。《美国—秘鲁跨区域贸易协定》第10.20条第3款规定,"仲裁庭应有权从非争端方的自然人或实体那里接受和考虑法庭之友意见书。各意见书应明确作者,以及在准备意见书时已提供或将提供任何财政援助或其他援助的任何自然人或实体"。《美国—韩国跨区域贸易协定》第11.20条第5款规定,"在与争端双方磋商后,仲裁庭可以允许非争端方的个人或者实体提交一份有关争端范围内的法庭之友书面意见书。仲裁庭在考虑是否允许这样一份文件时应当考虑以下方面:(a)法庭之友意见书有助于仲裁庭决定有关程序的事实或者法律问题,提交有别于争端方的观点、知识、见解;(b)法庭之友意见书应解决争端范围内的问题;并且(c)法庭之友对仲裁程序有重大利益。仲裁庭应确保法庭之友意见书不会破坏程序或对任何争端方构成过重负担,或者不公平地损害争端一方,并且应当给予争端各方适当的机会就法庭之友意见书提出他们的意见"。

法庭之友必须不是争端一方,但对仲裁程序有实质性利益,可以是个人也可以是实体,只能就争端范围内的事实和法律问题提出意见。对比上述文本可以发现,关于法庭之友意见书,《美国—秘鲁跨区域贸易协定》规定仲裁庭"应当有权"(shall have the authority to)接受和考虑,而《美国—韩国跨区域贸易协定》规定"可以允许"(may allow)提交,且要求先与争端双方磋商。《美国—韩国跨区域贸易协定》的文本对法庭之友参与仲裁程序的规定相对具体,并作了一定限制。而《跨太平洋伙伴关系协定》投资章节进一步细化了法庭之友参与仲裁程序。仲裁庭在与争端双方磋商后,可以(may)接受法庭之友意见书。而美国BIT范本规定,仲裁庭必须(shall)接受法庭之友,且不要求与争端双方

---

① 参见余劲松:《国际投资条约仲裁中投资者与东道国权益保护平衡问题研究》,载《中国法学》2011年第2期。

磋商。

(三)考虑将来提交上诉机制

根据《美国—秘鲁跨区域贸易协定》第10.20条第10款以及《美国—韩国跨区域贸易协定》第11.20条第12款的规定,如果缔约方在将来根据国际贸易或投资安排建立了上诉机构以审理投资争端,则缔约方应努力达成协定使得上诉机构可以对相关裁决进行审查。

对比上述文本可以发现,《美国—秘鲁跨区域贸易协定》《美国—韩国跨区域贸易协定》的投资章节都规定了考虑将来提交上诉机制。投资仲裁上诉机制是一种能够在一定程度上缓解投资仲裁的合法性危机的方法。国际投资争端解决中心虽然规定了撤销机制,但该机制没有给当事人提供救济,也没有设立垂直的内部机构进行审查。国际投资争端解决中心的撤销委员会也面临无法撤销或纠正裁决的情况,即使其认为仲裁裁决存在明显的法律错误。而且,撤销委员会同仲裁庭一样,是针对个案临时设立的,也可能存在结论不一致的情况。

任何仲裁庭在裁决案件时都可能发生错误。不同于普通商事仲裁只涉及私人利益之争,对于国家作为一方当事人的"投资者—东道国"争端解决机制而言,这种类型的争端往往涉及公共利益、公共政策,甚至国家主权等问题,若仲裁裁决确有错误而造成不公正却未得到有效纠正,将严重损害国家利益。美国倡导投资上诉机制的基本出发点是维护东道国主权、威慑投资者滥诉行为和确保仲裁庭对投资条约的解释符合条约缔结的初衷。① 此外,建立投资上诉机制还可以在一定程度上防止就同一事实重复起诉并导致相同事实而裁决结果不一致的现象。

(四)强化透明度要求

《美国—秘鲁跨区域贸易协定》第10.21条、《美国—韩国跨区域贸易协定》第11.21条均规定了"仲裁程序的透明度"。被申请方东道国应迅速将收到的相关文件(如意向通知、仲裁通知、书面陈述、仲裁裁决等)转交给非争端方,并公之于众。仲裁庭应公开审理,但保密信息可以继续保密,根本安全例外可豁免透明度义务。仲裁庭还应举行公开听证会,并在询问争端双方的意见后确定合适的事务性安排。

在"投资者—东道国"争端解决机制中,不利于东道国的裁决结果往往对东

---

① 参见刘笋:《建立国际投资仲裁的上诉机制问题析评》,载《现代法学》2009年第5期。

道国社会公众的公共利益和普通纳税人的税负产生影响，因此社会公众对投资争端的解决应当有知情和参与的权利。[①] 从民主治理的角度来看，没有透明度和公众参与的投资仲裁实际上是违反民主原则的，因为东道国的公共利益问题理应通过民主程序决定。为此，联合国贸发会（UNCTAD）制定了《贸易法委员会投资人与国家间基于条约仲裁透明度规则》（以下简称《透明度规则》），于2014年4月1日生效。[②] 透明开放的仲裁有助于抑制仲裁员的不端行为，促使其作出准确、全面和公正的裁决。允许公众参与使得仲裁员可以获得更多客观公正的信息，从而提高仲裁裁决的质量。

二、欧式跨区域贸易中"投资者—东道国"争端解决机制研究

（一）在大部分欧式区域贸易协定中未规定争端解决机制

《欧盟—韩国跨区域贸易协定》以及《欧盟—哥伦比亚与秘鲁自由贸易协定》的文本中均无投资章节，因此也就没有规定"投资者—东道国"争端解决机制，不过这也不足为奇。

当前的国际投资仲裁遭遇了正当性危机，少数拉美国家（如玻利维亚、厄瓜多尔）撤销了投资条约以及退出《华盛顿公约》。2011年4月澳大利亚政府发布贸易政策声明，将不在自贸协定中纳入投资者与东道国仲裁条款。[③] 投资条约仲裁受到来自国家、非政府组织和学者的各种责难和批评。其中，抨击得最为激烈的就是投资仲裁偏向投资者的固有倾向，投资者的某些标准权利具有不确定和模糊性，最后导致仲裁庭决定权的不断扩大。[④] 相关指责还包括仲裁的不可预测性、透明度、影响国家公共政策的制定等因素。

欧盟在与美国谈判的跨大西洋投资协议中，也对"投资者—东道国"争端解决机制表示担忧，欧盟担心这一争端解决机制会制约其制定和实施有关环境、公共卫生、食品安全、劳工保护等方面的政策。[⑤] 投资仲裁这一争端解决机制自身存在的诸多缺陷，加上欧盟成员国众多，使实行统一的"投资者—东道国"争

---

① 参见刘笋：《国际投资仲裁裁决的不一致性问题及其解决》，载《法商研究》2009年第6期。

② 规则全文参见UNCTAD官网：http://www.uncitral.org/uncitral/uncitral_texts/arbitration/2014Transparency.html，最后访问日期：2016年5月1日。

③ 参见叶波、梁咏：《投资者与东道国争端解决机制的新发展及其启示》，载《国际商务研究》2015年第5期。

④ 参见郭玉军：《论国际投资条约仲裁的正当性缺失及其矫正》，载《法学家》2011年第3期。

⑤ 参见江清云：《中国新一轮BIT谈判的核心与应对》，载《WTO经济导刊》2014年第10期。

端解决机制将面临较大障碍。

(二)投资上诉机制从理论走向实践

尽管“投资者—东道国”争端解决机制存在种种缺陷和不足,但欧盟并没有放弃这一机制,而是坚持对现行机制进行改进。“投资者—东道国”争端解决机制的宗旨在于保护外国投资者不受东道国的歧视或不公平待遇。欧盟委员会认为,在某些情况下投资者可能并不容易通过东道国的司法体系取得救济,此时,“投资者—东道国”争端解决机制对投资者就非常重要。“投资者—东道国”争端解决机制的缺乏将使东道国的投资环境缺少竞争力。

欧盟和加拿大于2014年9月完成谈判的《全面经济贸易协定》是欧盟签订的第一份包含投资保护规则的国际协定。[①] 2015年9月16日欧盟发布的国际投资法庭的方案设立了专门的初审法庭和上诉法庭来审理投资者与东道国的投资争端,上诉法庭将有权对先前法庭的裁决书作出改变。投资法庭是比照国内法院和国际司法机构的模式设计。投资法庭和上诉法庭的法官都由缔约方任命,这不同于传统“投资者—东道国”争端解决机制的做法。审理案件的法官由初审法庭的主席任命,而不是由争端方选择。《全面经济贸易协定》没有具体规定上诉法庭法官的人数,而由欧盟和加拿大组成的联合委员会来决定。[②]

欧盟和越南于2015年8月4日达成的《欧盟—越南自由贸易协定》[③]也包含了投资章节,纳入了改革后的“投资者—东道国”争端解决机制,即设立常设的投资仲裁法庭制度,包括普通法庭和上诉法庭两种程序,以取代目前最为普遍的专设投资仲裁制度。[④]

美国和欧盟正在谈判的超级自由贸易协定——跨大西洋投资协议同样规定了改革后的“投资者—东道国”争端解决机制,欧盟明确主张建立上诉机制来审查仲裁庭的决定。有学者指出,总体来看,欧美双方对投资仲裁上诉机制总体持开放政策且已有较为成熟的缔约实践。[⑤]

---

① 参见任清:《欧加〈全面经济贸易协定〉投资规则的特点及影响》,载《国际经济法学刊》2015年第1期。

② 参见张智勇:《投资协定谈判与ISDS机制的改革:欧盟的方案与影响》,2016年中国法学会WTO法研究会学术年会论文,哈尔滨,2016年6月,第758页。

③ 《欧盟与越南自由贸易协定》是欧盟与发展中国家达成的首个自贸协定。

④ 参见黄世席:《欧盟国际投资仲裁法庭制度的缘起与因应》,载《法商研究》2016年第4期。

⑤ 参见王鹏、郭剑萍:《论国际投资仲裁上诉机制的设计——以TTIP谈判为例》,载《国际经贸探索》2015年第5期。

第三节　跨区域贸易协定中缔约方之间的争端解决机制比较研究

一、美式跨区域贸易协定中缔约方之间的争端解决机制研究

(一)绝大多数区域贸易协定采取了准司法化的争端解决机制

美国绝大多数区域贸易协定采取了准司法化的争端解决机制,且规定相对详尽和完善。① 在美国与韩国、秘鲁、智利、新加坡、澳大利亚、摩洛哥和巴林等双边区域贸易协定中,都采取了此类争端解决机制,且内容类似。

《美国—韩国跨区域贸易协定》第22.2条规定,缔约双方建立由各方官员组成的联合委员会,联合委员会应监督协定的实施,监督依本协定建立的所有委员会、工作组和其他机构的工作等。该协定第22.4条规定了争端解决程序的适用范围,即应适用于避免或解决缔约双方关于本协定解释或适用的所有争端,或任何时候一缔约方认为:(a)另一缔约方实施的现行或拟议措施不符合或将不符合本协定下的义务;(b)另一缔约方未履行本协定下的义务;(c)因另一缔约方的措施不符合本协定所导致的缔约方根据第二章、第三章、第四章、第六章、第十二章、第十七章和第十八章的合理预期的利益正在损失或减损。该协定第22.7~22.15条具体规定了争端解决机制的程序,包括磋商、专家组、最终报告的实施、不执行、一致性审查等。

类似地,《美国—秘鲁跨区域贸易协定》第21章“争端解决”也有同样规定。

《美国—秘鲁跨区域贸易协定》第21.4~21.18条具体规定了争端解决机制的程序,包括磋商、委员会干预、专家组、第三方参与、不实施——中止利益、一致性审查等。

(二)《北美自由贸易协定》争端解决机制是一大特色

《北美自由贸易协定》争端解决机制是世界上第一个南北型自由贸易协定,它在借鉴关税与贸易总协定争端解决机制的基础上创设而成,是当今世界运行最成功的争端解决机制之一。

《北美自由贸易协定》针对不同性质的争端规定了多套争端解决机制。第二十章规定了一般性争端解决机制,第十九章规定了专门适用于反倾销与反补

---

① 参见黄萃、纪文华:《区域贸易协议争端解决机制构建与实效反差研究》,载《国际贸易问题》2010年第12期。

贴税事项的审查与争端解决的争端解决机制。在两个分协定中也分别规定了单独处理环境问题与劳工问题争端的争端解决机制，主要解决缔约方未能有效执行国内环境法和劳工法而引起的争端。

《北美自由贸易协定》采取法律方法和政治方法相结合、仲裁和专家组并重的方法解决争端。《北美自由贸易协定》争端解决机制还具有开放性，例如，争端方可以选择在其他国际组织框架下解决争端，还可以援引其他程序性和实体性法律解决《北美自由贸易协定》下的争端。

不过《北美自由贸易协定》在争端解决实践中也面临一些困境，美墨糖类产品案凸显了《北美自由贸易协定》与世界贸易组织管辖权的冲突。1997 年墨西哥食糖商会根据《北美自由贸易协定》第十九章对美国的糖类产品措施提起诉讼，但由于美国阻挠专家组成员选定程序，该案无法进行下去。随后墨西哥对美国出口的糖类产品发起反倾销调查。2000 年墨西哥又一次提起《北美自由贸易协定》第二十章下的争端解决程序，但由于同样的原因导致诉讼无法进行。① 同一时间，美国针对墨西哥采取的反倾销措施向世界贸易组织起诉并胜诉。由于墨西哥没有执行该案裁决，美国遂于 2006 年提出上诉，诉请得到上诉机构支持。实际上，美国还在 2002 年根据《北美自由贸易协定》第十九章起诉墨西哥采取的反倾销措施并胜诉。②

二、欧式跨区域贸易协定中缔约方之间的争端解决机制研究

（一）欧洲法院的司法强制型争端解决机制是其特色

欧盟由欧洲共同体发展而来，是世界上最大的集政治性和经济性于一体的、以“硬法”机制为主的区域一体化组织。欧盟在区域内建立了具有超国家因素的司法机构——欧洲法院，其争端解决机制非常完备。

欧洲法院的管辖权非常广泛，包括对以欧洲共同体机构为被告的诉讼行使的管辖权、对以成员国为被告的诉讼的直接管辖权、对共同体（欧盟）条约及其相关机构的规章的解释以及欧共体（欧盟）颁布的相关法规效力认定的初步裁

---

① 美国一再阻挠专家组成员选定程序，也体现出北美自由贸易协定争端解决机制的局限性。

② 参见严蓉：《区域贸易协定与 WTO 争端解决机制的管辖权博弈——美墨糖类产品系列争端引发的思考》，载《国际经济法学刊》2010 年第 3 期。

决管辖权。①

欧洲法院的管辖权具有强制性和排他性。一旦某个成员违反了贸易协定，其他成员即可诉诸欧洲法院，由该法院作出裁决。欧洲法院的裁决对成员方具有强制约束力，欧洲法院作出的生效判决与成员方国内法上的生效判决具有同等的执行力。欧洲法院是成员方为解决争端让渡部分主权而建立，使欧盟一体化的法律制度具有强制性的司法保障。

可以说，欧洲法院开创了区域贸易协定争端解决司法模式的先例。不过，由于其对成员方主权的限制较高，这也决定了这类争端解决模式仅适用于像欧盟这类一体化程度较高的区域贸易协定。

同样地，欧洲经济区协定也设有欧洲自由贸易联盟法院，由该法院对当事方的争端作出具有拘束力的判决。

（二）有少数区域贸易协定采取准司法型争端解决机制

欧盟只有少数区域贸易协定采取准司法型的争端解决机制，其与韩国、哥伦比亚、秘鲁、墨西哥、智利的区域贸易协定便是如此。《美国—韩国跨区域贸易协定》和《欧盟—哥伦比亚和秘鲁跨区域贸易协定》的争端解决机制均与《美国—韩国跨区域贸易协定》《美国—秘鲁跨区域贸易协定》争端解决机制类似，争端解决条款较为详细。

《美国—韩国跨区域贸易协定》第14.3～14.17条规定了争端解决机制的具体程序，包括磋商、仲裁、仲裁专家组裁决的履行、合理的履行期限、履行仲裁裁决所采取任何措施的审查、在不履行裁决情况下的临时补救、中止义务后所采取的履行措施的审查。

《欧盟—哥伦比亚和秘鲁跨区域贸易协定》第301～313条也有类似规定，包括磋商、仲裁、仲裁裁决的实施、为遵守仲裁裁决而采取的任何措施的审查、违背义务时的临时补偿等。

此外，欧盟部分区域贸易协定采取了政治性争端解决机制，这主要体现在欧盟与邻国签订的一系列“欧洲经济区”协议，这类争端解决的条款规定简略且类似。

① 参见喻洋：《区域贸易安排争端解决机制比较研究》，苏州大学2006年硕士学位论文，第15页。

第四节　中国区域贸易协定争端解决机制的特点与完善

2016 年 9 月 3 日习近平主席在 G20 峰会的演讲中指出，中国将继续深入参与经济全球化进程，支持多边贸易体制。中国将加快同有关国家商签自由贸易协定和投资协定，推进国内高标准自由贸易试验区建设。[①]

加快实施自贸区战略是中国新一轮对外开放的重要内容。党的十八大提出加快实施自贸区战略，党的十八届三中、五中全会进一步要求以周边为基础加快实施自贸区战略，形成面向全球的高标准自贸区网络。[②]

我国已签订的区域贸易协定均采用自由贸易协定的形式，以在相互间建立自由贸易区为目标。商务部《2015 年商务工作年终综述》显示，截至 2015 年年底，中国已经签署并实施 14 个自贸协定，涉及 22 个国家和地区，自贸伙伴遍及亚洲、拉美、大洋洲、欧洲等地区。[③] 目前，中国正在推进多个自贸区谈判，包括《区域全面经济伙伴关系协定》、中国—海合会自贸区、中国—挪威自贸区等。此外，中国还在推进中国—新加坡自贸区升级谈判、中国—巴基斯坦自贸区第二阶段谈判和《海峡两岸经济合作框架协议》后续谈判。[④]

鉴于国际政治、经济的现实，不同区域贸易安排的争端解决机制赋予的能力存在差异，这也在一定程度上影响着区域贸易安排的真正有效性。[⑤] 相互比较、借鉴各种区域贸易协定中的争端解决机制并结合中国参与区域经贸合作的实践，则有利于完善中国区域贸易协定中的争端解决机制。因此，本章将在总结分析中国已实施的自贸协定文本的基础上，借鉴美欧相关区域贸易协定中的相关规定，对中国在区域贸易协定争端解决机制的完善方面提出相应的建议。

---

① 参见《习近平 G20 峰会演讲：把改革进行到底》，载新华网：http://www. xinhuanet. com/world/G20jzhzb/wzsl. htm，最后访问日期：2016 年 9 月 4 日。

② 参见《国务院关于加快实施自由贸易区战略的若干意见》，载中国服务外包网：http://chinasourcing. mofcom. gov. cn/policy/47/62587. html，最后访问日期：2016 年 6 月 1 日。

③ 参见《2015 年商务工作年终综述：我国自贸区建设取得新成就》，载商务部新闻办公室网：http://fta. mofcom. gov. cn/article/zhengwugk/201601/30120_1. html，最后访问日期：2016 年 6 月 5 日。

④ 参见《〈关于加快实施自由贸易区战略的若干意见〉解读》，载新华社网：http://www. fdi. gov. cn/1800000121_21_87793_0_7. html，最后访问日期：2016 年 6 月 6 日。

⑤ 参见龚柏华：《区域贸易安排争端解决机制比较研究》，载《世界贸易组织动态与研究》2005 年第 8 期。

一、中国区域贸易协定争端解决机制的特点

(一)"投资者—东道国"争端解决

有学者指出,中国投资者在海外遭受东道国不公正待遇的情况呈上升趋势。2007年"谢业深案"开创了中国投资者通过国际仲裁解决投资争端的先例,此后,中国在国际投资仲裁舞台上日渐活跃,表现出海外求偿案件多、被诉案件少、被告国覆盖面广、仲裁发起主体多元、管辖权争议突出、实体法律问题尖锐等特征。① 中国的区域贸易协定投资章节中大部分都规定了"投资者—东道国"争端解决机制。

1. 将投资争端事由扩及所有涉及投资的争议

《中国—韩国区域贸易协定》第12.12条"投资者与一缔约方之间的投资争端解决"第1款规定,"就本条而言,投资争端是指一缔约方与另一缔约方投资者之间的争端,前一缔约方被指违反其在本章项下与投资者或其在前一缔约方领土内涵盖投资相关的任何义务致使或导致该投资者遭受损失或损害"。《中国—秘鲁跨区域贸易协定》第139条"投资者—东道国争端解决"第1款也使用了"有关投资的任何争端"的类似措辞。

美国双边投资协定范本一贯只列举违反实体义务中的某几条可能被诉,但是从《中国—韩国区域贸易协定》和《中国—秘鲁跨区域贸易协定》的文本来看,中国作为投资东道国对任何实体义务的违反都可能被诉,投资争端事由已扩及所有涉及投资的争议,而对管辖权的限制不足。

2. 将协商作为争端解决的前置程序

根据《中国—秘鲁跨区域贸易协定》第139条第1款以及《中国—韩国区域贸易协定》第12.12条第2款,任何投资争端应尽可能由争端双方当事人通过友好协商解决。

《中国—秘鲁跨区域贸易协定》明确了协商的最后期限,即6个月,②"如争端自争端投资者书面提出磋商或协商之日起6个月内,未能协商解决,并且争端投资者没有将该争端提交给接受投资的缔约方有管辖权的法院或其他任何有拘束力的争端解决机制解决,投资者可以选择将争端提交相关的国际调解或仲裁庭解决"。从这一条款来看,《中国—秘鲁跨区域贸易协定》中的"磋商或

---

① 参见漆彤:《论中国海外投资者对国际投资仲裁机制的利用》,载《东方法学》2014年第3期。

② 这与《跨太平洋伙伴关系协定》第9.18条(提交仲裁申请)第1款的规定相同。

协商”是解决投资争端的前置程序。类似地,根据《中国—韩国区域贸易协定》第 12.12 条第 3 款,《中国—韩国区域贸易协定》中协商的最后期限是 4 个月。

《中国—韩国区域贸易协定》第 12.12 条第 2 款明确了“书面协商请求”的内容,即“此书面应指明:争端投资者的名称及地址;主张的本章项下被违反的义务,投资争端事实简述;寻求的救济以及大致的损害金额”。书面协商请求应送达至争端缔约方的相关主管机关。应当说,这一规定是对“磋商”程序的细化。

3. 将争端解决机制排除在最惠国待遇的适用范围外

在国际投资仲裁实践中,有的仲裁庭将最惠国待遇条款也适用于程序性规定,从而扩大对投资者权利的保护。不过,国际投资仲裁庭对最惠国待遇的适用范围依然存在较大分歧。不同国家签订的自由贸易协通常是考虑到各自的特殊情况而作出特定安排。将最惠国待遇条款适用于争端解决程序,会导致基础条约中的争端解决缺乏稳定性和可预见性。

为防范投资仲裁庭对最惠国待遇条款作扩大解释,应明确将争端解决机制排除在最惠国待遇的适用范围外。《中国—韩国区域贸易协定》第 12.4 条“最惠国待遇”第 3 款规定,“缔约双方理解,第一款给予非缔约方投资者及其投资的待遇,不包括根据其他国际协定中规定的一缔约方和非缔约方投资者的投资争端解决条款而给予非缔约方投资者及其投资的待遇”。《中国与新西兰自由贸易协定》第 139 条“最惠国待遇”第 2 款也规定,“本条规定的义务不包含要求给予另一方投资者除本章规定内容以外的争端解决程序”。

4. 规定了公平公正待遇的内容和解释标准

近年来,在国际投资仲裁实践中,投资者以东道国违反公平公正待遇为由索赔的案件越来越多,很多索赔主张得到仲裁庭的支持,投资者以公平公正待遇为由索赔的门槛已经越来越低。条约对公平公正待遇缺乏定义,国际投资争端解决中心在关于公平公正待遇的解释和适用时提出了分析公平公正待遇的几个要素。其中,最基本的要素是给外国投资提供稳定的、可预见的法律与商业环境,这是基于投资条约序言中的宗旨和目的推论而来的。其他要素还包括不影响投资者的基本预期;不需要有传统国际法标准所要求的专断和恶意;违反公平公正待遇条款必须给予赔偿。①

---

① 参见余劲松、梁丹妮:《公平公正待遇的最新发展动向及我国的对策》,载《法学家》2007 年第 6 期。

《中国—秘鲁跨区域贸易协定》第132条"公平公正待遇和完全的保护和安全"第1款规定,"各缔约方都应根据习惯国际法给予另一缔约方的投资者在其领土内的投资以公平公正待遇"。该条的第2款对公平公正待遇解释和适用作了进一步规定,即"公平公正待遇"的概念并不要求给予超出根据习惯国际法标准,给予外国人的最低待遇标准所要求之外的待遇;违反了本协定的其他条款或其他国际协定,并不意味着违反外国人最低待遇标准;及"公平公正待遇"包括根据普遍接受的习惯国际法原则禁止在刑事、民事或行政程序中拒绝司法。

《中国—韩国区域贸易协定》第12.5条"最低待遇标准"第1款规定,"各缔约方应当根据习惯国际法给予涵盖投资公平公正待遇"。第2款也对公平公正待遇作了进一步规定,即第1款将习惯国际法中给予外国人的最低标准待遇作为给予涵盖投资的最低标准待遇;"公平公正待遇"的概念并不要求缔约方给予额外的或者超出上述标准的待遇,且并不创造额外的实体权利;"公平公正待遇"包括依照法律的正当程序原则不得在刑事、民事或行政裁决程序中拒绝司法的义务;认定违反本协定的其他条款或者其他国际协定并不能够证明存在对本条的违反。该条第2款的脚注还规定,"公平公正待遇的确定应当基于充分的证据"。

对比上述文本可以发现,中秘和中韩区域贸易协定的投资章节都明确了公平公正待遇的内容和解释标准,对其适用作了相应的限制。这在一定程度上限制了投资者以公平公正待遇条款为由的滥诉。

(二)缔约方之间的争端解决

1. 中国绝大多数区域贸易协定采取了准司法型争端解决机制

中国已实施的自贸协定中采取准司法型争端解决机制的占绝大多数,如《中国—东盟自由贸易协定》《中国—智利自由贸易协定》《中国—新加坡自由贸易协定》《中国—秘鲁跨区域贸易协定》《中国—韩国区域贸易协定》等。

《中国—韩国区域贸易协定》第二十章就争端解决作了专门规定,该章共17条。该协定第20.2条规定了争端解决机制的适用范围,即适用于解决缔约双方关于本协定的解释和适用的所有争端,或者一缔约方认为:(1)另一缔约方的措施与本协定项下的义务不一致;(2)另一缔约方未能履行本协定项下的义务。第20.3条针对与其他争端解决机制的协调问题作了规定,即起诉方有权选择解决争端的场所,但选择是排他性的。第20.4~20.17条具体规定了争端解决机制的程序,包括磋商、斡旋、调解和调停、专家组、最终报告的执行、合理期限、一致性审查、中止减让或其他义务等阶段,每个阶段都规定了时限,以防止争端解决的过分迟延。

同样地,《中国—秘鲁跨区域贸易协定》第十五章也是专门规定争端解决,该章共20条。第176~192条具体规定了争端解决机制的程序,包括磋商、专家组、报告的执行、对执行的审查、补偿、中止利益、对中止利益水平的审查等阶段。

2. 中国少数区域贸易协定采取了政治性争端解决机制

中国采取政治性争端解决机制的有内地与香港特别行政区、内地与澳门特别行政区《关于建立更紧密经贸关系的安排》(CEPA)以及《亚太贸易协定》(APTA)。《关于建立更紧密经贸关系的安排》没有设立专门的争端解决机构,只有一个笼统的争端解决条款。根据《关于建立更紧密经贸关系的安排》第19条(机构安排),“双方成立联合指导委员会,委员会由双方高层代表或指定的官员组成。委员会设立联络办公室,并可根据需要设立工作组”。第19.5条规定,“双方将本着友好合作的精神,协商解决《关于建立更紧密经贸关系的安排》在解释或执行过程中出现的问题。委员会采取协商一致的方式作出决定”。

《关于建立更紧密经贸关系的安排》项下并没有构建起独立的、法律意义上的争端解决机制,这在当今各类区域贸易协定中非常少见。究其原因,主要是因为内地与香港特别行政区是在“一国两制”的前提下,统属于一个主权国家,比起处理两个主权国家间的经贸纠纷,处理内地与香港特别行政区之间的经贸纠纷要相对容易,[①]争端解决的安排也就可以相对简化。

《亚太贸易协定》有关争端解决的规定与《关于建立更紧密经贸关系的安排》类似,《亚太贸易协定》第21条“争端解决”规定,“各参加国对本协定的规定及在其框架内通过的任何文件的解释与实施所产生的争议,应由有关各方达成协议友好解决。如参加国之间无法解决争端,该争端将被提交常委会解决。常委会将对事件进行审核,在争端提交之日起120日内提出建议。为此,常委会应通过引用适当的法规解决争端”。

3. 构建了多边性和双边性的争端解决机制

根据《中国与东盟全面经济合作框架协议争端解决机制协议》,[②]中国—东

---

① 参见高永富:《中国参与制定区域贸易协定争端解决机制初探》,载《世界经济研究》2008年第7期。

② 《中国与东盟全面经济合作框架协议争端解决机制协议》,载中国自由贸易区服务网:http://fta.mofcom.gov.cn/dongmeng/annex/zhengduanjzxy_cn.pdf,最后访问日期:2016年8月1日。

盟自由贸易区的争端解决机制具有多边性。《中国与东盟全面经济合作框架协议争端解决机制协议》有11个缔约方,即中国和东盟10国。各缔约方在《中国与东盟全面经济合作框架协议争端解决机制协议》下享有平等权利,缔约方之间关于该协定的任何争议都可诉诸中国—东盟自由贸易区争端解决程序。而《中国—韩国区域贸易协定》《中国—秘鲁跨区域贸易协定》《中国—智利自由贸易协定》等都是双边协定,成员方仅为中国与另一缔约国。两个成员之间的争端往往比中国—东盟自由贸易区成员间的争端简单、易于解决,这也决定了在区域贸易协定中双边性和多边性争端解决机制的差别。这种差别主要体现在斡旋、调解和调停程序,以及争端裁决的效力方面。

《中国与东盟全面经济合作框架协议争端解决机制协议》第5条"调解或调停"规定,"争端当事方可随时同意进行调解或调停。此程序可由争端当事方随时开始,随时终止"。由此可见,在中国—东盟自由贸易区下的调解或调停是十分灵活的、选择性的程序。这与世界贸易组织的规定类似,《关于争端解决规则与程序的谅解》第5.3条"斡旋、调解和调停"规定,"争端任何一方可随时请求进行斡旋、调解或调停。此程序可随时开始,随时终止"。而在《中国—智利自由贸易协定》争端解决机制下的斡旋、调解和调停是一种正式的争端解决方式。根据《中国—智利自由贸易协定》第83条"委员会—斡旋、调解和调停",其斡旋、调解和调停程序是在中智自由贸易委员会的主持下进行,并且应符合磋商的先决条件。根据《中国—智利自由贸易协定》第84条"请求设立仲裁小组",斡旋、调解和调停是当事方提起仲裁程序的必经程序,可见,这些政治、外交的解决方法在《中国—智利自由贸易协定》争端解决机制中占有非常重要的地位。不过,《中国—秘鲁跨区域贸易协定》的争端解决机制并未规定斡旋、调解和调停程序,而《中国—韩国区域贸易协定》争端解决中的斡旋、调解和调停程序却和中国—东盟自由贸易区的规定类似。《中国—韩国区域贸易协定》第20.5条"斡旋、调解和调停"第3款规定,"任一缔约方可随时请求进行斡旋、调停和调解。此程序可随时开始,可随时终止"。

《中国与东盟全面经济合作框架协议争端解决机制协议》第8.4条"仲裁庭的职能"规定,"仲裁庭裁决为终局,对争端各当事方有约束力"。败诉方应执行仲裁裁决。但《中国—智利自由贸易协定》第92.1条"最终报告的执行"规定,"收到仲裁小组的最终报告后,缔约双方应该就争端解决方案达成一致"。由此可见,在《中国—智利自由贸易协定》争端解决机制下,仲裁裁决并不具有终局性,中国东盟自由贸易区仲裁程序的法律性远远高于《中国—智利自由贸易协定》。不过,《中国—韩国区域贸易协定》对此作了改进,《中国—韩国区域贸易协定》第20.11条"专家组报告"第7项规定,"专家组报告是最终的,并且对争议的缔约双方具有约束力,而且不应对个人创设任何权利或义务"。《中国—秘鲁跨区域贸易协定》也有类似改进,根据《中国—秘鲁跨区域贸易协定》第186条(报告的执行)第1款和第2款,"报告应为最终的并对争端双方有约束力。如果专家组报告认定一缔约方未能遵守本协定下的义务,被诉方应消除上述不一致"。

二、中国区域贸易协定争端解决机制的完善建议

(一)"投资者—东道国"争端解决

目前,发达国家仍然是世界经济的主导力量,它们既是资本输出的主要国家,也是国际投资的重要东道国;但是,发展中国家不再仅仅是利用外资的国家,它们也已成为对外投资国家,所以也对国际投资自由化提出了自己的要求。[①] 当前的中国,正在从主要以资本输入为主向资本输入和输出并重转变。2014年中国对外投资首次突破千亿美元,如果加上第三地融资再投资,我国的对外投资规模约1400亿美元,高于我国实际利用外资约200亿美元,中国首次成为资本净输出国。[②]

在近年的国际投资仲裁实践中,有些仲裁庭片面强调并强化保护投资者,纯粹以维护投资者权益为使命和目的。[③] 因此,中国要在区域贸易协定投资章节文本中合理平衡和协调投资者保护与东道国利益之间的关系。

将《中国—秘鲁跨区域贸易协定》及《中国—韩国区域贸易协定》的投资章与美式跨区域贸易协定中的投资章节相比较,可以发现,美式跨区域贸易协定中的争端解决机制更加全面、具体,调整事项更加广泛。例如,《美国—秘鲁跨区域贸易协定》和《美国—韩国跨区域贸易协定》投资章都规定了"仲裁员的选择""准据法""仲裁程序的透明度",而《中国—秘鲁跨区域贸易协定》和《中国—韩国区域贸易协定》却无此类规定。当然,照搬美式区域贸易协定投资章节的相关规则确无必要。以下,笔者就中国在区域贸易协定投资章节的争端解

① 参见卢进勇、余劲松等主编:《国际投资条约与协定新论》,人民出版社2007年版。

② 参见漆彤:《"一带一路"战略的国际税法思考》,载《税务研究》2015年第6期。

③ 参见余劲松:《国际投资条约仲裁中投资者与东道国权益保护平衡问题研究》,载《中国法学》2011年第2期。

决机制应当完善的地方提出相关建议。

1. 对仲裁事由的措辞应谨慎

《中国—秘鲁跨区域贸易协定》和《中国—韩国区域贸易协定》的投资章节都将仲裁事由扩及所有涉及投资的争议。国际投资争端解决中心近年来的仲裁裁决也倾向于扩大解释对投资争端的管辖权。中国当前正处于经济转型时期,国家对于国内投资市场、社会和环境应保持相应的管理和调整能力。但给予仲裁庭更大的管辖权即意味着让渡更多的政府规制权,仲裁庭对管辖权的不当解释将损害中国的国家利益。

中国在1993年加入了《解决国家与他国国民间投资争端公约》(以下简称《华盛顿公约》),并向国际投资争端解决中心提交了声明:中国只考虑将因征收和国有化而引起的赔偿争议提交给国际投资争端解决中心,即国际投资争端解决中心仅对"征收和国有化引起的赔偿争议"拥有管辖权。不过以1998年为分界点,中国与外国缔结的第三代BIT中约定了接受国际投资争端解决中心管辖条款,基本上放弃了当年加入《华盛顿公约》时的保留。但在1998年以后,中国对待国际投资争端解决中心仲裁管辖权的态度则变成3种:不接受、全盘接受、部分接受国际投资争端解决中心仲裁管辖(仅限于有关征收补偿款额的争议)。① 但在20余年的投资争端解决实践中,中国很少有涉及争端解决的案例。总体而言,中国对于国际投资仲裁这一争端解决机制还是保持了非常克制的态度。正如有学者所说,从长远来看,完善国内的各种争端解决机制,尽可能地促使投资争端在当地解决,以避免国际讼累,节省或减少成本,才是对发展中东道国最为有利的、根本性的解决办法。②

2. 应明确公平公正待遇适用的例外,并将其排除在可诉事项之外

最初公平公正待遇并不是投资者索赔的依据,区域贸易协定投资章中也无"安全港"方面的规定,一旦该条款被投资者滥用时,这种敞口状态将严重冲击投资东道国对外资的管制权。因此,区域贸易协定投资章中应明确公平公正待遇适用的条件或例外,③规定在哪些条件或例外情况下采取的措施不属于违反

---

① 参见龚柏华:《TPP协定投资者——东道国争端解决机制述评》,载《世界贸易组织动态与研究》2013年第1期。

② 参见余劲松、詹晓宁:《论投资者与东道国间争端解决机制及其影响》,载《中国法学》2005年第5期。

③ 参见余劲松:《国际投资条约仲裁中投资者与东道国权益保护平衡问题研究》,载《法学家》2011年第2期。

公平公正待遇。这也可以借鉴区域贸易协定文本中的一般例外、根本安全例外条款的相关规定和实践。

(二)缔约方之间的争端解决

1. 根据希望达成的经济一体化程度构建相应的争端解决机制

在区域贸易协定争端解决模式的选择过程中,最重要的影响因素之一是缔约方希望达成的经济一体化程度。国际货币基金组织(IMF)的一份报告将区域贸易协定分为自由贸易区、关税同盟、共同市场和经济同盟四大类。按依次顺序,前者一体化水平较低,后者一体化水平较高。总体而言,如果一项区域贸易协定预期实现的经济一体化水平较高,则倾向于采取更高法律化水平的争端解决机制,因为更正式的争端解决机制才能保障更深的一体化水平。

缔约方是希望实现何种程度的一体化水平,决定了选择何种争端解决模式。中国参与经济一体化的时间并不长,实践经验相对缺乏,因此贸易自由化程度不能突然太高。

在以上4种类型的区域贸易协定中,后面3种都至少要实行共同的关税与贸易政策,开放度过高,而自由贸易区还保留各成员关税和贸易政策的自主权,是较为合适的选择。[①] 事实上,中国目前已签署的14个区域贸易协定均为自由贸易协定,其中与其他国家签订的自由贸易协定都采用了准司法型、混合型的模式,而内地与香港、内地与澳门签订的《关于建立更紧密经贸关系的安排》则选择了松散型、政治解决模式。

在当前"一带一路"背景下,由于沿线各国大多为发展中国家,区域发展水平参差不齐,法治水平、经济形式、文化、意识形态等存在较大差异,总体区域一体化水平仍然较低。基于这个现实,中国在与沿线国家谈判区域贸易协定时,自由贸易区是较为合适的选择,同时宜采取政治方法与法律方法相结合的争端解决机制。

2. 根据成员经济实力对比和政治关系构建相应的争端解决机制

中国的区域贸易协定实践也反映了"成员方相对经济实力大小"及"成员之间政治关系"两大因素对争端解决模式选择的影响。

相对经济实力的大小与争端解决的法律化水平成反比。一国的相对经济实力越大,则该国越倾向于选择政治解决模式,一国的相对经济实力越小,则该

---

① 参见钟立国:《论区域贸易协定争端解决机制的模式及其选择》,载《法学评论》2012年第3期。

国倾向于选择法律解决模式。而成员间的政治关系也对争端解决模式的选择有重要影响,成员间签订区域贸易协定的基本前提是政治互信。

中国内地与港澳特别行政区的《关于建立更紧密经贸关系的安排》之所以选择政治解决模式,正是以上两大因素博弈的结果。一方面,内地与港澳特别行政区的经济实力相差悬殊,内地占据主动地位;另一方面,港澳特别行政区均是中国主权管辖下的单独关税区,是中国领土的一部分,其地位的特殊性使内地不愿将其间的争端诉诸第三方仲裁。此外,政治解决模式还可以有效降低争端解决的成本。

有学者建议,在区域贸易协定谈判中,如果对方是发展中国家,则宜采用法律与政治相结合的方法,构建仲裁程序和协商、调解等程序相结合的争端解决机制。如果对方是发达国家,则可以考虑建立类似世界贸易组织的准司法性的争端解决机制,设立专门的常设机构(如专家组、委员会)以及必要的上诉程序。①

还有学者建议,中国在与发达国家的区域贸易协定谈判过程中,应采取"守势"。由于发达国家参与争端解决的实践经验丰富,中国可以在坚守既定方针、原则和框架的前提下,要求发达国家提出具体的方案,然后逐一与对方进行谈判,最终达到自己的目标。该学者还指出,鉴于中国产品被发达国家征收反倾销税、反补贴税的案件越来越多,因此,中国在与发达国家区域贸易协定的争端解决机制谈判中,应率先考虑反倾销、反补贴争端解决机制。② 对此,笔者十分赞同。当前,中国在《入世议定书》第15条中的"非市场经济地位"条款是否将于2016年12月11日自动到期的问题,引发学界和实务界广泛热议。③ 非市场经济地位条款主要涉及反倾销调查中的正常价值的计算是否适用国内同类产品价格还是替代国价格,以及反补贴调查中补贴利益的计算是否考虑中国国内现有情况和条件还是考虑替代国的情形。可以说非市场经济地位条款直接影响到中国的贸易救济争端解决。若能在相关的区域贸易协定中专门规定反倾销、反补贴的争端解决机制,将有效促进该类争端的公平、高效解决。在《中

---

① 参见高永富:《中国参与制定区域贸易协定争端解决机制初探》,载《世界经济研究》2008年第7期。

② 参见孙志煜:《北美自由贸易区争端解决机制成因析论——兼论中国参与"南北型"区域贸易协定的路径》,载《贵州大学学报》(社会科学版)2014年第3期。

③ 参见彭德雷:《2016年后的"非市场经济地位"——争论、探究与预判》,载《国际贸易问题》2015年第6期。

国—韩国区域贸易协定》第7.7条第4款规定,“缔约双方确认在反倾销调查计算倾销幅度时不使用第三国替代价值的方法,包括在确定正常价值和出口价格时不使用替代价格或替代成本”。可见,韩国在事实上承认了中国的市场经济地位。

3. 应继续完善《关于建立更紧密经贸关系的安排》争端解决机制

《关于建立更紧密经贸关系的安排》的争端解决机制是由联合委员会设立工作组,采取“协商一致”的方式来解决双方的争端。根据《关于建立更紧密经贸关系的安排》第19.3条规定,委员会的职能包括:监督《关于建立更紧密经贸关系的安排》的执行;解释《关于建立更紧密经贸关系的安排》的规定;解决《关于建立更紧密经贸关系的安排》执行过程中可能产生的争议;拟订《关于建立更紧密经贸关系的安排》内容的增补及修正;指导工作组的工作;处理与《关于建立更紧密经贸关系的安排》实施有关的任何其他事宜。由此可见,联合指导委员会是兼具“立法”“司法”、指导功能的混合机构,而非常设机构,其主要功能在于负责监督、指导《关于建立更紧密经贸关系的安排》的执行,而非解决争端。①

《关于建立更紧密经贸关系的安排》并未明确规定工作组的设立程序、工作组成员资格、法律适用、裁决的效力等问题。一旦争端发生,而指导委员会又无法协商一致时,《关于建立更紧密经贸关系的安排》也未回答如何解决争端。

此外,《关于建立更紧密经贸关系的安排》并未包含司法审查,这可能使《关于建立更紧密经贸关系的安排》的实施缺乏透明度,对港澳投资者产生不确定的影响,也与世界贸易组织所追求的宗旨相违背。《关于建立更紧密经贸关系的安排》主要依靠政治、外交方式解决缔约方之间的争端,因而无法为争端的解决提供有效的法律指引,具有浓厚的东方文化特色。

根据《关于建立更紧密经贸关系的安排》的序言,签署《关于建立更紧密经贸关系的安排》的目的,是促进双方经济的共同繁荣与发展,加强双方与其他国家和地区的经贸联系。《关于建立更紧密经贸关系的安排》的初衷在于为港澳特别行政区提供优惠的扶植政策,但是由于我国港澳特别行政区与内地法律体系、法制传统差异较大,使作为一种政策性制度框架的《关于建立更紧密经贸关系的安排》,只是政治经济上的一个松散结构,难以真正融入区域经济一体化

---

① 参见陈立虎、赵艳敏:《中国参与建立的区域贸易争端解决机制》,载《当代法学》2007年第3期。

中去。

虽然《关于建立更紧密经贸关系的安排》的成员方处于同一主权国家下,具有一定的特殊性,但我国港澳特别行政区作为单独关税区和世界贸易组织成员,应具有相对独立的经济利益。而政治、外交手段并不能有效解决我国内地与港澳特别行政区之间的争端。从世界范围来看,比较成熟的、有影响力的自由贸易协定都采用了法律方式的争端解决机制。《关于建立更紧密经贸关系的安排》至少应当在文本中规定以法律方法解决争端的基调,可借鉴现有区域贸易协定的争端解决模式,在磋商、调解程序后,进入专家组仲裁程序,并且严格限制每一程序的时间。① 不过,也有学者指出,尽管构建《关于建立更紧密经贸关系的安排》独立的争端解决机制是必要的,但应以指导性、程序性的规则为主,而无须订立强制性的法律规范。②

还有学者建议,应完善《关于建立更紧密经贸关系的安排》机构安排应遵循的原则,包括机构完善与精简高效的平衡以及透明度原则,并且确定《关于建立更紧密经贸关系的安排》的基本组织构架,分为议事与决策机构、行政性机构、专门主管机构 3 个层次。③

4. 对区域贸易协定争端解决机制的作用应有理性认识,采取灵活务实的态度

最后不得不提的是,中国对区域贸易协定争端解决机制的作用应有理性认识。尽管争端解决机制已成为区域贸易协定中必不可少的一部分,但其在区域贸易协定中的作用主要体现为理论价值和体制保障,实践作用未达到理论预期。④ 占大多数双边区域贸易协定中的争端机制并未且似乎也难以发挥实效,只有多边区域贸易协定中的准司法型或司法强制性争端解决机制发挥了一定实践作用。这就启发我们,在中国区域贸易协定争端解决机制的构建中,不应对所有的争端解决机制过分苛求,而应深刻认识到谈判中的区域贸易协定是出于何种战略需求,然后采取灵活务实的态度。比如,在一些双边区域贸易协定

---

① 参见陈立虎、赵艳敏:《中国参与建立的区域贸易争端解决机制》,载《当代法学》2007 年第 3 期。

② 参见丘志乔:《CEPA 争端解决机制的实然与应然》,载《广东工业大学学报》(社会科学版) 2010 年第 1 期。

③ 参见慕亚平、张晓燕:《应当健全 CEPA 协议下的机构安排》,载《法学评论》2007 年第 3 期。

④ 参见黄萃、纪文华:《区域贸易协议争端解决机制构建与实效反差研究》,载《国际贸易问题》2010 年第 12 期。

中，即使没有规定完备的法律化争端解决机制，也未必是制度设计的失误，因为这很可能是缔约方根据特定情况作出的战略安排，此种争端解决机制可能最符合这个区域贸易协定的具体情况。

结　语

随着区域贸易协定的迅速发展,世界贸易组织正在失去其国际贸易体系的中心地位。如今,我们不能再把世界贸易组织看作一种规则而把区域贸易协定看作它的例外。并且,相邻国家之间的区域贸易协定已经不能满足一些国家的需求,以美国、欧盟为代表的发达国家逐步将视线转移到跨区域贸易协定的签订上。对美国与欧盟相关跨区域贸易协定进行比较研究,从而为中国参与新时期国际投资贸易活动提供有效建议显得刻不容缓。

跨区域贸易协定是一个巨大的课题,有广阔的研究前景和实用价值,本书选取了一个全新的研究角度,在现有典型的比较成功的跨区域贸易协定基础上,总结其特点并站在中国跨区域贸易发展的战略高度上,研究中国的跨区域贸易协定问题,包括现状及发展趋势。对这一课题的研究有助于指导中国对外签订跨区域贸易的实践,为相关政府部门提供咨询意见,并指导中国跨区域贸易协定的理论和实践发展,为中国更好地争取在全球区域贸易发展中的一席之地。

本书也存在一定的不足之处,由于跨区域贸易协定往往有一定的"政策性",容易受国家对外贸易政策或国家间政治因素影响而很难客观准确的总结其固定模板。因此,本书仅能从目前已签订的跨区域贸易协定文本展开比较研究。

本书抛砖引玉,为中国跨区域贸易协定的发展贡献绵薄之力。本书并非课题研究成功的标志,亦非专业研究的完成,而仅是探讨的开始,仍有待学界前辈的指点和笔者在今后的工作中继续思考。

参考文献

一、著作及译著类

1. [美]杰克逊:《GATT/WTO 法理与实践》,张玉卿、李成钢、杨国华等译,新华出版社 2002 年版。

2. [美]杰克逊:《世界贸易体制——国际经济关系的法律与政策》,张乃根译,复旦大学出版社 2001 年版。

3. [美]塞缪尔·亨廷顿:《文明的冲突与世界秩序的重建》,周琪等译,新华出版社 1998 年版。

4. [英]阿尔弗雷德·马歇尔:《经济学原理》,彭逸林等译,商务印书馆 2010 年版。

5. [英]亚当·斯密:《国富论》,郭大力、王亚楠译,商务印书馆 2010 年版。

6. [瑞典]伯特尔·俄林:《区际贸易与国际贸易》,逯宇铎等译,华夏出版社 2008 年版。

7. 滕田昌久、保罗·R. 克鲁格曼、安东尼·J. 维纳布尔斯:《空间经济学——城市、区域与国际贸易》,梁琦主译,中国人民大学出版社 2011 年版。

8. [英]伯纳德·霍克曼、迈克尔·考斯泰基:《世界贸易体制的政治经济学——从关贸总协定到世界贸易组织》,刘平等译,法制出版社 1999 年版。

9. 郑玲丽:《WTO 关于区域贸易协定的法律规范研究》,南京大学出版社 2008 年版。

10. 杨静:《自由贸易协定知识产权条款研究》,法律出版社 2013 年版。

11. 褚霞:《贸易救济性质研究》,法律出版社 2015 年版。

12. 张永安、杨逢珉:《欧盟对华政策及中欧关系》,时事出版社 2012 年版。

13. 赵维田:《世界贸易组织(WTO)的法律制度》,吉林人民出版社 2000 年版。

14. 李毅、李晓峰等:《贸易救济措施——反倾销、反补贴、保障措施与特保措施》,对外经济贸易大学出版社 2005 年版。

15. 厉力:《原产地规则及其在区域贸易安排中的适用问题研究》,中国海关出版社 2009 年版。

16. 厉力:《自由贸易区的原产地规则问题研究》,复旦大学出版社 2013 年版。

17. 张海森:《中国与澳大利亚建立自由贸易区研究》,对外经济贸易大学出版社 2007 年版。

18. 陈利强:《美国贸易调整援助制度研究》,人民出版社 2010 年版。

19. 代中现:《中国区域贸易一体化法律制度研究:以北美自由贸易区和东亚自由贸易区为视角》,北京大学出版社 2008 年版。

20. 叶兴国、陈满生译:《北美自由贸易协定》,法律出版社 2011 年版。

21. 马丹:《美国对外贸易体制研究》,中国经济出版社 2010 年版。

22. 刘丽娟、徐进亮:《原产地规则——产生、运用及改革》,中国经济出版社 2001 年版。

23. 罗先云:《原产地规则的法律问题研究》,中国政法大学出版社 2014 年版。

24. 梁瑞:《区域贸易安排原产地规则研究》,知识产权出版社 2012 年版。

二、编著类

1. 薛波主编:《元照英美法律词典》,法律出版社 2003 年版。

2. 杨紫烜主编:《经济法》(第 4 版),北京大学出版社、高等教育出版社 2010 年版。

3. 姜晓依、厉力编:《原产地规则》(第 2 版),中国海关出版社 2014 年版。

4. 张庆麟主编:《国际投资法问题专论》,武汉大学出版社 2007 年版。

5. 吴敏编:《贸易救济法》,中国海关出版社 2010 年版。

6. 蔡春林、高维新、杜耀武、陈炳瑞主编:《贸易救济法》,对外经济贸易大学出版社2006年版。

三、杂志论文报纸类

1. 厉力:《北美自由贸易区的原产地规则问题研究》,载《上海交通大学学报》(哲学社会科学版)2011年第6期。

2. 李墨丝:《区域服务贸易自由化的新倾向——基于〈服务贸易总协定〉和NAFTA类型协定的比较》,载《上海对外经贸大学学报》2015年第3期。

3. 石静霞:《中国自由贸易协定中的服务贸易自由化研究》(英文),载《中国法学》(英文版)2013年第4期。

4. 石静霞:《新一轮服务贸易谈判若干问题》,载《法学研究》2006年第3期。

5. 李向阳:《新区域主义与大国战略》,载《国际经济评论》2003年第4期。

6.《TPP谈判参与国增至12个》,载《国际财经时报》2011年11月15日版。

7. 周念利:《区域服务贸易自由化安排的"GATS+"特性分析》,载《国际贸易问题》2008年第5期。

8. 温思美、谭砚文:《滑准税对中国棉花市场的影响分析》,2007中国国际棉花会议论文,乌鲁木齐,2007年6月。

9. 宋锡祥:《论〈里斯本条约〉的实施及其对中国的启示》,载《政治与法律》2010年第7期。

10. 余劲松:《国际投资条约仲裁中投资者与东道国权益保护平衡问题研究》,载《中国法学》2011年第2期。

11. 马乐:《国际投资协定透明度要求变化及其启示——以美国实践为考察对象》,载《国际商务研究》2015年第1期。

12. 金孝柏:《实现我国自然人流动出口利益最大化的路径选择》,载《世界贸易组织动态与研究》2013年第6期。

13. 李健男:《论中国与新加坡自由贸易协定对自然人流动制度的突破及其启示》,载《东南亚研究》2010年第3期。

14. 韩龙:《WTO体制下的区域经济一体化》,载《中外法学》2001年第2期。

15. 杨建勇:《服务贸易中的资格承认法律问题研究》,西南政法大学2005年硕士学位论文。

16. 颜慧欣:《从关税走向非关税自由化之欧盟经贸策略:以〈欧韩FTA〉之

服务贸易监管措施与技术性贸易障碍规范为例》，载《欧美研究》2013 年第 2 期。

17. 杨忠君：《巴塞尔协议框架下的中国银行业监管》，西南财经大学 2011 年博士学位论文。

18. 刘铁：《金融监管模式的新发展及其启示——从规则到原则》，载《法商研究》2009 年第 2 期。

19. 王衡、柯杨：《〈服务贸易总协定〉国内规制实体规则缺陷及应对》，载《法学》2012 年第 9 期。

20. 何琼、许志瑜、郑守恒：《视听服务贸易中的文化政策争议——“GAT T1947”第 4 条引发的思考》，载《世界贸易组织动态与研究》2006 年第 12 期。

21. 程亦婷：《欧盟视听政策与欧洲一体化研究》，华东师范大学 2007 年硕士学位论文。

22. 李墨丝、佘少峰：《WTO 框架下视听产品贸易自由化的法律问题》，载《国际贸易》2011 年第 4 期。

23. 林珏：《中加双边贸易产品国际竞争力分析与比较》，载《世界经济研究》2007 年第 1 期。

24. 张猛：《知识产权国际保护的体制转换及其推进策略——多边体制、双边体制、复边体制？》，载《知识产权》2012 年第 10 期。

25. 吴汉东：《知识产权国际保护制度的变革与发展》，载《法学研究》2005 年第 3 期。

26. 孙皓琛：《WTO 与 WIPO：TRIPS 中的冲突性因素与合作契机之探讨》，载《比较法研究》2002 年第 2 期。

27. 吴雪燕：《TRIPS-plus 条款的扩张及中国的应对策略以药品的专利保护为视角》，载《现代法学》2010 年第 5 期。

28. 宋锡祥、张琪：《中国与智利自由贸易协定若干法律问题探讨》，载《武汉大学学报》2008 年第 6 期。

29. 吴飒：《智利—美国自由贸易协定对智利经济的影响》，载《拉丁美洲研究》2004 年第 4 期。

30. 徐瑄、袁泳：《从 Eldred v. Ashcroft 诉讼案看美国版权法价值转向——美国 200 年来首次对“版权扩张”法案进行违宪审查》，载《中外法学》2003 年第 6 期。

31. 樊幸丹:《中智自由贸易协定:效果及前景》,载《国际经济合作》2011 年第 7 期。

32. 叶斌:《欧盟贸易协定政策的变化和影响——法律的视角》,载《欧洲研究》2014 年第 3 期。

33. 汪素芹:《推动中澳经贸合作发展的基础、契机与思考》,载《世界经济研究》2005 年第 5 期。

34. 冯晓青:《试论以利益平衡理论为基础的知识产权制度》,载《江苏社会科学》2004 年第 1 期。

35. 漆彤:《反垄断国际合作中的积极礼让原则》,载《环球法律评论》2006 年第 2 期。

36. 罗莉:《版权保护期限的是与非》,载《法学》2005 年第 11 期。

37. 冯晓青、付继存:《著作权法中的复制权研究》,载《法学家》2011 年第 1 期。

38. 王迁:《版权法保护技术措施的正当性》,载《法学研究》2011 年第 4 期。

39. 郭洁:《著作权权利管理信息保护与著作权立法》,载《政法论坛》2002 年第 2 期。

40. 杨莉、宋华琳、赵婕:《药品试验数据保护与专利保护之平行并存性研究》,载《中国新药杂志》2013 年第 22 期。

41. 陈庆:《药品试验数据专有权与药品专利权冲突之研究——从药品可及性角度谈起》,载《知识产权》2012 年第 12 期。

42. 胡潇潇:《我国专利法“药品实验例外”制度研究》,载《法商研究》2010 年第 1 期。

43. 司平平:《国际反垄断法双边合作的基础——积极礼让原则》,载《政治与法律》2005 年第 3 期。

44. 尹锋林:《商标法新加坡条约述评》,载《电子知识产权》2006 年第 12 期。

45. 周文贵:《北美自由贸易区:特点、运行机制、借鉴与启示》,载《国际经贸探索》2004 年第 1 期。

46. 王中美:《以反垄断替代反倾销研究》,载《国际经贸探索》2008 年第 10 期。

47. 杜国胜:《北美自由贸易区竞争政策特征初探》,载《韶关学院学报》2005 年第 7 期。

48. 刘文秀、朱建军:《欧洲联盟的竞争政策》,载《国际问题研究》2001 年第 3 期。

49. 舒波:《北美自由贸易区成效分析及利益比较》,载《世界经济研究》2004 年第 7 期。

50. 丁立、舒玲敏、刘劲松:《欧盟竞争政策及其发展趋势》,载《国际贸易》2005 年第 4 期。

51. 王晓晔:《完善竞争法建立自由公平的市场竞争秩序》,载《工商行政管理》2004 年第 5 期。

52. 周牧:《欧盟国家援助制度研究》,中国社会科学院研究生院 2012 年博士学位论文。

53. 应品广:《中国需要什么样的竞争中立(上)——不同立场之比较及启示》,载《中国价格监管与反垄断》2015 年第 2 期。

54. 李晓玉:《"竞争中立"规则的新发展及对中国的影响》,载《国际问题研究》2014 年第 2 期。

55. 王健:《关于推进我国反垄断私人诉讼的思考》,载《法商研究》2010 年第 3 期。

56. 颜运秋、周晓明、丁晓波:《我国反垄断法私人诉讼制度的障碍以及克服》,载《政治与法律》2011 年第 3 期。

57. 汪玮敏:《晚近美式跨区域贸易协定中的劳工标准问题》,载《安徽大学法学评论》2009 年第 1 辑。

58. 刘超:《欧盟对外贸易优惠中的劳工标准问题》,载《学术界》2008 年第 6 期。

59. 钟立国:《论区域贸易协定争端解决机制的模式及其选择》,载《法学评论》2012 年第 3 期。

60. 陈立虎、赵艳敏:《区域贸易争端解决机制刍议》,载《武大国际法评论》2007 年第 1 期。

61. 刘笋:《国际投资仲裁裁决的不一致性问题及其解决》,载《法商研究》2009 年第 6 期。

62. 黄世席:《欧盟国际投资仲裁法庭制度的缘起与因应》,载《法商研究》2016 年第 4 期。

63. 余劲松:《外资的公平与公正待遇问题研究——由 NAFTA 的实践产生的几点思考》,载《法商研究》2005 年第 6 期。

64. 黄萃、纪文华:《区域贸易协议争端解决机制构建与实效反差研究》,载《国际贸易问题》2010 年第 12 期。

65. 刘博:《欧盟对外贸易与发展政策中的人权向度——从〈洛美协定〉到〈科托努协定〉》,载《山东社会科学》2007 年第 4 期。

66. 史际春:《关于我国的竞争政策:法和政策分析》,载《国际商报》2009 年第 5 期。

四、网站类

1. www. wto. org
2. http://ec. europa. eu
3. http://www. ituc-csi. org
4. http://www. ab. gov. tr
5. http://www. fmprc. gov. cn
6. http://www. ekonomi. gov. tr
7. http://news. xinhuanet. com
8. http://www. aseanfoundation. org
9. http://myasean. kln. gov. my
10. http://www. china. com. cn/international
11. http://www. ecdc. net. cn
12. http://www. people. com. cn
13. http://www. ftchinese. com
14. http://statistics. apec. or
15. http://dataweb. usitc. gov
16. http://www. ustr. gov
17. http://www. dwto. net
18. http://web. worldbank. org
19. http://www. stockmarkettoday. cc
20. http://www. 21cbh. com
21. http://www. law-lib. com
22. http://www. chinabaike. com/law
23. http://www. eia. gov

24. http://www.crc.mofcom.gov.cn

25. http://www.mof.gov.cn

26. http://eur-lex.europa.eu/

27. http://www.fdi.gov.cn/

五、外文论著类

1. Ian Brownlie, *Principles of Public International Law*, 5th ed., 1998.

2. David A. Gantz, Regional Trade Agreements (Law, Policy and Practice), Carolina Academic Press, 2008.

3. Mercurio B C, "TRIPS-Plus Provisions in FTAs: Recent Trends", *Social Science Electronic Publishing*, 2006.

4. J. A. Crawford and R. V. Fiorentino, *The Changing Landscape of Regional Trade Agreements*, WTO Discussion Paper No. 8, 2005.

5. Chad Damro, "The Political Economy of Regional Trade Agreements", *RegionalTrade Agreements and the WTO Legal System*, Edited by Lorand Bartels and Federico Ortino, Oxford University Press, 2010.

6. Andrew T. Guzmant, "Trade, Labor, Legitimacy", *California Law Review*, 2003.

7. Norman D. Palmer, *The new regionalism in Asia and Pacific*, Lexington Books, 1991.

8. "Patentable Subject Matter under National and Multinational Systems." *Law and Policy in International Business* 2.2, 1970.

9. Malkawi, Bashar H. "Patent Protection and the Pharmaceutical Industry in Japan." *Asian Journal of WTO & International Health Law and Policy* 4.1, 2009.

10. Clapham, A., & Martignioni, J. B., *Are We There Yet? In Search of a Coherent EU Strategy on Labour Rights and External Trade*, Leiden Nijhoff Publisher, 2005.

11. R. Higgott, *Regionalism and Global Economic Integration: Europe, Asia and the Americas*, Routledge, 1998.

12. Solano, O. and A. Sennekamp, "CompetitionProvisions in Regional Trade Agreements", *OECD Trade Policy Papers* No. 31, OECD Publishing, 2006.

13. Lorand Bartels and Federico Ortino, *Regional Trade Agreements and the WTO Legal System*, Oxford University Press, 2010.

14. E. Mansfield and H. Milner, *The New Wave of Regionalism*, International Organization Vol. 53, No. 3, 1999.

15. Rodney de C. Gray, *United States Trade Policy Legislation: a Canadian View*, Institut De Recherche politiques Press, 1982.

16. Jagdish Bhagwati, V. N. Balasubramanyam, *Writings on International Economics*, Oxford University Press. 1997.

17. Greven, Thomas, "Social Standards in Bilateral and Regional Trade Agreements. Instruments, Enforcement and Policy Options for Trade Unions", *FES Occasional Papers Dialogue on Globalization*, 2005.

18. Mauro Cappelletti, Monica Seccombe & Joseph H. H. Weiler, *Integration Through Law: Europe and the American Federal Experience*, bk. 1, 1986.

19. Jean-Victor Louis, *The Community Legal Order*, 2th ed., 1990.

20. Polaski, S., "Protecting Labor Rights Through Trade Agreements: An Analytical Guide", *Journal of International Law and Policy*, 2004.

21. Jagdish Bhagwati, *A Stream of Windows: Unsettling Reflections on Trade, Immigration and Democracy*, Cambridge, MA: MIT Press, 1998.

22. David Palmeter, *The WTO as a Legal System: Essays on International Trade Law and Policy*, Cameron May Ltd, 2003.

23. Ronnie R. F. Yearwood, *The Interaction between World Trade Organization Law (WTO) and External International Law*, Routledge, 2012.

24. P. W. Birnie and A. E. Boyle, *International Law and the Environment*, Oxford, 2002.

25. Indira Carr, *International Trade Law*, Routledge · Cavendish, 2010.

26. Petros C. Mavroidis, George A. Bermann, Mark Wu, *The Law of the World Trade Organization (WTO) (Documents, Cases & Analysis)*, West, 2010.

27. Lori F. Damrosch, Louis Henkin, Sean D. Murphy, Hans Smit, *International Law (Cases and Materials)*, West, 2001.

28. John H. Jackson, William J. Davey, Alan O. Sykes, Jr., *Legal Problems of International Economic Relations (Cases, Materials and Text)*, West, 2008.

29. Tran Van Hoa and Charles Harvie, *Regional Trade Agreements in Asia*,

Edward Elgar Publishing Limited,2007.

30. James Thuo Gathii,*African Regional Trade Agreements as Legal Regimes*, Cambridge University Press,2011.

31. David A. Lynch, *Trade and Globalization: An Introduction to regional Trade Agreements*,Rowman & Littlefield Publishers,Inc,2010.

32. Kevin P. Gallagher,Enrique Dussel Peters & Timothy A. Wise,*The Future of North American Trade Policy: Lessons From NAFTA*, Boston University Press, 2009.

六、外文论文类

1. Rafael Leal-Arcas, "Proliferation of Regional Trade Agreements: Complementing or Supplanting Multilateralism", *Chicago Journal of International Law*,Winter 2011.

2. Zakir Hafez, Weak Discipline, "GATT Article XXIV and the Emerging WTO Jurisprudence on RTAs",*North Dakota Law Review*,2003.

3. Einhorn, Talia, "Developments in Regional Trade Law: A View from Israel",*European Journal of Law Reform*,2013.

4. Gilbert R. Winham, Heather A. Grant, "ntidumping and Countervailing Duties in Regional Trade Agreements: Canada-U. S. FTA, NAFTA and Beyond", *Minnesota Journal of Global Trade*,Vol. 3,Spring 1994.

5. Colin B. Picker,"Regional Trade Agreements v. the WTO: A Proposal for Reform of Article XXIV to Counter this Institutional Threat", *University of Pennsylvania Journal of International Economic Law*,Summer 2005.

6. Eugenia Laurenza,James H. Mathis,"Regulatory Cooperation for Trade in Services in the EU and US Trade Agreements with the Republic of Korea: How Deep and How Compatible?" *Melbourne Journal of International Law*,2014.

7. Joseph H. H. Weiler & Ulrich R. Haltern,"The Autonomy of the Community Legal Order Through the Looking Glass",37*Harv. Int'l L. J.* ,1996.

8. C. O'Neal Taylor,"The U. S. Approach to Regionalism: Recent Past and Future",*ILSA Journal of International and Comparative Law*,Spring,2009.

9. Meredith Kolsky Lewis, "The Free Trade Agreement Paradox", *New*

Zealand Universities Law Review, December 2005.

10. Peter K. Yu, "Sinic Trade Agreements, Symposium-The Asian Century? Lost in Translation?", *U. C. Davis Law Review*, February 2011.

11. Sonia E. Rolland, "Developing Country Coalitions at the WTO: in Search of Legal Support", *Harvard International Law Journal*, Summer 2007.

12. Eyal Benvenisti & George W. Downs, "Distributive Politics, and International Institutions: The Case of Drugs", 36 *CASE W. RES. J. INT'L L*, 2004.

13. Myung Hoon Choo, "Dispute Settlement Mechanisms of Regional of Economic Arrangements and Their Effects on the World Trade Organization", *Temp. intl & Comp. I. j*, 1999.

14. James Thuo Gathii, "African Regional Trade Agreements as Flexible Legal Regimes", *North Carolina Journal of International Law and CommercialRegulation*, Spring 2010.

15. M. Ulric Killion, "Chinese Regionalism and the 2004 ASEAN-China Accord: The WTO and Legalized Trade Distortion", *North Carolina Journal of International Law and Commercial Regulation*, Fall 2005.

16. Sharon Pardo & Lior Zemer, "Bilateralism and the Politics of European Judicial Desire", *Columbia Journal of European Law*, Spring 2011.

17. David Collins, "A New Role for the WTO in International Investment Law: Public Interest in the Post-Neoliberal Period", *Connecticut Journal of International Law*, Fall 2009.

18. Pasha L. Hsieh, "The China-Taiwan ECFA, Geopolitical Dimensions and WTO Law", *Journal of International Economic Law*, March 2011.

19. Rudolf Adlung & Peter Morrison, "Less than the GATS: 'Negative Preferences' in Regional Services agreements", *Journal of International Economic Law*, December 2010.

20. Yanning Yu, "Trade Remedies: The Impact on the Proposed Australia-China Free Trade Agreement", *Michigan State Journal of International Law*, 2010.

21. Anna Turinov, "Free Trade Agreements in the World Trade Organization: the Experience of East", *UCLA Pacific Basin Law Journal*, Spring 2008.

22. Jong Bum Kim, The Role of Rules of Origin to Provide Discipline to the

GATT Article XXIV Exception, *Journal of International Economic Law*, September 2011.

23. Chi Carmody, "The Changing Tide of Trade: The Social, Political and Environmental Implications of Regional Trade Agreements", *Saint Louis University Public Law Review*, 2008.

24. Eric M. Pedersen, "APEC: What Future Course of Action Should it Pursue?", *International Trade Law Journal*, Summer 2008.

25. Jennifer Hillman, "Conflicts Between Dispute Settlement Mechanisms in Regional Trade Agreements and the WTO-What Should the WTO Do?", *Cornell International Law Journal*, Spring 2009.

26. T. N. Srinivasan, "Global Trading System: Decline of Nondiscrimination and Riseof Preferential Trade Arrangements and Agreements", *Stanford Journal of International Law*, Summer 2010.

27. Simone Suelzer Mccormick, "ASEM: A Promising Attempt to Overcome Protective Regionalism and Facilitate the Globalization of Trade", *Annual Survey of International and Comparative Law*, Spring, 2004.

28. Sara Catherine Smith, "The Free Trade Area of the Americas: Is There Still A Place for the World Trade Organization?", *Tulsa Journal of Comparative & International Law*, Spring 2006.

29. Rachel Denae Thrasher & Kevin P. Gallagher, "21ST Century Trade Agreements: Implications for Development Sovereignty", *Denver Journal of International Law and Policy*, Spring 2010.

30. Sungjoon Cho, "The Demise of Development in the Doha Round Negotiations", *Texas International Law Journal*, Spring 2010.

31. Gregory W. Bowman, "the Domestic and International Policy Implications of 'DEEP' Versus 'BROAD'", *Indiana International & Comparative Law Review*, 2009.

32. Meredith Kolsky Lewis, "the Trans-Pacific Partnership: New Paradigm or Wolf in Sheep's Clothing?", *Boston College International and Comparative Law Review*, Winter 2011.

33. Henry Gao, "Elephant in the Room: Challenges of Integrating China into the WTO System", *Asian Journal of WTO & International Health Law & Policy*,

March 2011.

34. Won-Mog Choi, "Defragmenting Fragmented Rules of Origin of RTAs: A Building Block to Global", *Journal of International Economic Law*, March 2010.

致　谢

感谢武汉大学《国际法文库》和国际法研究所对本书的全额资助。感谢上海政法学院校长刘晓红教授和武汉大学国际法研究所副所长邓朝晖博士对本书的推荐。感谢国家社科基金对本课题的立项资助（项目编号14CFX080）。

图书在版编目(CIP)数据

美式与欧式跨区域贸易协定比较研究与中国对策研究/殷敏著. -- 北京：法律出版社，2019
(国际法文库/黄进总主编)
ISBN 978-7-5197-3197-7

Ⅰ. ①美… Ⅱ. ①殷… Ⅲ. ①国际贸易-区域贸易-贸易协定-对比研究 Ⅳ. ①F744

中国版本图书馆CIP数据核字(2019)第035681号

美式与欧式跨区域贸易协定比较研究与中国对策研究
MEISHI YU OUSHI KUAQUYU MAOYI XIEDING BIJIAO YANJIU YU ZHONGGUO DUICE YANJIU

殷 敏 著

策划编辑 沈小英
责任编辑 沈小英 刘晓萌
装帧设计 李 瞻

出版 法律出版社
总发行 中国法律图书有限公司
经销 新华书店
印刷 固安华明印业有限公司
责任校对 马 丽
责任印制 吕亚莉

编辑统筹 法治与经济出版分社
开本 720毫米×960毫米 1/16
印张 19.5
字数 349千
版本 2019年3月第1版
印次 2019年3月第1次印刷

法律出版社/北京市丰台区莲花池西里7号(100073)
网址/www.lawpress.com.cn
投稿邮箱/info@lawpress.com.cn
举报维权邮箱/jbwq@lawpress.com.cn
销售热线/010-83938336
咨询电话/010-63939796

中国法律图书有限公司/北京市丰台区莲花池西里7号(100073)
全国各地中法图分、子公司销售电话：
统一销售客服/400-660-6393
第一法律书店/010-83938334/8335
西安分公司/029-85330678
重庆分公司/023-67453036
上海分公司/021-62071639/1636
深圳分公司/0755-83072995

书号:ISBN 978-7-5197-3197-7
定价:88.00元